本书得到以下资助：

▶ 国家自然科学基金项目阶段成果（41861031）

▶ 张家界市旅游和外事侨务委员会资助

▶ 湖南西部经济研究基地资助

▶ 国家文化和旅游部全国旅游业青年专家计划（TYETP201328）

吉首大学中国乡村旅游研究院、旅游与管理工程学院《乡村旅游研究丛书》得到以下单位或平台的资助与支持，特此致谢：

▶ 张家界市旅游和外事侨务委员会

▶ 湘西自治州旅游发展和外事侨务委员会

▶ 湖南雪峰山生态文化旅游有限责任公司

▶ 湖南西部经济研究基地

▶ 湖南民族经济研究基地

▶ "武陵山片区扶贫与发展"湖南省 2011 协同创新中心

乡村旅游研究丛书

Study on People's Livelihood Effect of
Developing Tourism Industry
in Zhangjiajie

粟 娟 ◎ 著

张家界旅游产业

发展民生效应研究

中国财经出版传媒集团

经济科学出版社
Economic Science Press

图书在版编目（CIP）数据

张家界旅游产业发展民生效应研究/粟娟著. —北京：经济科学出版社，2018.8

（乡村旅游研究丛书）

ISBN 978 – 7 – 5141 – 9766 – 2

Ⅰ. ①张… Ⅱ. ①粟… Ⅲ. ①地方旅游业 – 旅游业发展 – 研究 – 张家界市 Ⅳ. ①F592.764

中国版本图书馆 CIP 数据核字（2018）第 216781 号

责任编辑：范　莹
责任校对：刘　昕
责任印制：李　鹏

张家界旅游产业发展民生效应研究

粟　娟　著

经济科学出版社出版、发行　新华书店经销

社址：北京市海淀区阜成路甲 28 号　邮编：100142

总编部电话：010 – 88191217　发行部电话：010 – 88191522

网址：www. esp. com. cn

电子邮箱：esp@ esp. com. cn

天猫网店：经济科学出版社旗舰店

网址：http://jjkxcbs. tmall. com

北京财经印刷厂印装

710 × 1000　16 开　17.5 印张　270000 字

2018 年 9 月第 1 版　2018 年 9 月第 1 次印刷

ISBN 978 – 7 – 5141 – 9766 – 2　定价：52.00 元

"乡村旅游研究"丛书编委会

顾问

武吉海 湖南省政协原党组副书记、副主席
陈献春 湖南省旅游发展委员会主任、党组书记
高扬先 湖南省旅游发展委员会副主任、党组成员
欧阳斌 张家界市人民政府副市长
李 平 湘西土家族苗族自治州人民政府副州长
陈黎明 湖南雪峰山生态文化旅游有限责任公司实际控制人

主任

游 俊 吉首大学党委书记、教授
白晋湘 吉首大学校长、教授

副主任

李定珍 吉首大学副校长、教授
黄 昕 吉首大学副校长、教授
罗金铭 吉首大学副校长

编委

佘佐辰 吉首大学研究生院院长、教授
石 罡 湖南雪峰山生态文化旅游有限责任公司董事长、总经理
张登巧 吉首大学武陵山区发展研究院院长、教授
李荣光 吉首大学校友总会副会长、研究员
吴 晓 吉首大学社科处副处长、副教授
蒋 辉 吉首大学发展规划与学科建设处副处长、副教授
向昌国 吉首大学生态旅游省级重点实验室主任,教授

粟　娟　吉首大学旅游与管理工程学院工会主席、教授
丁建军　吉首大学商学院副院长、教授
彭　耿　吉首大学商学院副院长、教授
李　琼　吉首大学湖南省院士专家工作站站长、教授
伍育琦　吉首大学旅游与管理工程学院人力资源管理系主任、教授
姚小云　吉首大学旅游与管理工程学院旅游管理系主任、副教授
李小玉　吉首大学旅游与管理工程学院酒店管理系主任、副教授
周　波　吉首大学旅游与管理工程学院电子商务系主任

主编

张建永　吉首大学原正校级督导、吉首大学中国乡村旅游研究院院长、教授
尹华光　吉首大学旅游与管理工程学院院长、吉首大学中国乡村旅游研究院副院长、教授

执行主编

鲁明勇　吉首大学旅游与管理工程学院副院长、吉首大学中国乡村旅游研究院常务副院长、教授

副主编

董坚峰　吉首大学旅游与管理工程学院副院长、副教授
田金霞　吉首大学旅游与管理工程学院副院长、教授
张琰飞　吉首大学经济研究所所长、吉首大学中国乡村旅游研究院院长助理、副教授
蔡建刚　吉首大学旅游与管理工程学院院长助理、吉首大学中国乡村旅游研究院院长助理
李付坤　吉首大学民族经济研究所所长、吉首大学中国乡村旅游研究院院长助理

责任单位

吉首大学中国乡村旅游研究院
吉首大学旅游与管理工程学院

总　序

一、乡村旅游是时代赋予我们的全新而又重要的研究课题

中国迈进全面小康社会指日可待，旅游已经成为人民日益增长的美好生活需要的重要组成部分，特别是大众化、个性化、高品质旅游，成为小康社会的重要标志。中国人均出游次数连年增长，2017 年已达 3.7 次，每年有近 50 亿人次的巨量旅游市场。旅游业位列"五大幸福产业"之首，成为传承中华文化、提升国民素质、促进社会进步的重要载体，成为生态文明建设的重要推力，带动大量贫困人口脱贫致富，绿水青山正通过发展旅游转化为"金山银山"。但由于发展的不平衡不充分，中国的旅游业尚处于粗放型旅游向集约型旅游发展、高速旅游增长向优质旅游发展。从城市、"飞地"景区、乡村旅游的三元空间结构来看，中国城市的环境、心理承载力已近极限，雾霾、拥挤、生存竞争与焦虑对城市旅游提出了巨大挑战；名山大川、文化古迹、历史名镇等"飞地"型旅游景区，经过多年发展，可供开发资源接近枯竭，人满为患，旅游投资与消费的空间越来越窄；再看中国乡村旅游，在改革开放初期就有倡导，但一直不愠不火，城市化进程初期，乡村是被抛弃、被逃离之地，直到今天，城市人开始梦"乡愁"，对"飞地"型旅游景区的拥挤喧闹不再热情，乡村的价值终于显现，乡村旅游迎来大发展的春天。

当前，我们从不同角度观察会发现，乡村旅游为中国经济社会转型升级过程中各种问题的解决提供了一个良好路径。例如，旅游空间拓展问题，当"飞地"型旅游景区资源枯竭时，我们向乡村拓展旅游空间，全域旅游基地建设选择大部分是乡村；城市旅游客源输出的问题，当"飞地"型旅游景区人满为患时，人们选择避开热门景区，去乡村旅游；资本市场的投资问题，当城市地价和房地产市场政府管控越来越严时，我们看到许多资本以乡村旅游项目的名义签约拿地、抢夺乡村旅游资源；供给侧改革问题，政府引导，企业运作，充分发挥创新创造的智慧，开发出门类繁多的旅游新业态、旅游新供给，满足乡村旅游需要；贫困村的脱贫致富问题，只要在生态或文化上稍有特色，就会规划开发乡村旅游；规划发展农村综合经营、农业产业园区、美丽乡村、农村电商等建设问题，就会提出"旅游+"或"+旅游"实现融合发展。但是，今天中国的乡村旅游已经与十年前甚至五年前的那种"农家乐""城郊游"等不可同日而语，与国外乡村旅游也有很多差异，凸显出乡村旅游的中国特色。例如，中国倡导和推进的"一带一路"倡议，形成鲜明的国际国内旅游线路一体化特色，给沿线的乡村带来机遇；中国乡村旅游精准扶贫的全部门推动特色；"互联网+"、大数据、人工智能、云技术助推乡村旅游的"后发优势"特色；以高速交通连接形成的立体交通网络系统，加快了旅游城乡融合一体化发展的进程。这些新战略、新形势、新技术、新变化为发展乡村旅游带来了前所未有的契机。

面对转型时代的新问题新特色，2017年12月16日，湖南省旅游发展委员会陈献春主任在吉首大学中国乡村旅游研究院成立大会上指出，乡村旅游发展问题特别需要产学研联合起来进行研究。实施科教兴旅游、人才强旅游战略，加强旅游人才规划和旅游学科建设，建立一支专业化的乡村旅游人才队伍，为乡村旅游发展增强后劲；如何把握乡村旅游大趋势带来的挑战问题，以游客在城乡全域空间流动创造新价值为推动力，是把"绿水青山"变为"金山银山"的过程，这让乡村旅游与工业化一样，成为推动经济社会发展的一种重要方式。还有，新时代呼唤乡村旅游创客，如何以文化创意促进乡村振兴，充分发挥文化创意在乡村旅游转型升级中的引领作用，突出围绕乡村旅游各要素特别是特色住宿、餐饮、购物、娱乐等短板，保护生态，植入文化、创新业态，挖掘富有创意和魅力的文创产品，不断增加农业公园、共享农庄、特色小镇和田园综合体等乡村旅游新产品供给。再比如，旅游业是一个最早开放的行业，乡村旅游的国际交流合作和培养国际化人才都需要深入研究。还有实施乡村旅游精准扶贫工程，开展"景区带村"旅游扶贫，提高乡村旅游目的地社会治理能力，等等，这一系列重大问题都值得深入研究。

二、乡村旅游研究是吉首大学发挥地方资源优势，彰显办学特色，形成学术竞争力的研究领域，也是学校服务地方发展，助推乡村振兴的历史使命

吉首大学开办在武陵山集中连片特困区的湖南大湘西，这里远离大城市，是典型的老、少、边、穷山区。在60年的办学历程中，吉首大学生于贫瘠，长于艰难，立于创新，成于奋斗，始终坚持"立足大湘西，辐射大边区，服务富民强省"宗旨，本着"清华北大要解决的是卫星上天的问题，吉首大学要解决的是贫困边区老百姓脱贫致富问题"的朴素认识，彰显服务民族贫困地区扶贫与发展的特殊价值。湖南武陵山区自然风光优美、生态环境良好、历史文化厚重、民族风情浓郁，是中国"绿色生态优质区、自然物种密集区、历史文化沉淀区、山水风光富集区"，拥有大量具有唯一性、独特性、创新性和创意性的旅游资源，张家界、芙蓉镇、凤凰古城已成为旅游知名品牌。如何进一步将旅游资源优势转化为产业优势，脱贫致富，一直是吉首大学科学研究的重点领域，是人才培养和服务地方建设的主攻方向。

吉首大学有研究乡村旅游的自信。一是有乡村地域优势。谈政治，在北京；说金融，去上海；扯电商，进杭州；若讲乡村旅游，不必到纽约、中国香港，更不在北京、上海，应该在湘西，在湘西的乡村。大武陵、大湘西，不仅拥有驰名中外的张家界这样的顶级风景，还拥有驰名中外的沈从文这样的乡土文学家，这里是最记得住乡愁的地方，是最值得回望的永远故乡。吉首大学研究乡村旅游有文化根基，有天然沃土。二是有旅游研究实力支撑。《旅游学刊》2017年第12期发表了中国旅游研究院旅游学术评价研究基地首席科学家张凌云教授的《2003—2016年我国旅游学术共同体学术评价》一文，文章用13年的大数据（2003—2016年收录在中文核心期刊数据库、CSSCI数据库和CSCD数据库中的22619篇旅游学术论文为全样本），对全国935种学术刊物、18773名作者和所属的3899家机构进行多维度学术评价和排名，吉首大学旅游综合研究实力全国排名第13位、湖南省排第1位；论文发表全国排名第24位、湖南省排第1位。这是学校在精准研究领域，长期深耕地方旅游特色优势资源，从而形成学术竞争实力的结果。武陵山区缺乏工业强力支撑，也没有规模城市，唯有秀美山水、纯净空气、淳朴山民的乡村，吉首大学就是要讲乡村故事，讲旅游故事，做透做足乡村旅游研究，这是我们独占的、应有的、容易形成优势的学术领域。

中国共产党十九大提出实施乡村振兴战略，预示着乡村旅游将迎来新一轮大发展的战略机遇期。在这样的大背景下，吉首大学以只争朝夕、时不我待的精神状态拥抱新时代，抢抓机遇。在 2017 年 12 月，成立了中国乡村旅游研究院，是学校贯彻落实党的十九大精神，实施乡村振兴战略，加快培育乡村旅游人才，推动乡村旅游发展的重要举措。现在推出的这套《乡村旅游研究丛书》就是通过乡村旅游研究院这个平台，整合全校旅游研究资源，合力攻关，探讨乡村旅游发展面临的一些新情况、新问题，进一步提升学校旅游研究竞争力的大行动。我们将以大湘西为立足点，梳理乡村旅游的湖南案例，认真总结，精心提炼，深入研究，出好成果，将好经验好模式向省内推广，向全国推广，提供中国乡村旅游发展的湖南模式、湖南经验、湖南贡献，唱响中国乡村旅游研究的湖南声音。

三、乡村旅游研究是吉首大学旅游管理学院立足张家界办学优势，打造旅游管理专业硕士（MTA）特色教学案例库的重要来源，是打造省内外知名品牌旅游学院的突破方向，以孵化出高质量、有影响力的旅游学术研究、教育教学和人才培养的系列成果

传统旅游高等教育人才培育难以适应当前旅游飞速发展的需求，这是全国旅游管理类院校普遍存在的问题，成为困扰当前旅游高等教育的重大危机。严峻形势，逼迫我们深入思考，寻求对策，激发作为。

从大趋势看，旅游业提质大升级呼唤旅游人才培育大改革。在"一带一路""精准扶贫""旅游强国三步走"国家规划背景下，受"互联网 +"、大数据、人工智能技术助推，旅游需求侧、供给侧和供需关系都产生了根本性、颠覆性的变化，旅游传统业态快速转型升级，新业态不断涌现。当前旅游教育体系，还是为传统业态服务建立起来的，当然无法适应和满足旅游发展新需要。教育体系建设是复杂系统工程，观念转变、师资建设和教学硬件，非朝夕之功，非一蹴而就。

从微环境看，办学立足点张家界旅游格局发生了重大变化。吉首大学之所以把旅游学院办在张家界市，是依托其世界旅游品牌。目前张家界旅游业格局发生了根本性变化：一是战略新地位。湖南省委已确立张家界为全省"锦绣潇湘"全域旅游龙头，在全省旅游战略的地位更加突出。二是空间新格局。张家界由以前的国家森林公园一家独大，演化成国家森林公园、天门山和大峡谷三足鼎立，体量越来越大，向广大乡村扩散为全域旅游是必然趋势。三是发展新思路。张家界提出了"对标提质、旅游强市"，成为新一轮发展总纲。四是旅游新业态。民宿客栈业、乡村旅游、田园综合体、"互联网＋"旅游、房车营地、城市旅游商圈建设、旅游在线营销等正在重构张家界旅游业。

面对宏观发展大趋势和张家界微观环境新变化，我们不能消极等待，必须密切关注，适应变化，转变观念，顺势而为。一是要按全域旅游重构旅游教育观。就是按全域景观、全域服务、全域治理、全域产业、全民共享等新理念，重构旅游科学研究、教材编写、教学大纲、课堂教学、招生考试、职业培训、实践实习、就业创业等人才培养新体系。2017 年初，吉首大学原正校级督导张建永教授带领学校旅游研究骨干鲁明勇、张琰飞、蔡建刚、姚小云、周波、李付坤等老师，参与了国家旅游局局长李金早主编的《当代旅游学》教材，目的就是参与到全域旅游顶层新理念重构当代旅游学的研究中，转变观念，开拓思路。二是以"旅游＋"导向重构课程教学体系。全面适应传统旅游业态转型升级和新业态管理，开发"旅游＋科技""旅游＋农业""旅游＋城镇建设""旅游＋扶贫"等新内容新课程。三是以实际问题导向重构旅游社会服务体系。将旅游发展过程中政府、企业、社会组织所关注的热点、焦点、难点问题，直接导入科研教学服务地方建设体系，避免教学与实践脱节。四是加快推进旅游教育国际化。跟紧张家界旅游国际化步伐，加快实施旅游教育国际交流交往项目，彻底改变闷在大山里办旅游教育的局面。五是苦练内功，狠抓"四大一专两率"。"四大"是积极导入大师讲学，聘请行业顶级精英、国家教育教学名师、省级名师等担任导师；强力争取国家级课题和省级重点项目等大课题立项；孵化大成果，推动出版"乡村旅游研究丛书"和"MTA 特色案例丛书"；力争学生奖励、教师奖励大突破。"一专"是全力创办 MTA，办成具有核心竞争力的品牌。"两率"是狠抓硕升博率、就业率，形成旅游人才培养标志性的核心竞争力。

根据全力创办 MTA 的工作思路，2017 年，学院抓住机遇，在现有旅游管理、生态旅游学两种科学学位硕士点的基础上，整合资源、迎难而上，成功申报了旅游管理专业硕士（master of tourism administration, MTA），将于 2019 年开始正式招生。MTA 是 2010 年 9 月国务院学位委员会设立的旅游管理专业学位硕士的简称，目标是培养具有社会责任感和旅游职业精神，掌握旅游管理基础理论、知识和技能，具备国际化视野和战略思维能力，敢于挑战现代旅游业跨国发展的高级应用型旅游管理人才。MTA 的教育有别于科学硕士的教育，十分强调学生的实际应用和解决现实问题的能力，注重案例教学，这就需要组织编写符合地方实际和行业实际的案例教材，促进 MTA 本土化教学。我们的 MTA 拟设了生态文化旅游管理、旅游规划、旅游企业管理等方向课程，乡村旅游是几个方向共同关注的焦点，是串联研究方向的桥梁，理所当然地成为重要的突破口。

由此，我们以 MAT 教育教学为指针，以吉首大学中国乡村旅游研究院为平台，整合全校旅游研究力量，组建专家团队，在湖南省旅游发展委员会、张家界市人民政府、湘西自治州人民政府的指导下，在张家界市旅游和外事侨务委员会、湘西自治州旅游港澳外事侨务局的帮助下，在湖南雪峰山生态文化旅游有限责任公司的大力支持下，推出一套具有国际视野、富有行业特色、符合地方实际的"乡村旅游研究丛书"，倾力打造适应 MTA 教育与教学的系列前沿学术专著，形成"MTA 特色案例丛书"，每年按选题计划推进，3~5 年就可形成蔚为可观的系列成果。一方面，为中国乡村旅游政策的制定、乡村旅游规划的编制、乡村旅游理论的创新等提供智力支撑，努力将中国乡村旅游研究院打造成具有较强决策服务功能和较大社会影响力的高端智库。另一方面，紧跟当前旅游业转型升级大势，解决 MTA 案例教学之需。同时，通过这些目标成果任务，倒逼学院教学科研团队努力拼搏，提升科学研究、人才培养、服务地方的能力。

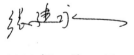

2018 年 1 月 27 日

CONTENTS / 目 录

第一章　民生及旅游业民生

　　"创新、协调、绿色、开放、共享"五大发展理念是党的十八届五中全会审议通过的《中共中央关于制定国民经济和社会发展第十三个五年规划的建议》的重要精神，这是对中国特色社会主义建设实践的深刻总结，是对中国特色社会主义发展理论内涵的丰富和提升，也是指导"十三五"规划编制和"十三五"发展的思想灵魂。创新是迈上发展新台阶的"源动力"，协调是全面建成小康社会的"润滑剂"，绿色是实现"生态梦"的基石，开放是中国融入世界的发展自信，而共享发展成果是民生效应更上新高度的体现。民生改善，是我们一切事业发展的出发点和立足点，也是经济发展、社会进步的最根本目的。随着大众旅游时代的到来，旅游日益成为现代人类社会主要的经济活动和生活方式，旅游业以其强劲的势头成为全球经济产业中最具活力的"朝阳产业"。然而旅游业的发展以整个国民经济发展水平为基础并受其制约，同时又直接或间接地促进国民经济有关部门的发展。旅游业的经济、社会效益显著，能够促进产业结构调整和优化，为社会提供大量就业机会，提高人们的物质文化生活水平，在增进国际交流的同时促进招商引资，加快社会主义新农村建设步伐，以及促进经济、社会和环境的协调发展。因此，伴随着五大发展理念的执行与实践，促推旅游业提质转型，旅游业快速成为十三五期间惠及民生的幸福产业之一。

　　国家文化与旅游部在2016年的全国旅游工作会议上指出，中国旅游业为贯彻落实"五大发展理念"，必须转型升级，从景点旅游模式转向全域旅游模式发展。全域旅游发展模式是为提升旅游业发展能力，拓展区域旅游发展空间，培育区域旅游增长极，构建旅游业新体系，培育旅游市场新主体和新消费热点。全域旅游发展战略下，各旅游目的地在旅游开发与经营管理方面有了行动的指南。在旅游的供需市场上，政府主导统筹，实施供给侧结构性改革，促进供需协调；加强创新改革，推进区域特色化发展，协调景点景区内外一体化发展；实施城乡融合，大力发展乡村旅游，推进乡村旅游提质增效；在产业链纵向和横向上，从配套要素上全面升级拓展，促进软硬件协调；打造优质旅游服务，促进规模质量协调。全域旅游战略是把人民当下的消费与永续消费结合起来，主张把生态和旅游结合起来，将生态环境优势转化为旅游发展优势，将绿水青山变成金山银山，为当代以及人类代际创造更多的绿色财富和生态福利。全域旅游注重拓展开放发展空间，打破地域分割、行政分割，打破各种制约，走全方位开放之路，形成开放发展的大格局。在共享发展方面，突破城乡二元结构，促进城乡旅游互动和城乡发展一体化，带动广大乡村的基础设施投资，提高农业人口的福祉；同时还能提升城市人口的生活质量，形成统一高效、平等有序的城乡旅游大市场。这是全面建成小康社会的重要内容和重要标志。而科学客观地评价旅游业民生效应可以正确地反映全域旅游发展模式下旅游业发展的绩效，公正地反映旅游业带给城乡居民以及旅游业各方利益相关者的收益，即可以评估建设方和管理方参与度、收益度，也可以评估广大游客、居民共同参与度；还可以评估出游客的满意度和当地居民生活的满意度。科学正确地评估旅游业发展的民生效应有利于全域旅游发展战略促进旅游地主客双方共享共建。全域旅游模式下实现全民共享共建目标也是我国全面建成小康社会的目标。旅游业带来的民生问题，即旅游业的绩效问题，是业界非常关注的问题，同时它也是旅游理论研究的永恒主题。

第一节　民生理论与实践

一、西方民生理论与实践

（一）西方民生思想

西方国家的民生政策与理论主要是围绕财富的生产分配问题产生和变化的。人民的基本生活保障问题是政党持政和国家治理的关键所在，也是社会统治的底线。因此，西方的民生思想与实践集中体现在"社会福利"的思想与相关政策方面。

1. 西方民生思想的萌芽

西方民生思想最早发端于西方古代慈善济贫思想。公元前两千多年《汉谟拉比法典》规定"要保护寡妇、孤儿、严禁以强欺弱"，古巴伦国王命令僧侣、法官和市长向其所管辖的地区居民增收特别赋税，以筹集重灾救济基金。亚里士多德认为人是一种社会性动物，他与同伴相互协力、帮助。这些关心患病、年老、残疾和贫穷者的思想，在后来被宗教吸收，随着宗教信仰者范围的不断扩大，博爱精神的慈善照顾扩大到整个社会，逐渐发展成为主张穷人互助，爱人如己，反对富人欺压穷人，施博爱于人，提倡人人平等，努力向善。奥古斯丁是早期基督教的著名神学思想家，他在《上帝之城》一书中阐述了他的基督教福利思想。到了中世纪，阿奎那一方面继承了基督教一切权利来自上帝的正统观点，另一方面吸收了亚里士多德的政治思想，从早期基督教关于天恩与人性相对立的基点出发，阐述了他"天恩不夺走人性而只会使人性完善"的宗教思想。他将世俗社会的幸福与神圣天国的幸福相调和，使福利思想开始关注于人们切实的利益，有力地推动了西方社会福利思想的发展，到了14~16世纪欧洲的文艺复兴，进步的思想家纷纷抨击宗教神学，歌颂人的伟大，肯定人的价值，维护人的尊严，追求人的解放。马丁·路德、加尔文等发起多次宗教改革，进一步促进了西方资本主义国家的思想解放和科学繁荣，促进了欧洲许多民族国家的巩固。总的说来，古希腊和古罗马的民生伦理思想、早期基督教的福利思想和文艺复兴人本思想确立的以人为核心的人文主义，对于人的主体意识的培育以及人的解放与发展发挥了重要作用，同时也是为民生保障制度的出现奠定了重要思想基础。

2. 资本主义民生思想的发展

进入17世纪后，资本主义国家的生产力得到很大发展，民生思想也得到较大的体现和发展。英国著名经济学家威廉·配第在他的《赋税论》中主张政府应该加强基础设施建设，为人民创造更多的公平就业机会，明确了救济对象包括"孤儿、无家可归的儿童和各种失去工作能力的人"。18世纪，约翰斯图亚特穆勒在他的《政治经济学原理及其在社会哲学上的若干应用》就提出：政府应该救济贫民，这是由它的职能确定的。孟德斯鸠也对这方面的民生问题有所关注，他认为一个国家必须进行救济，因为国家有义务使得人民免受痛苦、饥饿、灾难等。进入 19世纪，随着社会生产力有很大发展，社会保障思想出现一些变化，一些经济学家和其他思想家并不认为政府对社会保障要承担责任。萨伊是 19世纪法国著名的经济学家，他在《政治经济学概论》中提到"公共慈善机构费用"是公共消费中很重要的一部分，无论一个人的现状如何都需要社会救济。但是西斯蒙第的观点有些不一样，他在自己的专著《政治经济学新原理》中指出，他反对大地主、大资本家，因为如果不是他们的剥削，工人和农民可能就不会需要社会的救济，所以国家应该用权利进行干预。德国旧历史学派创始人罗雪尔在《济贫、救助及济贫政策》中，认为政府的救济可以存在，如富人的援助、互助济贫等，在救济的时候不仅要给予实物的救助，人文关怀也是不可缺少的，而且要发挥家庭团体的作用。

另外，德国的讲坛主义、英国的费边社会主义及法国的连带主义在不同程度上发展了民生保障制度思想。

到了 20 世纪，社会保障思想得到进一步发展，产生了福利经济学。在福利经济学发展过程中，福利经济学代表人庇谷提出，福利是表示人的心理状态并寓于人的满足之中，福利的大小可以用货币来衡量。同时他论述福利与国民收入之间的形成和使用，其中国民收入的形成是资源的配置问题，而使用是分配问题，他提出政府应该干预经济，政府应该向富人征税，以转移支付的形式将这部分收入转移给穷人。英国的经济学家凯恩斯则认为要解决资本主义下的失业问题必须解决有效需求不足的问题，他主张实行扩张财政政策，增加政府支出，包括社会保障支出，主张国家以财政政策干预经济，为建设社会保障制度提供理论基础。而贝弗里奇鲜明提出了要构建一个全面的、统一的、全民的居民基本生活得到保证的社会保障制度。林德贝克是瑞典学派社会保障思想主要代表人物，他倡导"自由社会民主主义"，在政治上实行西方的制度，经济上实行"福利国家"与"市场经济"相结合的制度。

3. 马克思的民生思想

马克思主义认为，人民群众是历史的创造者也应当是历史的主人。

人的本质属性是社会性,其社会实践为劳动。"劳动创造了人本身"①。人民群众作为劳动者,创造了社会财富,那么社会就应该给予群众以关怀和回馈,也就是改善民生。处理好民生问题的前提就是处理好生产力与生产关系。"当人们还不能使自己的吃喝住穿在质和量方面得到充分保证的时候,人们就根本不能获得解放"②"社会关系实际上决定着一个人能够发展到什么程度"③。民生的改善不仅取决于生产力的发展,同时也取决于社会关系和生产关系的完善。

4. 列宁的民生思想

列宁的民生思想主要体现在两方面,第一方面,重视人民群众的作用。1922年列宁在《俄共(布)中央委员会政治报告》中指出:"据有优秀精神品质的是少数人,而决定历史结局的却是广大群众。"④ 列宁强调,我们的革命所以远远超过其他一切革命,归根到底是因为它通过苏维埃政权发动了那些以前不关心国家建设的千百万人来积极参加这一建设。人民群众不仅在社会主义革命实践中发挥重要作用,在社会主义建设实践中同样发挥重要的作用。列宁还强调,要紧紧依靠人民群众,满足人民利益,发挥人民群众在社会主义建设中的作用。另一方面,在社会主义实践中关注民生和改善民生。1917年10月,列宁领导的十月革命取得胜利后,怎样巩固新生的苏维埃政权是摆在面前的最主要的任务。列宁指出"它就是要使每个人都有面包吃,都能穿上结实的鞋子和整洁的衣服,都有温暖的住宅,能勤勤恳恳地工作"⑤,列宁通过制定法律保障人民的民生,尤其是对农民的生存之本土地高度重视,和提高劳动者素质充分重视。

(二)西方民生政策与实践

16世纪,英国资本主义开始迅速发展,不断扩大的"圈地运动"导致大量农民失去土地,涌入城市。农民在摆脱土地束缚的同时也失去了生活保障,城市中产生的失业、饥饿、伤残、疾病、年老、不能劳动

---

① 社会发展简史政治经济学[M]. 解放社,1949:16.
② 马克思恩格斯选集(第一卷)[M]. 北京:人民出版社,1995:74.
③ 马克思恩格斯全集(第3卷)[M]. 北京:人民出版社,1960:294.
④ 列宁选集(第四卷)[M]. 北京:人民出版社,1972:635.
⑤ 列宁全集(第26卷)[M]. 北京:人民出版社,1959:387.

墨子的兼爱尚贤民生思想，他提出"兼相爱"的思想，主张"爱利万民"①，"爱利百姓"②，打破了儒家等级和亲疏的界限，淡化尊卑贵贱之别，倡导的"爱人"之得。关注弱势群体是墨家民生思想的一个很重要内容。墨子提倡"有力者疾以助人，有财者勉以分人，有道者劝以教人。如此，则饥者得食，寒者得衣，乱者得治"③。另外，墨子提出"夫尚贤者，政之本也"④，拥有贤能是国家的幸事，只有尊重贤能，国家才能得到治理，人民的生活才能够得到保证。

孟子的"民贵君轻""制民恒产"的民生思想。《孟子·尽心下》中说，"民为贵，社稷次之，君为轻。是故得乎丘民而为天子，得乎天子为诸侯，得乎诸侯为大夫。诸侯危社稷，则变置"。孟子认为民众对社会起决定作用，民众是天下国家的根本。同时孔子认为《制民恒产》，可以使人民生活得到保障，百姓才会安居乐业，国家才会政通人和。

荀子的"节用裕民""开源节流"民生思想。《荀子·富国》中"故王者富民，霸者富士，仅存之国富大夫，亡国富筐箧，实府库。筐箧已富，府库已实，而百姓贫，夫是之谓上溢而下漏，入不可以守，出不可以战，则倾覆灭亡可立而待也⑤"。另外，荀子还提出"百姓时和，事业得叙者，货之源也；等赋府库者，货之流也。故明主必谨养其和，节其流，开其源，而时斟酌焉"，这就是他的"开源节流"主张。

（二）旧民主主义时期的民生

这一时期从鸦片战争爆发至"五四运动"时期（1840～1919年），1853年太平天国提出《天朝田亩制度》政策纲领和《资政新篇》，其中提出的"资圣治""广圣闻"的"救国"方案，充分体现了"营造善良风俗、净化社会风气，完善社会公共设施，兴办保健卫生、慈善事业，建立公平和谐的安全保障制度"等民生气息。

孙中山的民生思想：主要内容为土地与资本两大问题，他提出"平均地权，土地国有"。而关于资本的研究，他把发展社会经济的途径归结为"节制资本"和"发展国家社会主义"，他所提出的三民主义就是民有、民治、民亨，即"国家是人民所共有，政治是人民所共管，利益

---

① ② ③ ④ 墨子［M］. 上海：上海古籍出版社，2014：34，245，40，28.
⑤ 荀子［M］. 上海：上海古籍出版社，2014：91.

是人民所共享"。

（三）新民主主义时期的民生

毛泽东提出要解决人民的民生问题，中国革命必须分为两步走：第一步是新民主主义的革命，把中国建成一个独立的新民主主义国家；第二步是进行社会主义的革命，即在新民主主义革命胜利的基础上，建立社会主义社会。因此，中国共产党带领人民群众进行了"斗争谋求民生"；土地革命战争时期，从领导民众"斗争谋求民生"转向"政权保障民生"；到抗日战争时期，领导民众将"斗争谋求民生"与"政权保障民生"有效结合；再到解放战争时期，领导民众将"斗争谋求民生"与"政权保障民生"进一步发展。

（四）新中国成立初期的民生

1949 年，中国国民经济在受到严重破坏的背景下，经济、就业、教育和社会保障是以毛泽东为主要代表的领导集体面临的民生问题，因此，确立了"为人民服务"的民生理念，实施土地改革，恢复经济发展，提供民生发展的物质保障，重视并着力解决就业问题，实行合理的收入分配政策，颁布系列法律法规，奠定民生法律基础，发展文化教育事业，提高人民文化素质，建立社会保障制度，保障基本民生。

（五）改革开放后的民生

1978 年改革开放后，中国领导人坚持建设有特色的中国社会主义，在关注民生、改善民生、重视民生、保障民生方面做了很多工作，也实施很多切实有用的政策。如邓小平同志提出要从根本上解决民生问题，就必须发展生产力，解决农村问题，要先富带后富，逐步实现共同富裕，积极促进就业，发展教育，维护社会稳定，创造发展和改善民生的社会环境，不断完善社会保障制度；江泽民继承和发扬了邓小平为主要代表的党中央集体的民生思想，进一步提出了"三个代表"重要思想，制定了全面建设小康社会的奋斗目标，实施"科教兴国"战略，提出可持续发展战略，实施西部大开发战略，努力解决就业问题，深化分配制度改革，建立健全社会保障体系，保障社会的稳定团结。21 世纪以来，中国改革开放已走过四十年，随着生活水平的提高，人民群众对民生的需求也更多了。以胡锦涛为主要代表的党中央领导把民生问题放在新的高度，提出坚持"人民至上"作为改善民生的持政新理念，把改善民生作为社会建设的重要内容，以科学发展观为民生建设的指导方针，提出了"学有所教""劳有所得""病有所医""老有所养""住有所居"民生建设目标；以习近平总书记为核心的党中央在十八届一中全会上详细地阐述了人民对民生问题的愿望和要求，并明确指出在领导中国社会主义民生建设过程中，始终实践和履行着党为人民服务的根本宗旨，号召全党牢记为人民服务的宗旨，立党为公，执政为民的核心思想和精髓，坚持植根于民，坚持群众路线，树立群众观点，始终与人民心连心，同呼吸，共命运的根本政治立场。坚持以人为本，树立科学的政绩观、发展观为解决民生问题的原则和实现路径，以实现共同富裕和社会公平正义，使人人共享人生出彩的机会，共享梦想成真的机会为价值理念和追求。

（六）中国民生政策与实践

中国古代的统治者在诸多思想家和政治家的影响下，民生实践多体现在改朝换代之初或大兴变法之时，这些实践主要表现在改革与赋税调整、水利、赈灾救灾几个方面。在"中华民国"时期，民生主义是孙中山建设民国经济的主要方针，"振兴实业"和"平均地权"是其主要内容，其具体措施主要表现在创立新的政府经济管理机构，制定和实行了一些复兴和发展国民经济的政策。新民主主义时期解放区的民生实践主要体现在发动工农和其他社会阶层群众，以"斗争"形式谋求生活改善，先后颁布实施《井冈山土地法》《兴国土地法》，调动农民的生产积极性，1942年颁布的《中共中央关于抗日根据地土地政策的规定》，以减租减息的方式作为解决抗日战争时期农民问题的基本政策。中华人民共和国成立初期，推进土地改革，1950年6月28日中央人民政府委员会第八次会议通过了《中华人民共和国土地改革法》，实行农民土地所有制，解放农村生产力，发展农业生产。1950年相继公布《中华人民共和国婚姻法》《中华人民共和国工会法》；1951年颁布了《中华人民共和国劳动保险条例》；1954年9月20日通过了《中华人民共和国宪法》等。在毛泽东和中国共产党第一代领导集体领导下，中国建立各种法律、制度，为新中国人民民生发展做出制度保障。改革开放后，中国共产党在教育、医疗、住房、收入分配等问题上建立和完善了大量的政策和法规，如在教育方面，1977年邓小平提出在教育思想上要进行"拨乱反正"，全国统一了秋季入学制度，制定和修订了中小学教学计划和教学大纲，规范了学制和中小学生的入学年龄，使得基础教育步入正轨。1985年实施"九年义务制"教育；1986年颁布了《教育法》，进一步推动了全国教育事业的快速发展；1993年印发《中国教育改革和发展纲要》；1994年颁布了《关于〈实施中国教育改革和发展纲要〉的实施意见》，1994年开始启动"211"工程带动了中国高等教育的发展；1999年国务院批转教育部发布的《面向21世纪教育振兴行动计划》全面推动教育改革和发展；2008年在全国范围内免除城市义务教育阶段学杂费。在就业方面，1994年7月5日颁布《中华人民共和国劳动法》有效保护了广大劳动者的就业权益；2002年党中央国务院下发《关于进一步做好下岗失业职工再就业工作的通知》；2007年国家颁布了三部法律《中华人民共和国劳动合同法》《中华人民共和国就业促进法》《中华人民共和国劳动力争议调解仲裁法》。在医疗方面，2003年出台了《关于城镇职工灵活就业人员参加医疗保险的指导意见》；2004年5月又出台了《关于推进混合所有制企业和非公有制经济组织从业人员参加医疗保险意见》，建立了城镇居民基本医疗保险制度；2002年10月中共中央、国务院发布的《中共中央、国务院关于进一步加强农村卫生工作的决定》，极大地推动了新型农村合作医疗制度。在社会保障方面，中央先后出台各类社会保障制度，发展和完善了城镇职工、农民工以及农村社会养老保险制度。在住房方面，先后颁布各项制度进一步完善了住房公积金制度、经济适用房制度、廉租房制度等。在收入分配制度方面，从打破平均主义，到按劳分配为主，再到按劳分配为主体，多种方式并存的制度，到2007年党的十七大报告中首次提出"初次分配和再分配都要处理好效率和公平的关系，再分配更加注重公平"。

三、民生效应评价研究

既然民生是区域内民众生活形态的总体表述，民生内容自然涵盖民众生活的方方面面。由于民生的经济性、社会性、文化性、层次性、时代性，以及民众的物质需求和精神需求各异，导致民生的内容纵横交错，纷繁复杂。明确民生内容实质上是对民生进行系统化、科学化、具体化的梳理和分类。

党的十六大以来，尤其在"十一五"规划出台之后，在党和政府的影响下，学者们纷纷对民生展开了一系列研究，不少学者遵循全面、系统、科学、量化、可操作的原则构建了自己的民生指标体系。其中，比较有代表性的有孙鸿凌（2010）的《我国民生指标体系构建初探》；张香云（2010）的《民生指标体系的构建及评价导向》；袁国敏和王玉香（2011）的《民生水平评价体系研究》；北京师范大学"中国民生发展报告"课题组（2011）的《中国民生发展指数总体设计框架》；李志强（2013）的《民生发展指标体系构建的赋权方法》。

孙鸿凌（2010）的民生指标体系分为七项一级指标，即教育、就业、收入、医疗卫生、养老保险、住房、交通。这七项一级指标与民生息息相关，是民众日常生活中不可或缺的基本要素。在孙鸿凌的民生指标中，教育显得尤为重要，其包含教育投入评估和教育机会评估、教育成果统计；就业指标分别从劳动生产率、就业率、失业率、性别比重等角度来反映出地区的就业状况；收入方面，充分考虑到收入的分配与公平，纳入人均可支配收入、中位数工资、基尼系数；医疗卫生方面，分别从医疗保险、医疗费用、医疗设施进行客观评估；养老保险方面，指标从覆盖率、增长速度、支出比重来进行衡量；住房指标方面，从人口数、人均居住面积、满意度、房价收入比、住房补贴等角度进行测算；交通设施方面，认为人均道路面积、公交站点覆盖率、停车位数是衡量交通民生的必要指标。孙鸿凌的这篇论文算是中国学者对民生指标研究的先行者。他对民生指标相关性的理解，使之可衡量、可参考、可操作的意识难能可贵，为后人对民生指标的研究提供了宝贵的启示和参考。

袁国敏和王玉香（2011）的指标纳入了民众对民生现状的主观感受，民生再也不是一组组冰冷的数据了。指标分别有生活质量、生存条件、发展状况、保障状况、幸福感、满意度六项一级指标，其下又分收入、消费、分配、寿命、综合质量、居住、就业、医疗、交通、教育、文化娱乐、社会保障、公共服务、个人幸福感、居住环境、政府公共服务等20个指标。相对孙鸿凌的民生指标，无疑更加全面，更具有参考性和说服力。

张香云（2010）的民生指标体系相对比较精炼，将一级指标分为居民收入分配与公平、教育文化发展水平、社会保障水平、公共服务水平、生存环境及安全水平，单单"水平"两个字足以体现张香云的民生观，隐含着民生的层次性和阶段性。他的指标大多与民生切实相关，有一定的民生评估功能。

北京师范大学"中国民生发展报告"课题组的研究成果——中国民生发展指数，其指标分为民生质量指数、公共服务指数、社会管理指数三项一级指标，下设 13 个二级指标，分别是收入与就业、文化与教育、生态与环境、居住与出行、安全与健康、基础设施、科教文卫、生态文明、公共安全、住房保障、城乡统筹管理、社会保障建设、就业与收入分配调节。从指标分类来看，范围明确，系统科学，几乎涵盖了民众生活的方方面面，从城市到农村、从保障到发展、从民生质量到社会保障到公共服务到生态环境到社会管理，其借鉴参考价值非常大，毕竟是国家级研究组。但是，中国民生发展指数的服务对象是政府，研究视角也是政府的宏观视角，指标体系的构建相对比较宽泛、精简。而且，中国民生发展指数还包括"发展"的要义，从整体结构到具体指标，处处体现了科学发展观的理念，要知道，发展和民生还是有些区别，其衡量和评价的具体指标自然也就不一样了。

李志强（2013）的民生指标体系首次以社会结构和经济结构角度客观评估，加入人口结构、收入结构、消费结构、产业结构。毫无疑问的是，从整个社会结构系统层面来看待民生更加全面充实。在他的民生指标体系中，除了社会子系统，另外还有环境子系统和民生子系统。环境子系统下设区域环境水平和区域环境抗逆水平，主要涉及排放量、达标率和治理以及绿色生态指标。民生子系统涵盖教育、医疗、社保、文化、居住环境、安全稳定与和谐、规模指数、结构指数、投入产出、经济能力等。

如上所述，学者们普遍认为民生应包含民众日常生活中的基本要素，例如，就业、收入、居住、交通、医疗、教育、环境等要素，而对这些民生基本要素，学者们对具体指标的民生属性也存在着不同的理解。

在笔者看来，如何系统、科学地构建民生体系，仍然是个需要继续研究、不断完善的问题。民生是区域内民众生活形态的总体表述，涉及民众生活的全部内容，是民众日常生活水平的全面客观细化的反映，具体民生指标应该能够以小见大，具有明显的民生属性，而且指标应该遵循可分类、可统计、可测算、可参考、可操作的原则。只有将生存与享受、总体与人均、城市与农村、效率与公平、产出与能耗等方面结合起来，做到以人为本、统筹兼顾，才能准确地理解民生、揭示民生、改善民生。

第二节 旅游业民生效应相关研究

一、国外旅游业民生效应研究

鉴于旅游民生内涵，可发现国外的研究主要集中在旅游与福利、旅游与生活质量[①]。西方经济学家们多数把"公民生活质量"与"生活标准""福利水平"等概念一起广泛使用并加以研究，弗朗索瓦·佩鲁（Francois Peru，1987）、伊恩（Ian，2009）、米勒斯（Millers，1987）继承并发扬了"发展理论"，将人的发展视为发展的根本与目标、价值所在；Galibraith J. K. （1980）以公民的生活质量为价值指标来综合表达经济价值与文化价值；保罗·萨缪尔森和威廉·诺德豪斯（2004）注意到有必要用生活质量改善和提高来表示福利的增长。

表1－1 国外旅游业民生效应相关研究的主要代表人物及观点

研究者（年份）	代表观点
A. Urtasun 等（2006）	通过对旅游地民生相关的 13 项指标进行福利评估，指出旅游地的旅游业规模以及旅游业收入的分配不均衡会对当地福利产生重要影响
L. Sheng 等（2009）	研究表明伴随着旅游快速发展出现的经济、社会、环境和政治现象损害了当地社会的一系列福利
J. Nawijn 等（2012）	提出在旅游地旅游状况和当地居民的幸福感之间存在一定的关系

---

① 盛蕾.旅游与民生问题研究综述［J］.地域研究开发，2014，33（3）：85－89.

研究者(年份)	代表观点
盛蕾(2014)	介绍国外旅游民生研究主要偏向旅游与福利之间的相互作用以及旅游对居民生活质量的影响,指出目前国内学术界主要集中在论证旅游业具有民生属性和民生效应
J. D. Neal 等(1999)	休闲旅游可以使人们的生活质量得到更好的满足

二、国内旅游业民生效应研究

国内对于旅游民生的研究,以 2009 年肖飞在《旅游学刊》上发表的《论公民旅游的民生特征》一文开始的。此文按照克莱顿·奥尔德弗的"生存需要—相互关系和谐需要—成长需要"理论与民生层次理论的"基本生存保障—社会融入—生活质量提升"对应研究,认为公民旅游是改善民生的重要途径之一,即公民旅游是民生的重要组成部分。文中列出了旅游业是民生产业的三个依据:旅游的居民收入门槛、政府的重视、高就业率。并指出旅游不是刚性民生属性、旅游本身具有一定的民生保障性、旅游业资金投入共同参与性、旅游需求的多样性丰富了旅游业自身的民生特征。最后,肖飞为旅游民生发展提了四条建议:一是明确旅游的产业地位;二是引导公民旅游消费;三是发挥旅游投资上的促进作用;四是努力规范旅游市场。

国务院印发的《关于加快发展旅游业的意见》(2009)中明确提出要把旅游业发展成国民经济战略性支柱产业和人民群众更加满意的现代化服务业。2010 年《旅游学刊》第 7 期~第 9 期以"旅游与民生"主题的 18 篇文章开始了"旅游与民生"的大讨论。

罗明义(2010)认为旅游有满足民众生活需要、提高民众生活水平、改善民众生活质量三大民生功能。崔凤军(2010)指出民生要素和旅游要素有其共通点,"乐"尤其凸显旅游的民生价值。马波(2010)则痛斥当今国内旅游业发展中忽视甚至违背民众利益、损害民生的现象,呼吁正确对待旅游的民生价值。肖飞(2010)认为民生即民众的幸福指数,"有尊严的生活是旅游民生的重要特征"。朱国兴(2010)分析了旅游活动的民生属性以及旅游业的民生效应和意义。范业正（2010）指出旅游业满足发达地区的旅游需求和不发达地区的脱贫致富，是重要的民生产业。张凌云（2010）明示了发展旅游业具有民生作用、政府在发展旅游中扮演主导角色，并指出发展旅游是政府民生工程的重要组成部分。张辉和王燕（2010）认为旅游是人类的基本需要，发展旅游业体现了以人为本思想，并指出发展旅游业对就业、教育、分配等民生问题具有重要意义。汪宇明（2010）分析了旅游在民生中的地位，并对政府重视旅游业表示赞许，在指出政府在旅游业发展中的贡献和不足的同时提出了建设国家公园体系、改革公民假日制度、推进旅游公共服务体系建设、推进国民旅游素质教育、推进旅游规章制度建设的建议。郑世卿（2010）从旅游开发角度认为开发的过程实质上可以理解为利益相关者的博弈，而如何做到政府、企业、居民三者利益的统筹、协调、共赢。刘锋（2010）认为新中国成立以来旅游实现从政治功能到经济功能的转变，随着国家大政方针把旅游业作为战略支柱产业，民生将引领旅游发展方式的转变，并提出政府须转变政绩观和发展理念，做到"旅游利民生，利为民所谋"。王艳平（2010）认为旅游发展关乎国计民生，旅游民生乃国家战略；提出旅游民生西部计划，用东部发达地区的旅游消费来实现西部落后地区创收。马耀峰（2010）认同肖飞的民生需求层次理论，认可旅游业的民生效应，即满足民众基本生活的需要、满足社交和提高生活质量需求，另外补充了两点：扩大就业和提高精神文明素质。

　　唐健雄（2010）指出乡村旅游具有明显的民生效应，其具体体现在扩大就业、解决"三农"、缓解旅游者生活压力。王朝辉（2010）认为提升旅游业的民生功能要做好四方面的工作，一是改变发展模式，二是开发乡村旅游；三是旅游大众化、社会化；四是完善产业体系。赵黎明（2010）认为发展乡村旅游对于改善农村民生具有重大意义，既促进了农民基本生存状态的改善、拓展了农民发展空间，又提高了农民发展能力，并且提升了农民生活质量。张世满（2010）新颖独到地认为旅游除了具有民生属性之外，还有非低碳属性，旅游相对于日常生活，其资源消耗不容小觑。庄志民（2010）则从需求、人性、人生、交往、内涵、美学、财力等角度，以优雅精炼的文字诠释了旅游的价值，毫无疑问，旅游就是民生的体现。

"旅游与民生"大讨论之后，朱金林（2011）进行了旅游和民生的内涵分析，认为旅游和民生之间存在共性，旅游是民生的高层次的需求的具体社会活动和现象，旅游要素与民生要素在内容上存在一致性，旅游业即是民生产业；并浅析旅游与民生在政治、经济、文化、社会层面存在一定的关联性。

三、旅游业民生效应评价研究

关于旅游民生效应测算，国内外专家目前沿着四个路径展开研究的：一是利用凯恩斯的乘数理论、投入产出矩阵来计算旅游对国民经济的贡献（Sadler and Archer，1975；匡林，1997；张广瑞，1997；魏小安，1997；张辉等，2000；吴国新，2003），朱国兴、张凌云、张辉等认同"旅游具有民生价值"；A. Urtasun 等（2006）利用与旅游地民生相关的 13 项指标进行福利评估，指出旅游地的旅游业规模以及旅游业收入的分配不均衡会对当地福利产生重要影响。二是用结构方程模型以及经济计量模型法测算旅游业的就业带动效应（石培华，2003；冯学钢和唐立国，2003 等），刘峰认同"民生改善引领旅游发展方式的转变"，并指出要"提升旅游业民生价值与旅游业发展质量"。三是用生态足迹法、生态阀值等方法反映因旅游改变的人地关系给当地居民造成的民生环境影响（杨桂华，2000；刘益，2004；全华等，2002）。四是以某地为案例地，对其旅游民生效应进行实证测评，如麻学锋等（2011）从旅游目的地社区居民的福利出发，用居民收入增长弹性系数、森指数、基尼系数等六大指标，对张家界市旅游业的民生福利进行了测评。鲁明勇（2011）教授从经济效应、社会效应、环境效应三方面提出民生统计指标体系，也对张家界市案例进行了民生效应测评。

纵观国内外研究成果，学者们普遍认为"旅游利民生"，并从不同角度对旅游民生进行了深入探讨与分析，研究内容不断丰富与完善，但同时还存在一些有待研究的问题：（1）关于旅游民生的概念问题，研究视角尚未得到统一，以一元性研究为主体不够全面，经济的发展与人权方面的发展的重要性没有同时得到关注（厉新建等，2003）；（2）学者们对旅游民生研究的实质性成果寥寥无几，研究层面仅仅局限于"旅游发展有利于民生"，纵然承认旅游民生的二元性，其研究结论无非是为"旅游利民生"提供佐证，是一种呼吁与明示；（3）关于旅游民生的定量研究较少，目前已有的评价指标体系基于一元性视角而构建，且以关注旅游地经济发展为主要方面（罗明义，2010）。从研究方法来看，以消费为中介变量对景区居民生活质量展开旅游富民效应评价研究的重大成果还非常少。消费能力和消费结构是显性、直接反映居民的生活质量，而消费行为往往是一个人生活方式的投射，具有较强的主观意向，是个体在物质文化生活各方面的活动形式和行为特征的总和。中国旅游从景区内的社区居民消费行为既反映其消费的主观认知又突出其客观性，即社会环境的先存性。因此，以消费为中介变量对景区居民生活质量影响展开验证性探索，即用景区居民的消费结构、消费水平、消费预期、消费方式等调研数据对旅游富民效应内容研究的拓展，也是在微观领域的实证检验尝试。从测评角度来看，成果多以旅游发展产生人地关系对旅游目的地居民影响角度出发，民生效应多以旅游目的地居民福祉为主体承载对象，而对旅游者的民生福祉研究较少。从测评指标来看，多以移植国民经济增长和民生评价指标为主，没有充分考虑旅游业特点，旅游地居民民生福利指标体系构建不够科学和完善。从评价内容来看，旅游造成的经济、文化、社会等方面的人地综合影响是当前的主要研究内容，但从旅游者与旅游目的地居民主客双方的生存权和发展权等角度研究成果还非常少。本研究试图从旅游目的地居民与旅游者二元视角，从旅游本质出发，结合旅游业特点，构建一个既包含旅游地居民民生也包括旅游者二元民生的、科学的旅游民生测评体系，并以张家界市武陵源区等为案例进行实证研究，揭示二元主体在旅游业发展中的生存与发展权利现状，为全面反映该目的地全民共建共享旅游成果提供一个很好的评价思路。本研究拟解决这些问题，以旅游民生的分析为研究对象，尝试从"旅游带来民生"及"旅游体现民生"两个角度构建旅游民生评价指标体系，确定相应的测度方法并对张家界的系列经验数据进行实证研究，从而提出改善及增强旅游业民生效应的政策与对策。

第二章 张家界市旅游业民生现状

张家界市（原名大庸市）位于湖南省西北部，澧水中上游，城区距省会长沙382公里（铁路）。1949～1988年，张家界市所辖的慈利县属常德专区，大庸、桑植为湘西自治州所辖。1988年5月18日，国务院批准设立大庸地级市，管辖永定、武陵源两区和桑植、慈利两县。1994年4月4日经国务院批准，大庸市更名为张家界市。张家界市属武陵山脉腹地，东接常德市石门、桃源两县；南邻怀化市沅陵县；西与湘西自治州永顺、龙山两县相邻；北与湖北省的鹤峰、宣恩两县接壤。张家界市4个极端位置，东起慈利县广福桥镇桃溪村，西至桑植县斗篷山药厂；南起永定区四斗坪大北厢村，北达桑植县天平山原始次森林保护区鸳鸯垭。市境东西长167公里，南北宽96公里。土地总面积9516平方公里，占全省土地总面积4.5%，在全省14个地州市中，幅员居第12位。

张家界市是少数民族集居地区，全市总人口155.2万人。有土家族、白族、苗族、回族、蒙古族等十几个少数民族，少数民族人数109.8万人，占全市人口的70.8%。张家界市由于地处"老、少、边、穷"的偏僻山区，1949年以前这里的老百姓过着食不饱，衣不暖的贫苦生活；1949年以后经党和政府励精图治，经济上有一定发展。但由于交通闭塞，生产技术落后，所以整体经济发展缓慢，其美丽的风光及资源优势始终未被开发利用，可谓"养在深闺人未识"。党的十一届三中全会以来，随着农村政策的改革，该地区旅游资源的开发，农业、林业生产的发展，使经济有了较大的变化，群众的生活水平逐年提高，特别是建市十多年来，把资源优势转化为经济优势，把区位优势转化为对外优势，贫困面貌有所改善。

第一节　张家界市旅游业现状

一、旅游资源级别高，具有先天优势

张家界自然旅游资源丰富，品位极高，拥有 264 平方公里的石英砂岩峰林峡谷地貌，全市已建有 4 个国家级森林公园和 2 个国家级自然保护区。森林覆盖率达 69.62%，为全国森林覆盖率最高的城市；武陵源核心景区森林覆盖率高达 98%。人文旅游资源独特，具有丰富的少数民族传统文化和非物质文化遗产。现有桑植民歌、张家界阳戏、白族仗鼓舞三项非物质文化遗产项目入选国家级名录，12 项入选省级名录，王家坪镇石堰坪村进入第一批中国传统村落名录。旅游资源优势仍然是张家界旅游业发展的主要动力，充分利用和保护好这些高品质的旅游资源始终是张家界经济发展的永恒命题。

二、张家界品牌知名度较高，吸引力增强

经过近三十年的探索发展和精心培育，张家界旅游业在国内外已经具有了世界品牌地位，知名度逐步提升，旅游吸引力范围逐步增大，为"十三五"旅游业发展奠定了良好的市场地位。主要表现在以下几个方面。

1. "张家界地貌"品牌初步彰显

张家界具有世界上面积最大的石英砂岩地貌，造型奇特，具有典型性和代表性。2010 年 11 月，来自世界各地的 36 位国际地质地貌学权威专家经研讨将武陵源石英砂岩峰林地貌界认定为"张家界地貌"。随后，张家界全力打好"张家界地貌"牌，加强与中科院地理资源所的合作，并于 2011 年 4 月 11 日正式挂牌成立了"张家界地貌联合研究中心"，完成了"一部"（研究中心科学院总部）、"两办"（北京办公室、武陵源办公室）、"三基地"（砂岩地貌国际对比研究基地、全球样带生态网络观测基地、世界地质公园科普旅游推广基地）的机构组建，致力于"张家界地貌发育演化的动力过程研究"。2012 年，武陵源决定申办

"2014国际砂岩地貌大会",旨在进一步扩大"张家界地貌"的国际影响。经过几年的努力,"张家界地貌"的国际地位已经初步确定,成为了张家界的一张新名片。"十三五"期间张家界要继续充分利用好这张国际品牌,增强国际旅游吸引力。

2. 文化旅游发展具有一定的经验

近年来,张家界不断促进文化与旅游、科技与旅游的深度融合,举办了一系列国际性文化节庆活动,倾力发展旅游演艺业。张家界旅游演艺产业萌芽于20世纪90年代,2007年基本形成了较完备的旅游文化演艺产业体系。目前全市共有正式营业的演艺剧场8个,座位1万多个,演职人员1200余人,年度总产值突破4亿元,接待观众超200万人。2009年以来连续举办的"张家界国际乡村音乐周"被国家文化部评价为"巧用文化软实力提升国家形象的一次成功实践",先后培育了《张家界·魅力湘西》《武陵魂·梯玛神歌》《印象·张家界》《魅力张家界》《烟雨张家界》《梦幻张家界》《天门狐仙·新刘海砍樵》《西兰卡普》八个演艺项目,其中《张家界·魅力湘西》和《天门狐仙·新刘海砍樵》于2010年进入全国首批35个文化旅游重点项目之列。魅力湘西大剧院和《天门狐仙·新刘海砍樵》被文化部授予"国家文化产业示范基地"称号;《天门狐仙·新刘海砍樵》获"影响中国旅游文化演出类"的唯一金奖。经过近些年的发展,张家界市演艺节目得到社会各界的广泛赞誉,成为有影响、有市场的文化演艺品牌,被称为文化旅游业的"张家界现象"。"十三五"期间张家界要整合现有的旅游演艺品牌,着力打造中国旅游演艺之都,夯实张家界在旅游演艺行业的市场地位。

3. 环境质量优势明显

张家界具有得天独厚的森林旅游资源,景区空气中每立方厘米负氧离子含量高达10万个,是一般城市的几十倍到几百倍,对人类身体健康和心理健康极为有利,享有"中国氧吧"的美誉,是打造张家界旅游健康产业的新"引擎"。2010年在上海世博园举办的张家界城市日活动中,市长赵小明向各国游客推介了张家界的纯净空气,引起了媒体和国民的广大关注。为了打造和推广"张家界呼吸之旅"的内涵和外延,张家界宝峰湖景区展开了张家界"空气妹妹"网络海选活动,"空气妹妹"作为张家界的旅游形象宣传大使,在全国主要大中城市进行品牌宣传活动，现在张家界空气成为吸引海内外游客来此观光的重要品牌。近几年来，沿海发达城市以及内地部分中心城市大多受到雾霾的困扰，这些地区同时也是中国主要的旅游客源地。基于这一现实，张家界空气品牌仍然是"十三五"期间的主要品牌优势，国内旅游市场潜力比较大。

4. 事件营销影响较大

张家界在事件营销方面一直不断尝试创新，天门山最具代表性。天门山景区凭借得天独厚的地貌条件和绝美的自然风光，从1999年开始就连续不断运作事件营销活动。1999年，飞机穿越天门的活动在张家界天门山上演并引起巨大轰动。2006年，俄罗斯空军特技飞行表演队再次在天门山表演，虽然没有完成"穿越天门"的初衷，但从此天门山就成为了世界各路孤胆英雄挑战极限活动的圣地。从2006年开始，天门山几乎每年都有极限运动活动开展，翼装飞行、攀岩、高空跳伞等极限运动吸引了很多极限运动爱好者来到张家界。天门山成功借助这一系列的事件营销扩大了其在国内外的知名度，同时也奠定了张家界在国内外旅游市场营销领域的重要地位。事件营销是提高旅游目的地知名度和美誉度的重要途径，是现代旅游业发展的重要趋势，天门山在事件营销策划方面的丰富运作经验，为张家界"十三五"期间继续发挥市场营销效益奠定了良好的基础，将促进张家界旅游业提质升级迈出更坚实的一步。

三、张家界国际航空口岸扩大开放，面临较好机遇

1994年，张家界荷花机场正式通航，累计开通国内、国际航线及地区航线54条，通往国内53个城市，2011年荷花机场晋升国际空港，成为继长沙黄花机场后湖南省第二家国际机场，航空口岸扩大开放，成为湘西北毗邻区域重要空中门户，推动张家界旅游国际化的步伐。作为武陵山片区唯一的国际航空口岸，张家界国际航空口岸的扩大开放进一步扩大了张家界在国际上的知名度和影响力，先后已有韩国大韩、韩亚和中国东方、泰国东方4家航空公司参与运营张家界至韩国、泰国等旅游包机航线。张家界国际空港的全面开放，改善了张家界的交通条件和投资环境，提升了张家界旅游龙头的地位，对增强湖南旅游业发展、对外开放的格局有非常重要的地位。"十三五"规划期间，张家界要继续利用好国际航空口岸这一区域交通优势，在旅游包机、旅游物流等方面实现新的突破。

四、国家旅游综合改革试点城市建设，提供良好平台

2010 年 12 月，张家界、成都市、舟山市和秦皇岛市四个城市一起获批首批国家旅游综合改革试点城市。这几年来，张家界在旅游发展中坚持以改革促发展，破除制约旅游业发展的体制机制障碍，加快构建适应旅游业综合性产业特征的体制机制。现阶段在旅游区的开发建设、旅游市场营销、旅游目的地管理等方面进行了一些有益尝试和探索，积累了一些经验，取得了初步成效。旅游目的地管理成效尤为突出，2005 年张家界组织研发了旅游目的地管理信息系统（简称"一诚通"）；2012 年启用了"安导通——景区安全随护导览系统"；2013 年启动了"智慧旅游"项目规划建设；2010 年"阿凡达"营销也成了旅游创意营销的典范。这些大胆的尝试和宝贵的经验都是依托旅游综合改革试点城市这一平台推进的，2016~2020 年张家界要继续借助这一平台优势，大胆进行机制体制改革，以获得更多有益的经验和更大的成效。

五、国家重点生态功能区建设试点城市，促进环境保护

2014 年张家界市及下属四个区县整体进入国家主体功能区建设试点名单，成为国家首批、湖南唯一的主体功能区建设试点市，属于国家重点生态功能区和限制发展区。主体功能区建设要求合理规划空间格局，大力发展生态经济，增强生态产品供给。旅游业是公认的生态经济类型，有利于增强区域生态环境保护，提高生态产品供给能力，很多城市和地区在主体功能区建设中都考虑了旅游业的发展。主体功能区建设与"十三五"规划基本是同步的，"十三五"社会经济规划要充分参考主体功能区建设的要求，因此张家界要抢抓国家实施主体功能区建设试点的机遇，切实保护生态环境，为旅游业提质升级保驾护航，推进世界旅游精品这一战略目标的实现。

第二节　张家界市旅游业民生效应

一、旅游业规模壮大，主导地位进一步巩固

"十二五"（2011～2015 年）期间张家界市旅游业规模壮大，旅游人次和旅游收入双增，在国民经济中的主导地位日渐巩固（见表2-1）。

表2-1　　　　　　"十二五"时期张家界市旅游业基本简况

年份	旅游收入		外汇收入		旅游人次		国家等级旅游区（点）	
	金额（亿元）	增长率（%）	金额（亿美元）	增长率（%）	数量（万人次）	增长率（%）	个数	4A以上（个数）
2011	167.3	29.5	3.5	25.1	3041	26.5	15	11
2012	208.7	24.7	3.7	21.2	3590.1	18	18	12
2103	212.3	1.7	3.3	-10.7	3442.4	-4.1	14	8
2014	246	16	3.9	18.6	3884	12	16	8
2015	340.7	37	5.72	47.6	5075.09	30.6	16	10

资料来源：2015 年张家界统计公报。

2011～2015 年，旅游收入由 167.3 亿元增长到 340.7 亿元，增长了 104%，其中外汇收入由 3.5 亿美元增长到 5.72 亿美元。全年景点接待旅游人数由 3041 万人次增长到 5075.09 万人次，增长了 66.9%。全市国家等级旅游区（点）由 15 个增长到 16 个。

二、基础设施建设和配套设施建设全面提升

一是重大产业发展项目相继建成运行。"十二五"期间，张家界市以"旅游项目"为抓手，重点抓旅游业和转型项目和全省"251"工程项目，加快具有带动效益的旅游业园区建设。

二是加快旅游交通建设。"十二五"期间，永定区邢家巷至大坪高等级旅游公路已开工，投资 1.2 亿元的老道湾旅游休闲度假区已对外开放。黔张常高铁破土动工，张桑高速公路开工建设。荷花国际机场新站

楼建设顺利实施。岩泊渡、东洋渡大桥已建成通车，双门岛大桥、旅游航道和绕城西线、刘洪、官瑞等一批干线公路加快推进。

三是狠抓旅游项目的招商引资工作。"十二五"期间，张家界市招商引资成绩显著，在中国第七届中博会旅游投融资洽谈会上，投融资项目签约12个，签约金额139.7亿元。在深圳2013年张家界旅游推荐会上，18个项目签约成功，引入投资127亿元，在首尔日韩招商活动上推介了15个重点项目。在"香港企业湘西行"活动中推介了40个项目，确定签约资金112.8亿元。

三、旅游管理水平和服务水平显著提高

第一，加强了旅游市场监管。开展了"平安满意在张家界"旅游市场专项整治活动，针对强迫消费、追客赶客、假冒伪劣、价格欺诈等违法违规行为开展整治，制定了《平安满意在张家界旅游市场专项整治工作方案》，出台了《色情敲诈投诉处理制度》《旅游投诉处理工作机制》《旅游市场联合执法工作机制》《旅游应急救援工作机制》等工作制度，形成了齐抓共管旅游市场的社会氛围。

第二，创新旅游管理方法，提高旅游管理水平。通过"一诚通"旅游目的管理系统，加强对旅游分档管理。

第三，推进公共服务水平的提高。2012年，有助于游客搜索信息、有助于导游管理与服务，有助于发布景区预警信息提示的"安导通"项目落户张家界。城市、景区的标识标牌实行了标准化、个性化的制作与投放。建设了旅游官网平台，创建了智慧旅游平台，服务游客的"安导通信息化产品"已在试运行。

第四，宣传《旅游法》。印制了上万册《旅游法》口袋书和《旅游法知识百问》资料，邀请国内一流专家进行《旅游法》专题讲座，举办了《旅游法》系列培训班，根据《旅游法》的要求对"一诚通"管理系统进行了调整。

第五，加强旅游企业和员工的管理。拟定了《旅行社管理体制改革意见》《关于规范导游人员劳动关系的指导意见》《关于张家界市旅行社服务网点规划布局意见》，加强旅行社、饭店、导游人员的管理。

第六，大力实施标准化管理。发布了地方性标准《旅游家庭旅馆基

本条件与评定》《张家界社会饭店分级与评定》，以天门山景区等单位为试点，完善工农业休闲示范点、旅游购物示范点等标准。

四、旅游品牌和旅游形象更加凸显

第一，启动了数字化形象工程，打造网络形象。编制了"数字张家界"建设规划（2012~2020年），张家界智慧旅游官方网站正式投入营运，推进旅游管理系统"一诚通"系统。

第二，加强对外宣传渠道建设，提高国内外影响力。与美国伙伴概念公司合作开设张家界美国网站，张家界形象名片在美国纽约时代广场大屏幕滚动播出。组织参加各种国内国际旅游交易会，在北京、石家庄、深圳、上海、杭州、南京等高铁沿线城市开展旅游促销宣传。组织各区县、张家界森林公园管理处、张家界旅游（集团）股份公司分赴主要境外客源国家和地区开展促销宣传，邀请国内外旅行商和媒体记者来张家界市考察、踩线、采访和报道。

第三，举办系列旅游营销活动。先后开展了长三角"张家界送礼"行动、"张家界导游万里行"活动、珠三角"张家界空气妹妹2011真情相约"、世界台球球王马克·威廉姆斯张家界表演赛、法国蜘蛛侠徒手攀爬百龙电梯、张家界国际网络摄影大赛、张家界天门大道定向拉力赛和汽车漂移大赛、三届翼装飞行世界锦标赛、国际乡村音乐周、自行车骑行和穿越峰林等宣传活动。

第四，加强媒体形象宣传，策划"阿凡达"和《张家界版江南STYLE》网络事件炒作，采用多种措施在春节和"十一黄金周"期间获央视新闻频道多次正面报道。加强与腾讯、携程等网络媒体合作，加大在微信和微博等新传媒方式上的宣传。编印了《每个月都给你最美张家界》口袋书和《行走张家界》自助旅游指南、《畅游武陵源》《张家界》英文折页、《张家界旅游图》等宣传刊物，强化了电影、微电影作品宣传。

五、旅游产品结构渐趋合理

"十二五"期间，张家界市旅游产品已形成"两大主体旅游产品，九大辅助旅游产品"体系。两大主体旅游产品为：以武陵源核心景区和天门山森林公园为主的观光旅游产品；以永定中心城区的城市休闲和武陵源休闲区为主的休闲旅游产品。九大辅助旅游产品分为：以"魅力湘西""天门狐仙"为主的文化旅游产品；以土家"赶年""正月十五元宵节"等民族风俗为节庆的节庆旅游产品；以江垭温泉、万福温泉等为主的温泉旅游产品；以洪家关贺龙故居、苦竹寨为主的红色旅游产品；以天门山寺、普光禅寺、五雷山、紫霞观等宗教场所为主的宗教旅游产品；乡村旅游产品、高尔夫旅游产品、背包旅游产品及自驾游等新兴旅游产品。

第三节　张家界市旅游业发展存在的主要问题及挑战

一、存在的问题

1. 适应现代旅游需求的产品短缺

目前张家界旅游市场中休闲度假型旅游产品主题不够明确，人本化及个性化服务不够突出，满足现代各类需求的旅游产品还非常短缺。尤其是特色医疗、疗养康复、美容保健等医疗旅游；融合竞赛表演、休闲健身的体育旅游；旅居全挂车营地和露营地建设标准的户外徒步、攀岩等健康休闲旅游和特色鲜明的民族村寨、古村古镇乡村旅游；新体验、新形式的低空飞行旅游等产品还非常缺乏。

2. 城市旅游功能不凸显，与旅游相关产业缺失

张家界市城市规划的顶层设计与基础设施的建设、城市文化的营造不够协调。考虑交通、旅游、商贸、人居、休闲等功能不充分。城市的现代性、休闲性、舒适性、享受性等特征不显著，现代休闲旅游城市的支撑产业还非常缺失。如张家界市的休闲产业、文化产业、创意产业、娱乐产业、体育产业、康体养老产业、数字动漫等产业，发展速度慢，产业规模小，经济贡献弱，处于起步阶段。而旅游地产、旅游通讯、旅游金融等产业还尚未形成。

3. 交通"瓶颈"日益凸现

张家界市的交通与旅游业发展的相关性明显的低于全国平均水平，交通业发展严重滞后于旅游发展。第一，尚未突破大交通"瓶颈"。张

家界国际国内航线起降架次少，旅客吞吐量和货邮吞吐量建设与扩张和打造国际旅游知名品牌战略不同步不协调，严重滞后的高铁和城际铁路建设规划制约着国内游客来张家界的旅游决策。第二，区域内交通设施建设规划欠科学。由于各种原因，区域内旅游交通在开发过程中往往只注重缩短空间距离、节约直接成本，忽视了长远可持续发展的需要，造成旅游交通建设破坏了自然生态环境；旅游交通标识设计与设置不合理，交通线路设计不符合旅游活动规律等，致使旅游景区的可进入性较低，尤其在节假日和双休日期间，"进不去、出不来"等交通难题严重；此外，张家界市交通部门的管理水平比较低下，主要表现在数字化管理相对滞后，客观上限制了旅游者及时、有序的出游活动；旅游区管理体制导致交通管理障碍，张家界市不少景点因为多头管理的问题而相互扯皮，严重地制约了交通服务质量的提高。

4. 公共服务不够配套

张家界市旅游公共服务供给存在前瞻性不足的典型特征：一是交通、上下水、供电、供暖，通讯、通邮等，未形成统一的网络系统，而桥梁、隧道、学校、医院、商场等作为网络节点，其空间布局也不合理。二是因"顶层规划"统筹不到位而不得不在短期内重复施工的现象还比较多。三是轮次间供给满足需求的区间较短，而不得不频繁升级。基本公共服务设施建设项目施工后，供给满足需求的时间段较短，短期内便需要扩建或重建的现象也大有存在。四是部分区域配套事项明显滞后，使综合效益无法如愿发挥。

5. 产业结构急需完善

"十二五"期间，张家界市产业结构已形成"三二一"，但在第三产业内部构成中，占据主导地位的仍是批发零售、餐饮住宿和交通运输两大传统行业，以及党政机关、社会团体、教育、文化、卫生等非营利性行业。知识密集型、效益高的技术服务、信息、咨询、现代物流、旅游、文化创意、动漫、软件等新兴行业所占比重偏低，发展步伐较为迟缓，对经济增长的贡献率低。为生产和生活服务的综合技术服务业和科学研究部门明显发展不足，不能满足经济社会发展的需要，由此导致服务业为第一产业和第二产业服务的作用不突出，一定程度上制约了第一、第二产业的发展。

6. 体制难题亟待破解

张家界市旅游管理体制的弊端主要表现为管理机构臃肿、管理模式混乱。核心景区分别由武陵源区政府和张家界国家森林公园管理处（以下简称"张管处"）共同管理，区政府又加挂风景名胜区管理局牌子。索溪峪（含黄龙洞、宝峰湖）、天子山、杨家界景区由区政府经营管理，黄石寨、金鞭溪、鹞子寨、袁家界四大景区由张管处经营管理，从而形成了核心景区独具特色的区处分割、"一分为二"的双重管理体制。区政府和张管处行政级别相当，实际履行的管理职能相近。区政府管理的景区设有3个景区办事处、3个自然保护区管理局和1家旅游业公司等管理经营单位；张管处虽然在行政上隶属武陵源区，但事实上张管处设置了相对完整的职能科室，并在4大景区设有4个景区管委会，在管辖区域进行独立的经营管理。同时，一些法定职权部门如工商、环保、食品卫生和规划等又没有完全进到景区，损害了景区资源管理的完整性、统一性和执法的严肃性，影响到了旅游管理和服务质量的进一步提升。

二、面临的挑战

（一）全域旅游带来的挑战

2016年在海口召开的全国旅游工作会议上，国家旅游局局长李金早做了《从景点旅游走向全域旅游，努力开创我国"十三五"旅游发展新局面》的工作报告，提出将全域旅游作为新时期的旅游发展战略。他表示，进入新的发展时期，贯彻落实五大发展理念，必须转变旅游发展思路，变革旅游发展模式，创新旅游发展战略，加快旅游发展阶段演进，推动我国旅游从"景点旅游"向"全域旅游"转变。全域旅游是一定区域内，以旅游业为优势产业，通过对区域内各要素进行全方位、系统化提升，实现区域资源有机整合、产业融合发展、社会共建共享，以旅游业带动和促进经济社会协调发展的一种新的区域协调发展理念和模式。全域旅游的本质是泛旅游业的差异开发和集聚落地；全域旅游的关键是对资源的重新整合，对旅游功能和产业分布进行重新"洗牌"。张家界市被纳入全国首批"全域旅游示范区"后（2016年2月），全面展开了全域旅游发展的系统建设工作。明确提出"一城一区、错位发展、三星拱月、全域旅游"的产业布局战略，为2018年全国首批全域旅游示范区验收打下基础。但是真正实现全域旅游发展，还需对照全域旅游示范区验收标准努力做好以下工作：旅游对当地经济和就业的综合贡献达到一定水平；建立旅游综合管理和执法体系；厕所革命及其他公共服务建设成效明显；建成旅游数据中心等基本工作。尤其体现在旅游业对国民经济社会发展的综合贡献，旅游产品的特色吸引力和市场影响力，旅游基础设施与公共服务体系完善程度，旅游服务要素配套及旅游+新业态水平，旅游安全、文明、有序和游客满意状况，旅游资源与生态环境保护和整治等方面。

（二）旅游业供给侧结构性改革带来的挑战

"十三五"旅游业发展趋势：（1）消费大众化。随着全面建成小康社会持续推进，旅游已经成为人民群众日常生活的重要组成部分。自助游、自驾游成为主要的出游方式。（2）需求品质化。人民群众休闲度假需求快速增长，对基础设施、公共服务、生态环境的要求越来越高，对个性化、特色化旅游产品和服务的要求越来越高，旅游需求的品质化和中高端化趋势日益明显。（3）竞争国际化。各国各地区普遍将发展旅游业作为参与国际市场分工、提升国际竞争力的重要手段，纷纷出台促进旅游业发展的政策措施，推动旅游市场全球化、旅游竞争国际化，竞争领域从争夺客源市场扩大到旅游业发展的各个方面。（4）发展全域化。以抓点为特征的景点旅游发展模式向区域资源整合、产业融合、共建共享的全域旅游发展模式加速转变，旅游业与农业、林业、水利、工业、科技、文化、体育、健康医疗等产业深度融合。（5）产业现代化。科学技术、文化创意、经营管理和高端人才对推动旅游业发展的作用日益增大。云计算、物联网、大数据等现代信息技术在旅游业的应用更加广泛。产业体系的现代化成为旅游业发展的必然趋势。

基于以上发展趋势，必然倒逼旅游供给侧为适应大众化旅游发展，优化旅游产品结构，创新旅游产品体系，扩大旅游新供给。

（三）旅游业融合化带来的挑战

旅游业的融合是一个不断深化和扩展的过程，其形式和类型也会随之变化。从这几年张家界市的实践看，旅游业融合可以划分为五种主要类型：第一，区域型融合，即在张家界永定区区域性范围内，以旅游业为主要产业而带动三次产业的相互融入发展，凸现产业协助、产业集聚效益，形成几大旅游功能区和旅游综合体等。第二，产业型融合。工业旅游（工旅融合）、农业旅游（农旅融合）、林业旅游（林旅融合）、文化旅游（文旅融合）等，以产业和行业为特征与旅游休闲业融合发展的模式，可称为产业型融合。如"魅力湘西""天门狐仙"等就是典型的文化产业与旅游业融合的产品。第三，资源型融合。以某种特有的资源为载体，通过注入旅游相关要素而形成旅游吸引物。如武陵源的西部街就是以自然资源为载体与旅游休闲购物有机结合。第四，机构型融合。这是指一些机构或组织，发挥自身的特点与优势，推动旅游业融合发展的模式。第五，人缘型融合。一般是指专业人才凭借自己的专长或兴趣促成其他专业门类与旅游休闲业的嫁接与合作。有时候一个旅游产品的出现，往往是一些专业人才的"出轨"，将自己的专业技能跨行业向旅游业延伸，或者是旅游界的人士因为人缘的关系，结识了某些专家，由此共同创造了旅游产品和吸引物。如张家界许多特色民宿就是由于农艺师参与农家乐开发、文化人参与构建的特色文化主题民宿等，这些都属于人缘型融合。这些新的旅游发展模式给张家界带来了新一轮旅游企业组织之间的竞合、旅游资本组合及营运以及旅游人才争夺等挑战。

（四）旅游业生态化带来的挑战

良好的生态环境是张家界旅游可持续发展的重要动力，旅游开发中因为过度开发、超容量接待，开始出现负面效应。如何有效解决日益增多的游客接待和环境保护之间的矛盾是张家界"十三五"期间需要解决的重大问题。张家界旅游文化产业日新月异，但文化资源保护却不尽如人意。由于地方经济落后缺乏资金投入，很多少数民族非物质文化遗产面临严重的传承危机，文化遗产在旅游开发中有较严重的商业化倾向，真实性和完整性受到威胁。如何有效保护民族文化，与旅游业发展相得益彰，这是急需破解的难题。

张家界旅游业同时还面临积极消除政治与自然环境的负面影响。"十二五"期间，张家界旅游业经历了几次重大事件的考验，2008年以来，中国南方冰灾、"汶川地震"、全球性金融危机、"禽流感"等天灾人祸接二连三发生，给包括张家界在内的国内很多旅游景点，造成了持续的业绩滑坡迹象。同时，受中央"八项规定""六项禁令"等政策影响，近两年公务旅游消费急剧下降，商务旅游消费明显放缓，张家界旅游业也受到了一定程度的冲击。这些来自于外界环境的负面事件，容易使旅游业受到牵连和威胁。张家界旅游业在面临这种重大事件时，必须树立忧患意识，制定各种旅游业应急预警处置方案，防范类似情况，也能迅速实现产业转型，采取补救措施，避免或减少更大的损失。

第一节 旅游业对区域经济贡献的作用机理

随着经济的发展，旅游已发展为大众旅游，它是一个涉及经济、环境及社会文化的复杂的社会现象。20 世纪 80 年代，国家为了尽快补充外汇短缺，发展旅游业成为创汇的重要渠道；到 20 世纪 90 年代，国家提出把旅游业培育成为新的经济增长点；进入新世纪以来，国家把发展旅游业作为扩大内需、拉动消费及建立良好国际形象的战略选择；在 2011 年 4 月 11 日亚太旅游协会成立 60 周年庆典暨年会上，国务院副总理王岐山强调："加快发展旅游业，是扩内需、调结构、促就业、惠民生的重要举措。在今后五年中，中国政府将深入贯彻落实科学发展观，多策并举，把旅游业培育成国民经济的战略性支柱产业"。可见旅游业是与人民福利紧密联系在一起的。

旅游业发展对目的地最直接的影响是带动目的地经济的发展。主要体现在：促进目的地 GDP 的增长，促进目的地交通运输业的发展，促进目的地工商业发展。

关于旅游业对经济增长贡献的实现路径，学界普遍公认的有两条：一是旅游业对经济增长的拉动，二是旅游业对社会就业的拉动。本研究也将寻着这两条路径对旅游业与区域经济增长的关系进行分析。

一、旅游消费对经济增长的拉动效应

消费需求对经济增长的引导作用主要表现为，随着经济的快速增长和收入水平的不断提高，居民有能力消费更多的现有商品，渴望不断扩

大可供消费的商品品种、提高商品质量，以满足其消费需求。

根据经济学原理，在现实宏观经济运行中，消费、投资及净出口是拉动经济增长的"三驾马车"，但随着中国经济体制的转轨，消费水平的提高和消费结构的升级，消费需求成为拉动经济增长的主动因。从现阶段消费、投资及净出口等需求因素对中国经济增长的贡献率也可以看出，消费需求对经济增长的贡献率远超过投资需求和净出口需求的贡献率，是拉动中国经济增长的主要力量。消费需求对经济增长的拉动作用有直接拉动和间接拉动两种。

（一）旅游消费总量对经济增长的直接拉动作用

首先消费需求直接拉动经济增长。直接拉动是指消费需求通过自身拉动经济增长，即在现有的生产能力界限之内，消费需求的增长直接导致消费品生产的增长。从最终需求的角度来看，如果分别用 GDP、C、I、E 表示国内生产总值、消费、投资和净出口，则有宏观经济恒等式 $GDP = C + I + E$，由该式得：$\triangle GDP = \triangle C + \triangle I + \triangle E$，该式说明，国内生产总值的增加是由消费需求的增加、投资需求的增加和净出口需求增加构成的。当消费需求增加 $\triangle C$ 时，GDP 就会增加 $\triangle GDP$，从而直接拉动经济增长。由此我们可以看出，作为国内生产总值的组成部分，消费需求的增长直接表现为国内生产总值的增长，消费需求增长多少，国内生产总值就增长多少，消费需求增长与经济增长之间没有中间环节。又因为：

$\triangle GDP/GDP = \triangle C/GDP + \triangle I/GDP + \triangle E/GDP$，所以有：$\triangle GDP/GDP = (\triangle C/C) \times (C/GDP) + (\triangle I/I) \times (I/GDP) + (\triangle E/E) \times (E/GDP)$，该式表明，经济增长率＝消费增长率×消费率＋投资增长率×投资率＋净出口增长率×外向依存度。从中国经济增长的实践来看，虽然近几年消费率逐年下降，但消费率仍大于投资率和外向依存度，所以，从需求角度来看，可持续的经济增长主要取决于消费的增长速度和消费率的大小。如果设 R 为消费率，则：$R = C/GDP = (C/Y) \times (Y/GDP)$，式中 Y 表示居民收入，C/Y 为平均消费倾向。由此可以看出，消费率的高低取决于居民消费倾向的高低和居民收入占 GDP 比重的大小。

根据西方消费理论，消费是收入的函数，一般情况下，个人消费支出会随收入的增加而增加，随收入的减少而减少，消费与收入具有相同的变化趋势。根据凯恩斯的消费函数理论，当居民的基本生活需要得到满足，居民消费水平达到一定程度后，消费需求总量的增长速度就会慢于居民收入总量的增长速度，边际消费倾向开始递减。如果居民边际消费倾向下降过快或过低，则会有一大部分收入增量不被用于消费支出，从而大大削弱收入提高对消费需求总量增长进而对经济增长的拉动作用。相反的，在居民消费水平达到一定程度以前，增加的收入大部分都会被用于当前消费支出，这时消费总量的增长速度就会快于居民收入的增长速度，居民边际消费倾向和平均消费倾向就会上升，从而增强消费对经济增长的拉动作用。

（二）旅游消费总量对经济增长的间接拉动作用

消费总量对经济增长的间接拉动作用是指消费需求通过其他变量而非自身来拉动经济增长，即消费需求作为初始变量拉动其他变量，进而通过其他变量来拉动经济增长。如消费需求作为初始变量拉动就业，就业的增长进而拉动经济增长。在现实经济运行中，消费需求对经济增长的间接拉动作用主要表现为，消费需求作为初始变量拉动投资需求，投资需求的增长进而拉动经济的增长，即消费需求拓展市场空间，诱发厂商增加新的投资，投资增长从而拉动经济增长。消费对投资的拉动作用是按照加速原理进行的，消费需求的较小增长会引发投资需求的较大增长，即当消费需求所要求的资本存量超过实际的资本存量时，消费需求就会按照消费需求量的倍数来拉动投资的增长。而这个倍数在经济学中就称为投资乘数，如果我们用 t 表示个人所得税率，用 b 表示居民边际消费倾向，则投资乘数 $=1/[1-b(1-t)]$。从该式可以看出，在个人所得税率不变的情况下，居民边际消费倾向越高，投资乘数就越大，投资总量对经济增长的拉动作用就越大，即消费对经济增长的间接拉动作用就越大。

二、国内旅游消费对区域经济增长拉动的实证分析

（一）实证模型的建立

基于以上理论分析，本研究以张家界国内旅游消费为自变量，国民生产总值为因变量，建立两者结构关系方程：

$$LGDP = aLTC + b \qquad (3-1)$$

式（3-1）中，LGDP 代表国民生产总值；LTC 代表张家界国内生产总值；a 为自变量系数；b 为其他影响 GDP 的因素。

（二）样本、数据及指标说明

1. 样本和数据的选取说明

为了验证国内旅游消费与经济增长之间的互动关系，考虑到数据可得性与代表性，本研究的相关数据均取自 1989~2011 年《张家界统计年鉴》《张家界旅游年鉴》《张家界国内旅游抽样调查资料》。我们用国内旅游总消费来衡量国内旅游消费水平，用国内生产总值来代表张家界的经济增长状况，由于文献中没有明确的国内旅游消费数值，所以本研究的张家界国内旅游消费数值是张家界旅游总收入去除入境张家界旅游者消费。并以 1989 年为基期分别用消费价格指数和国内生产总值指数对国内旅游消费和张家界市生产总值进行了处理。

2. 指标的说明

由于数据自然对数变换对协整关系没影响，也会导致线性趋势，并能消除异方差和两者之间的灵活性以反映其价值，所以本研究针对张家界的国内生产总值和国内旅游消费的自然对数分别为 LGDP 和 LTC。

（三）实证分析

1. 单位根（ADF）检验

处理时间序列，首先要做平稳性检验。在本研究中，扩展的迪克－富勒检验（Augmented Dickey-Fuller Test）对两个时间序列 LGDP 和 LTC 做平稳性检验，根据 AIC 和 SC 准则来确定最小的滞后阶数（见表 3-1）。对于非平稳序列，差分后做单位根检验。

表 3-1　　　　　　　　　　ADF 检验结果

变量	检验形式 (C,T,K)	ADF 统计值	1% 临界值	5% 临界值	10% 临界值	结论
LTC	(C,N,1)	-2.312143	-3.788030	-3.012363	-2.646119	非平稳
LGDP	(N,N,1)	3.666469	-2.679735	-1.958088	-1.607830	非平稳

变量	检验形式 （C，T，K）	ADF 统计值	1%临界值	5%临界值	10%临界值	结论
DLTC	（N，N，1）	− 1.103689	− 2.685718	− 1.959071	− 1.607456	非平稳
DLGDP	（N，N，1）	0.823250	− 2.740613	− 1.968430	− 1.604392	非平稳
DDLTC	（N，N，2）	− 4.541857	− 2.699769	− 1.961409	− 1.606610	平稳
DDLGDP	（N，N，1）	− 4.600328	− 2.692358	− 1.960171	− 1.607051	平稳

注：检验形式（C，T，K）中，C代表检验方程包括常数项；T代表趋势项；K代表滞后阶数；N是指不包括趋势项T，滞后阶数K一般由AIC和SC最小准则确定。

从 ADF 检验结果来看，在 1% ～ 10%下原序列 LGDP 和 LTC 的 ADF 值均在给定的临界值，因此不能拒绝原假设，说明原序列存在单位根，它们都是非平稳数列。因此需要进行差分检验，对 LGDP 和 LTC 分别作二阶差分后，发现其 ADF 值都小于 1%显著水平的值，因此序列达到平稳状态，达到数列进行协整检验的前提条件。因此，接下来我们便可以进行协整分析，来检验各经济变量之间的长期协整关系。

2. 协整检验

时间序列数据之间的协整关系是由 Engle 和 Granger 首先提出的。协整检验有两种：一是 Granger 提出的基于协整回归残差的 ADF 检验，适用于大样本变量协整关系的检验；二是以 VAR 模型为基础的基于回归系数的 Johansen 极大似然法协整检验。E－G 两步检验法适应于单方程的协整检验。E－G 两步检验法适应于单方程的协整检验，而 Johansen 协整检验法不仅能检验出多变量之间的协整关系，并且还能确定出协整向量的个数。采用 Johansen 协整检验方法对 LGDP 与 LTC 之间是否存在协整关系进行检验，来分析检验国内旅游消费与国民生产总值之间是否存在长期的稳定关系。设置检验变量 LGDP 和 LTC 具有确定性趋势；协整方程则设置为有截距项而无确定性趋势项。

由表 3 － 2 可知，在 5%的显著性水平下，当零假设 r = 0 时，T 值为 23.07948，大于 5%的临界值为 12.32090，因此拒绝该假设；当零假设 r = 1 时，T 统计量小于临界值，因此接受该假设，所以 LGDP 和 LTC 之间存在协整关系，即经济增长与国内旅游消费之间存在长期稳定的动态均衡关系。

表 3-2　　　　　　　　　　　　协整相关数据

零假设	特殊值	T 值	5% 临界值	P 值
None	0.525971	23.07948	12.32090	0.0006
At most	0.297098	4.403282	4.129906	0.0077

3. 回归分析

所谓回归分析法，是在掌握大量观察数据的基础上，利用数理统计方法建立因变量与自变量之间的回归关系函数表达式（称回归方程式）。本研究在建立张家界国内旅游消费与张家界经济的结构关系方程上，经过协整分析，两者之间有长期的稳定关系，所以利用 Eviews6.0 软件，回归分析出系数 a、b。截距 C 代表常数 b（见表 3-3）。

表 3-3　　　　　　　　　　　　回归结果

C	a	P	R^2	F
3.423658	2.499739	0.000	0.9598	200.4743

由表 3-3 可知，两变量之间协整方程为：

$$LGDP = 2.499739LTC + 3.423658 \qquad (3-2)$$

由式（3-2）可知，国内旅游与经济增长之间存在正相关性。即在长期，国内旅游消费每变动 1%，经济增长将同方向变动约 2.50%。

4. 格兰杰因果关系检验

Granger 因果关系检验主要是用来检验一个内生变量是否可以作为外生变量对待。它解决了变量 x 是否引起 y 的问题，即能够在多大程度上被过去的 x 解释，加入 x 的滞后期是否使得解释程度上升。为了弄清楚区域经济增长与张家界旅游经济增长的相互关系，我们对两者变量的时间序列进行了因果检验，检验要求估计以下的回归：

$$y_t = \sum_{}^{q} \partial_j x_{t-i} + \sum_{}^{q} \beta_j y_{t-j} + u_{1t} \qquad (3-3)$$

$$x_t = \sum_{i}^{s} \lambda_j x_{t-i} + \sum_{i}^{s} \delta_j x_{t-i} + u_{2t} \qquad (3-4)$$

其中，白噪音 u_{1t} 和 u_{2t} 假定为不相关，y 与 y 自身以及 x 的过去值有关。检验结果见表 3-4。

表 3-4　　　　　　　　Granger 因果关系检验结果

滞后期	原假设	观测值	F 值	P 值	结论
1	LTC 不是 LGDP 的 Granger 原因	22	0.0022	0.9478	接受
	LGDP 不是 LTC 的 Granger 原因		2.8261	0.0005	拒绝
2	LTC 不是 LGDP 的 Granger 原因	21	3.2319	0.0856	拒绝
	LGDP 不是 LTC 的 Granger 原因		1.4392	0.3281	接受
3	LTC 不是 LGDP 的 Granger 原因	20	2.7428	0.0062	拒绝
	LGDP 不是 LTC 的 Granger 原因		0.5467	0.1279	接受

由表 3-4 格兰杰因果检验表明：

滞后 1 期时，在 1% 显著性水平下，拒绝原假设"LGDP 不是 LTC 的 Granger 原因"，则存在 LGDP 到 LTC 单向因果关系，说明经济增长是国内旅游消费的 Granger 原因。

滞后 2 期时，在 1% 显著性水平下，拒绝原假设"LTC 不是 LGDP 的 Granger 原因"，则存在 LTC 到 LGDP 单向因果关系，说明国内旅游消费是经济增长的 Granger 原因。

滞后 3 期时，在 5% 显著性水平下，拒绝原假设"LTC 不是 LGDP 的 Granger 原因"，则存在 LTC 到 LGDP 单向因果关系，说明国内旅游消费是经济增长的 Granger 原因。

由此可见，在短期内，张家界区域经济是国内旅游消费的一个原因。区域经济的发展为旅游业的发展提供了必要的基础设施条件，如交通条件，住宿条件以及游览的必要设施等，区域经济的发展为旅游业的发展提供了可能，所以短期内，区域经济发展极大地拉动了旅游经济。另外，从长期来看，随着旅游业的壮大和发展，旅游业成为区域经济的重要产业甚至是支柱产业，这为区域经济发展做出巨大贡献，如张家界地区的旅游业为区域经济贡献非常大，其弹性系数为 2.5，表示为每增加 1 元的旅游消费可以为区域经济贡献 2.5 元。国内旅游消费对区域经济的增长的贡献显著。

三、研究结论

国内旅游消费对区域经济增长拉动研究依据 1989～2011 年的相关数据，运用协整分析和格兰杰因果关系检验两者之间的因果关系，基于以上实证分析，可得出下列结论：

第一，张家界国内旅游消费与国民生产总值之间存在着长期的稳定关系。张家界国内旅游消费与经济之间存在着相同的增长趋势，两者同升同降。

第二，国内旅游消费是国民生产总值增长的原因。协整检验证明张家界旅游经济增长 1%，拉动的张家界国民经济增长约 2.5%，表明发展旅游业在张家界经济增长中有一个明显的拉动效应。格兰杰因果检验证明存在张家界旅游业对国民经济之间单向 Granger 因果关系，此为当地政府发展旅游业提供了重要的政策基础。

第三，国内旅游消费对经济增长的拉动效应在长期内显著。在长期内国内旅游消费所形成的乘数链效应逐步显现，有助于旅游直接收入和间接收入的提高，从而显著拉动了经济增长。

第四，在短期内，经济增长对国内旅游消费具有推动作用。经济增长为国内旅游消费提供了物质保障；经济增长使得国内旅游消费的结构趋向合理化；经济增长提高了国内旅游消费质量。考虑到国内旅游产品结构尚待升级以及国内旅游消费需求饱和因素的影响，经济发展的持续增长必然会推动中国旅游消费的增长，这也导致了长期内经济增长对国内旅游消费的推动作用显著性不强，但是由于加强城市建设等，可促进旅游的增长，所以在短期内，还是可以起到推进旅游消费的作用。

第二节　旅游业对就业的拉动效应分析

一、旅游业对就业拉动作用的综述

旅游业是以劳动密集型为主导的服务性行业。根据产业关联理论，旅游业的后向关联关系较强，即旅游业通过提供需求与其他产业部门发生关联关系，这其中就包括提供就业需求。1998 年亚太经合组织

（APEC）旅游工作组和世界旅游理事会（WTTC）发布的《APEC 区域旅游业发展的经济影响》研究报告按照国民账户（SAN）体系的要求，用旅游国民账户法进行了统计分析，其中对旅游业人力资源结构进行了以下分类：（1）旅游直接就业，包括直接面对游客的，如航空公司、旅游宾馆、出租车、餐馆、零售商店和娱乐场所。（2）旅游间接就业，包括与旅游相关的辅助性工作，如食品供应、洗涤服务、批发销售、金融服务等。（3）旅游业供给者的直接就业，包括政府代理商、资本品制造业、建筑业、出口旅游商品的行业等。（4）旅游业供给者的间接就业，通常包括为旅游业供给者提供各种钢材、木材、石油化工产品等生产资料的行业。

据 WTTC 统计，目前全世界旅游业创造就业岗位（直接和间接）达到 2.31 亿个，占全世界就业总人数的 9.4%，即平均每 10.7 个就业人员中就有 1 人直接或间接从事旅游工作，其中大多数分布在小企业或就业结构失业比例较高的城市和农村地区。根据研究估算，旅游业每增加一间客房，所推动的直接就业指数为 1.5，间接就业指数为 2.5。旅游业是低就业门槛产业，旅游业的人力资源结构总体上向初级技能劳动者倾斜，劳动就业的培训成本较低。据一些发达国家统计，旅游业安排就业的平均成本比其他经济部门要低 36.3%。旅游业的就业带动性强，就业乘数高。根据加拿大学者 S. Smith 的系统理论模型，在发达国家旅游业每增加 3 万美元的收入，将增加 1 个直接就业机会和 2.5 个间接就业机会。另据世界旅游组织（WTO/OMT）专家的测算，旅游资源丰富的发展中国家，每增加 3 万美元的旅游收入，将为社会增加 2 个直接就业机会和 5 个间接就业机会。

旅游业具有就业乘数效应大、就业门槛低、发展前景好的特点，为解决中国目前转型期结构性失业的问题提供了出路。在最近的 10 年中，旅游业直接和间接吸纳了 3500 多万人就业。又据 WTTC 数据，在 2010 年，中国旅游业直接就业人数将达到 1900 万人，间接就业人数可达到 6900 万人。

二、旅游业对就业的带动

根据当前统计方法及统计口径，在全国和张家界市统计年鉴中旅游行业就业人数统计没有专设栏目，因此我国旅游直接与间接就业人数的资料不易直接获取。而且从《APEC 区域旅游业发展的经济影响》中对旅游业人力资源的分类中可以看出，旅游业就业具有广泛的关联性，而且由于旅游业的季节性属性和从业人员的不固定，要想精确统计出旅游业就业人数是相当困难的。但是，在统计公开的资料中第三产业就业人数是正式公开的，而旅游业又是第三产业的重要组成部分，因此，我们借鉴区域三大产业的演化趋势以及劳动力就业趋势来大致说明旅游业的就业带动效应。如图 3 – 1，在张家界市，全市旅游收入大约占第三产业产值的 1/4 左右，第三产业发展迅速，从业人数所占总就业人数的比重逐年上升。

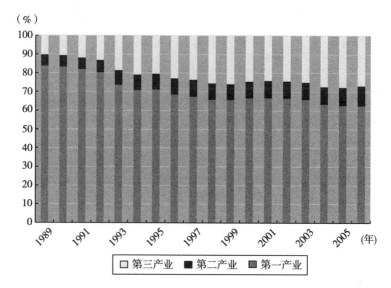

图 3 – 1　1989 ~ 2007 年张家界市三次产业就业人数比例
资料来源：《张家界统计年鉴》。

2006 年末，全市从业人员为 88.83 万人，比上年增加 1.28 万人。其中城镇单位从业人员所占比重由 2005 年的 15.42% 下降为 2006 年的 14.2%，低于同期人口城镇化速度，反映出张家界市城镇吸纳劳动力就业的能力在不断减弱。从业人员产业结构变化表现为：第一产业人员比重下降，第二、第三产业从业人员比重上升。2006 年末，三次产业的人员结构为：43.2∶22.4∶34.4，而 2000 年人口普查时为 83.2∶4.1∶12.7；第一产业从业人员比重减少，第二、第三产从业人员比重上升，表明张家界市从业人员结构正由传统的"金字塔"形向较高层次的"工"字形结构转变，就业结构逐步趋于合理。2000 年全市三次产业就业比例为65.2∶8.6∶26.2，到 2006 年转变为 61.7∶8.8∶29.5，也就是说，2006 年张家界市三次产业就业比重分别为 61.7%、8.8%、29.5%，见图 3 -2。

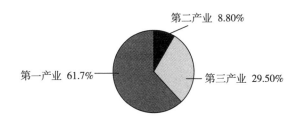

图 3 - 2 2006 年张家界市三次产业就业权重

资料来源：数据来自 2008 年《张家界市统计年鉴》。

所以在研究旅游业对张家界社会就业的拉动这一问题时，笔者将通过对国民经济三大产业的劳动力需求分析，间接说明旅游业对就业的拉动效应。选取三大产业的就业人数作为就业水平的衡量指标，分别观察这些数据随着时间推移的变化情况。

三、旅游业带动就业模型构建与数据分析

根据张家界统计年鉴数据，作出张家界市三次产业就业人数折线趋势图，见图 3 - 3 所示。

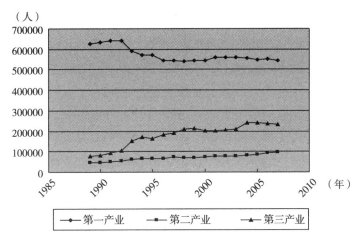

图 3 - 3 张家界三次产业就业人数折线趋势

从图 3-3 可以看出，第一产业的就业人数最多，但就业人数曲线呈降低趋势，也就是说，随着年份的推移，第一产业的就业人数将会有所下降；第二产业就业人数最少，逐年有所增长，但增长幅度不大，曲线基本趋于一条平行直线；第三产业随着年份的增加，就业人数也紧跟着增多，且增势较为迅速。

基于三次产业就业人数的时间序列，利用上面的分析方法，构建一元线性回归方程如下：

$$Y = \alpha + \beta T + \varepsilon \qquad\qquad (3-5)$$

式（3-5）中，Y 表示某一产业一年就业人数；T 表示时间；α 表示截距；β 表示时间 T 变动一个单位时，趋势值（就业人数）的平均变动数量；ε 为随机项。根据式（3-5）进行回归分析，将三次产业的就业人数和年份分别代入式（3-5），对模型参数进行统计估计，得出 α 的值，再对 β 求导三次，所得值记入下表。

表 3-5 　　　　1989~2012 年张家界市三次产业就业人数趋势系数

变量	第一产业（β值）	第二产业（β值）	第三产业（β值）
α	10424297	-4867409	-1.8E+07
β	-4930.8	2471.256	9026.888

由表 3-5 可知，1989~2012 年期间第三产业的就业相关系数为 9026.888，意味着在这期间年份每增加一年，就业人数就增加 9026.888 个单位。第一产业的就业趋势系数是负数，说明第一产业就业已经趋向饱和，无法再大量吸纳劳动力，并且要向社会释放劳动力。所以第二、第三产业随着年份的增加，就业人数也会相应增多，但第三产业的就业情形更加乐观。旅游业作为张家界市第三产业中的主产业，可由第三产业的数据间接说明它的发展趋势，旅游业的发展会随着年份的增加而提供更多的就业岗位，说明旅游业对张家界就业有一定的拉动作用，但拉动作用还不是特别的显著。

第三节 旅游业对居民生活及消费方式影响机理

一、旅游业对居民生活及消费方式影响研究

消费方式其含义涉及了社会学、经济学和心理学等众多学科。西方学者对于消费方式的研究是从生活方式研究中分化而来，早期的社会学家在研究生活方式时并没有把生活方式和消费方式区分开来。但在马克思·韦伯（Max Weber，2012）和托斯丹·凡勃伦（Thorst. in Veblen，2011）关于生活方式的研究之后，西方学术界关于生活方式的研究发生了重大变化，即把生活方式的研究转化为消费方式的研究。凡勃伦（2011）在《有闲阶级论》中也主要是根据消费来界定生活方式，并进而确定社会阶级地位的。因此，在西方学者的研究中，生活方式研究越来越趋同于消费方式。国内学者的通行观点认为，消费方式是人们在日常生活中为了满足物质和精神的需要，消耗各种消费资料的生活方式的总和，它主要包括消费观念、消费习惯、消费结构等几个要素。

通常认为生活方式包括消费方式，国内外很多学者都赞同这一观点。例如，王玉波（1986）认为生活方式包括价值观、家庭生活、消费方式、社会交往和政治生活等方面。高丙中（1998）认为生活方式有广义和狭义之分。广义的包括劳动生活、政治生活、物质消费生活、精神文化生活等。而狭义的主要限定在日常生活领域，如物质消费、闲暇生活、精神文化生活、家庭生活或简单地说仅指"食、衣、住、行、娱"领域。本研究对消费方式理解采用狭义的生活方式，即消费方式是指人们在日常生活领域的"食、衣、住、行、乐"等方面的选择。

二、旅游业对景区居民消费方式影响的 DIPR 机理模型

20 世纪 80 年代，国内学者对于消费方式的研究主要基于理论上，论述消费规律、适合中国国情的消费模式。20 世纪 90 年代以后关于旅游发展对旅游目的地居民消费方式影响的研究开始增多（刘南昌，1990）。进入 21 世纪，经济的快速发展使得人民的消费水平发生了翻天覆地的变化，研究也不仅仅局限在经济方面的影响，而是从政治、经

第三章
旅游业民生效应生成机理 | 45

济、文化、社会等方方面面进行研究。对于居民消费方式的研究从微观层面转向了宏观层面。李凡和金忠民（2002）对比分析了西递、宏村和南屏三个古村落在发展旅游后，村落的社会面貌、消费水平、传统文化、娱乐活动、社会治安等方面产生的影响程度。章锦河（2003）以西递为研究对象，指出旅游发展对旅游地的价值体系、道德标准、生活方式、文化生态、家庭关系、居民行为、社会治安等产生了深刻的社会文化影响。赵磊（2011）对旅游发展与居民消费进行了研究，认为旅游发展对居民消费具有明显的正向影响关系，然而这种正向关系的影响效果较小；旅游发展滞后项并不显著，说明旅游发展对居民消费促进作用的动态持续效果并不明显，导致在一定时间段内旅游发展对居民消费呈倒U形的影响关系。单浩杰（2014）从城镇居民消费能力视角分析了呼和浩特旅游发展模式，分析说明随着城镇居民收入水平的增加，休闲消费剧增，为乡村旅游发展提供了广阔的前景。

借鉴联合国经济合作发展组织提出的旅游发展对生态影响评价的模型，结合旅游经济、消费经济学相关原理，旅游发展对景区居民消费方式影响主要表现在随着产业的发展财政收入提升，居民就业机会增多，居民可支配收入增长，居民消费能力提高，消费方式也随着社会的进步发生变化，旅游业发展对景区居民消费方式具有强大的驱动力。由于消费水平的提高，居民的消费预期、消费方式、消费结构等都会产生不同的影响力。同时，由于收入水平的提高也抬高了当地的物价，对居民消费反过来制约其消费能力。那么政府就会根据这些变化改善景区消费环境与消费政策，鼓励居民释放消费潜力，居民也会根据这些变化做出动态响应。我们把旅游业对居民消费方式影响的机理分解为四个方面："驱动"（driving force）是指造成消费方式变化的主要驱动因素；"影响"（influence）、"压力"（pressure）是指游客的进入对目的地居民生活的影响，是直接影响因素，例如带动目的地物价水平的上涨等；"响应"（response）说明居民个人和政府意识到问题带来的变化，所采取的相关行为改变及制定新的政策，简称为 DIPR 机理模型。见表 3-6 和图 3-4所示。

表 3 - 6 DIPR 框架含义

类别	含义
驱动(D)	随着旅游发展,使目的地居民的收入水平、消费方式、整体消费水平以及生产模式都产生相应改变。物价增长和个体的需要及个体活动的发展视为内在驱动力,并全面导致在不同水平上的生产和消费的改变。驱动力通过这些改变对目的地居民施加压力
影响(I)	鉴于对目的地居民所造成的压力,改变了居民消费的态度。这些改变在整体上对景区的消费方式、消费环境产生了影响
压力(P)	旅游发展,带动大量游客的进入,使得目的地城镇化水平提高,但同时抬高了目的地物价水平,给目的地居民带来了极大的生活压力
响应(R)	面对这种变化,景区居民消费方式的改变及政府为了改善或适应这种消费方式所采取的措施及对策

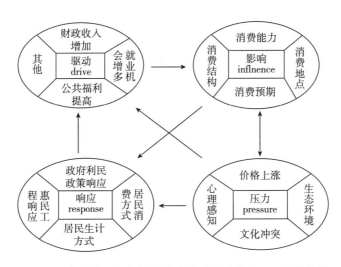

图 3 - 4 旅游业对景区居民消费方式影响的 DIPR 机理模型

(一) 旅游业对景区居民消费的驱动

旅游发展是居民消费方式变化的驱动力。自 20 世纪 80 年代发展旅游业以来,为了促进旅游的快速发展,政府加大对景区投入和关注,以吸引更多的游客和外来投资者走进景区。例如加大对景区的基础建设、对外来投资者实行税收差异制等。外来投资者进入景区投资促进了经济的发展并提高居民的收入水平。随着旅游的不断发展，旅游人次的增多，景区旅游收入逐年上升，给景区带来了非常可观的财政收入，旅游市场也越来越趋于稳定。

旅游发展给景区居民的生活带来了非常大的改变，使更多的居民参与到与旅游相关的行业当中，带动了他们的就业，提高了居民的收入水平，增加了他们的消费能力，为其消费方式变化提供了经济基础。

（二）旅游发展对景区居民消费的影响

随着大量游客的进入，带来了各种各样的旅游客源地的文化，游客的消费观念、消费方式对景区的传统文化、传统思想、消费观念、消费方式都带来了一定的冲击。本研究主要研究旅游发展对居民消费方式的影响，主要从以下几个方面分析。

1. 旅游发展对景区居民消费能力的影响

从内部因素来看，发展旅游使得景区的居民受益，大大提高了居民参与旅游的机会。2013 年末，在景区天子山镇、索溪峪乡、协和乡和中湖乡四个地区农业户口人数为 29785 人，其中在第三产业就业的人数有 9207 人占到总人数的 30.9%。说明旅游发展带动景区居民的就业，提高了居民的收入水平，改变了居民的消费能力进而改变了居民的消费方式。消费方式的变动有其固有的内在规律，也受到诸多因素的影响，如收支水平、收支结构和预期、心理需求、生活方式和环境等。从调查数据显示，居民的纯收入从 1993 年开始，那时农民纯收入是 1194 元，到2013 年增加到 7862 元，翻了 5.6 倍多。收入的增加，提高了他们的消费能力，对于以前想买的东西可以买得起了。

2. 旅游发展对景区居民消费预期的影响

虽然居民的整体收入水平提高了，但景区居民不像有稳定工作的城市居民那样，每个月有固定的收入做保证，看到什么产品可以进行消费预期的估算。景区居民在消费预期上就做不到，因为他们的收入是不稳定，他们不能做到想买就能买，必须跟他们看得见的钱是对等的。这在一定程度上又限制了居民的消费。居民消费方式的变化一方面反映出他们在消费水平、消费结构和消费理念上，另一方面也体现了消费方式作为消费者主体在动态的、复杂的消费环境中寻求心理效用最大化的变化过程。

3. 旅游发展对景区居民消费观念的影响

在发展旅游之前，这个地方属于南蛮之地，无人问津。偏远的山区，交通不便，经济落后，典型的穷乡僻壤。本地文化就是无人知晓的土家文化，外界的信息很难流入。居民的消费观念只局限于基本的物质消费，对于精神层面消费很少。发展旅游之后，大量游客的进入，打破了信息闭塞的局面，使得人们有了更多和外界交流的机会，接受外界的信息，促进经济发展的同时也促进居民消费观念的改变。居民消费观念慢慢地由基本的物质消费转变为物质和精神消费相结合。并促进本地特色文化输出去，让更多的人了解这个"养在深闺人未识"的"少女"。游客与居民两者之间的交流碰撞出新的观念，对居民的消费习惯会产生潜移默化的作用。

4. 旅游发展对景区居民消费环境的影响

景区是一个依山傍水的小山区，自发展旅游以来，其基础设施中的城市建设比较完善、交通便利，给当地居民带来了很多福利。为满足游客不断增长的需求，越来越多的外地商人及本地人到景区来做生意，使得景区的消费环境变得更丰富，居民的消费环境也发生相应的变化。虽然景区发展较快，但受其地理位置的影响，有些产品的进入性受限，居民即使有钱也不一定能买到。

旅游发展对一个地区的经济状况、文化、居民收入及环境等方面产生非常大的影响，而这些方面反过来又会影响着居民消费方式的变化，他们是消费方式变化的作用机理，他们之间相互影响、互相制约。

（三）旅游业对居民消费能力产生的压力

旅游发展给景区居民带来一系列好处的同时，也会带来一些冲击，比如，价格上涨、通货膨胀、物资与服务短缺、房产与地价上涨、物业税增加、生活费用上涨。能够出来游玩的游客其经济承受能力还可以，消费能力也较好，为了挣更多的钱，本地的物价就会相应的抬高。所以在游客增多的同时物价也相应地提高，对游客来说已经习以为常。可是，对本地居民来说他们的工资水平很低而物价很高，给他们的生活带了非常大的压力。

第一，旅游发展虽然给居民带来了就业机会和提高了他们的收入水平，但因为居民本身受教育水平低，他们仅仅只能从事体力劳动和基层的服务工作，而这些工作薪资水平都比较低，在景区这样一个旅游城市低收入要面对高消费的物价给他们的生活、消费能力带来了极大的压力。

第二，由于景区地理位置较偏远，很多想要的商品不可能像大城市那样供应及时，所以会出现有些商品短缺的现象。在某种程度上也给居民带来了消费压力，因为要出去买的话，要花费更多的资金。

第三，随着通货膨胀现象的加剧，人民币不断贬值。另外，工资水平低，生活消费高，房价、生活用品等的上涨都给居民消费能力产生了一定的冲击，带来了很大的压力。

（四）景区居民消费方式在旅游发展影响下的响应

随着全区旅游业的快速发展，旅游业带动城乡就业效果明显，有力促进了城乡居民收入增加。2012 年，全区城镇居民人均可支配收入和农村居民人均纯收入分别为 15202 元和 6465 元，同比分别增长 12.2% 和 13.1%。2003～2012 年，城乡居民收入年均增速分别为 10.38% 和 11.46%，与 2003 年相比，城乡居民收入均实现了翻番，人民生活水平大幅提高。随着武陵源区农村居民人均纯收入逐年增长，农村居民的恩格尔系数也不断下降，从 1990 年的 59.0% 下降到 2006 年的 52.0%。到了 2013 年，全市居民的恩格尔系数下降到 27.4%。由此说明，旅游发展以来人们的生活越来越好，旅游业促进了农村居民收入的增加，提高了人们的生活水平。

1. 农户消费方式的响应

收入的增加提高了农户的消费能力，促进了武陵源区农户消费方式的改变。表 3 – 7 是根据不同阶段旅游发展的特点及农户的收入水平分析在不同时期旅游发展给武陵源区农户消费方式带来的影响。

从武陵源区旅游生命周期分析，可以了解不同阶段农户的消费能力、消费观念及消费结构的特点和变化。

表 3 - 7 　　　　　　　武陵源区不同阶段农户消费方式的变化

不同时段	消费能力	恩格尔系数(%)	消费结构	消费态度
探索期 (1989~1991 年)	农民收入低,主要靠种地维生,消费能力低	59	物质消费占主导,食品支出仍是农村最重要、最基本的消费	除了日常的生活所需,基本不怎么消费
参与期 (1992~2000 年)	随着旅游发展,农户慢慢地参与到旅游发展中去,农户收入增加,消费能力提升	56	随着旅游发展,收入的提高,还是物质消费为主,但呈现食品、衣着多种结构	受收入限制,多数农户还是主张能省则省的保守消费态度
成长期 (2001~2005 年)	收入增加,基本温饱问题解决,有部分的余额	52	随着收入的提高,精神消费比重逐渐加强,不限于食品、住房、衣着更趋向于教育消费	随着收入的增加,消费态度逐渐由保守转为理性
巩固期 (2006 年至今)	旅游发展,带动大量的就业,提高农户的收入,消费能力不断加强	27	随着市场的不断完善,农户收入的提高,生活条件得到很大改善,消费结构已经趋于多元化	农户消费主要是以家庭收入为主,以理性且节俭相结合的消费态度

2. 生活消费方式的响应

从农户的基本消费情况、家庭结构、休闲娱乐、消费生活、消费态度等方面进行调查问卷研究来分析农户消费方式的变化。

表 3 - 8 　　　　　　　　　　武陵源区农户的主要消费支出

消费项目	人数(人)	比重(%)
食品、衣着	46	92
家用电器	5	10
购房	3	6
子女教育	27	54
医疗保险	11	22
交通通信	14	28
储蓄	10	20
人情	15	30
其他	6	12

第一，服饰消费注重经济实惠。从整个调查数据来看，36%的人对服饰的选择主要看质量和款式，也有34%的人认为价格是最重要因素，对于武陵源区农户来说对服饰主要是讲究"实惠、穿暖"。另外，在所有调查的农户中没人考虑买本地民族服饰，说明随着旅游的发展，以前穿土家服、苗服的人越来越少，他们的服饰与汉族已无差别，基本上被汉化了，只有在景区从事旅游相关职业的人才会穿民族服装。

第二，食物消费以商品供给为主。随着旅游业的发展，越来越多的土地被征为旅游用地，农户的土地剧减，但他们还是以务农为主，很多农户利用现有的一些土地种上些蔬菜，其他荤菜类都是靠买的，有时蔬菜也是靠买的。食品支出在整个消费中比重最大，30%的农户在食物支出这一块还主要是看价格，有26%人比较注重食物的营养价值，但这一般是年轻人家庭和家庭条件相对较好的农户。数据显示68%的人同意家里吃饭能凑合就凑合，不饿肚子就行。57%的人同意生活越简朴越好，能省则省的观念，这说明一半的人消费态度比较保守、消费能力较弱，只要不饿着就没必要花钱去进行其他消费。他们的消费态度受身边亲人朋友影响，因为家庭条件差不多，在消费上也不讲究攀比，消费态度趋于理性化。在消费过程中80%的人认为消费要物有所值，要追求生活的质量。这说明，武陵源区农户的消费观念变化了很多，很多人不再局限于表面上花多少钱而是追求精神层面，花钱带来了怎样的价值。总的来说，消费态度相对保守、理性、不攀比。

第三，交通与通信消费选择趋向多样化。随着旅游的发展，交通条件的改善。农户由以前的步行、马车、自行车为主的出行方式转变为以公交车和骑摩托车为主，少数家庭使用面包车和私家车。最主要还是旅游发展带动家庭收入的提高，给本地农户带来了更多的选择，另外因为道路的改善，到处四通八达，不管是公交车、摩托车还是私家车出行都非常的便利，农户可以根据自己的需要选择更便捷的出行方式。

第四，居住消费主要以自建为主。根据调查数据显示和实地访问和观察所知，农户的住房90%是自己建，购房的只要6%。以前农户也是自己建房，现在也一样，只是随着收入的提高，农户居住条件得到非常大的改善。不管是房子的面积还是房子内部的装修都比原来好太多，大部分农户家的房子都是两层以上，加上家庭收入的增加，农户居住条件是越来越好。

第五，子女教育消费越来越受重视。根据农户调查学历表明，教育程度是一辈比一辈高，在表3-8中我们可以看到子女教育在主要消费支出中有54%，说明现在的农户对子女的教育越来越重视了。

收入的增加促进了消费能力的提高。农户消费支出比重最大的就是家庭日常所需的食品支出达92%；另外随着经济的发展、观念的转变，对子女教育支出也是逐年上涨，说明他们越来越重视对子女的教育了，从物质消费慢慢转移到精神消费上来；另外一个比较重要的就是"人情"支出，这在农村是非常普遍的现象，一般到过年过节基本都会因为各种喜事去"喝酒"；农户挣钱最主要的还是为了子女教育和防病养老；据张家界2013年统计年鉴数据显示，武陵源区农户的可支配收入、消费支出、衣着等方面的消费能力在整个张家界市是最高的，说明武陵源区农户的经济水平比张家界市其他三个地区高。但受地理位置的制约，他们消费的范围主要集中在武陵源区，8%的人会到张家界市区买东西，在一定程度上地理位置制约了消费；随着互联网的普及，农村使用电脑的人越来越多，但大多数人只会看看电视、新闻等，而利用互联网购物的人只有6%，说明农户互联网还没普及。

第六，娱乐消费方式从单一转向多元化。根据调查所得，老一辈的农户说：干了一辈的活，除了睡觉还是劳动，还有就是看电视、和邻居、亲友聊天。说明农户的休闲娱乐活动比较单一。现在随着土地的减少，导致农活减少，农户的休闲时间增多，娱乐方式较以前多元化，增加了锻炼身体、上网、打牌、跳舞、外出旅游等。从数据分析来看，农户对休闲娱乐很少花钱去消费，大部分人都是在家看电视和邻居聊天，打牌的现象也比较少。花钱去进行娱乐消费的很少，比如外出旅游，72%的农户从来没有出去旅游过，20%的人一年出去过一次。说明武陵源区农户还是非常节约的，对于花钱的消费还是持比较谨慎的态度。

从整个的数据分析来看，目前武陵源区农户消费方式大部分还是以物质消费为主、精神消费较少，农户普遍对日常消费中的精神因素不加重视，如饮食很少讲究色、香、味，住房不注重装潢布置的品位和个性，文明和卫生状况也比较差。农户的消费态度从以前的过度节俭向现在的合理且理性消费发展，但是反对"超前消费"，还是习惯先储蓄再消费。

第四节　旅游业对增进旅游者体验感知的作用机理

一、旅游业发展的目的是满足旅游者体验

随着社会生产力不断发展，劳动生产率不断提高，以及人们生活水平的迅速提高和带薪假期的增加，旅游业将持续高速度发展，成为世界最重要的经济部门之一。据预测，未来10年，我国旅游业将保持年均10.4%的增长速度，其中个人旅游消费将以年均9.8%的速度增长，企业、政府旅游消费增长速度将达到10.9%；2010年我国旅游总收入占GDP的比例达到8%；到2020年中国将成为世界第一大旅游目的地国和第四大客源输出国。作为新兴消费热点行业之一的旅游行业，在我国将迎来巨大的发展机遇，很多省区和重要城市都把旅游业作为支柱行业和重点行业来发展。

（一）资金积累和外汇收入增加是旅游目的地宏观环境建设的重要保证

发展国内旅游业，有助于拓宽货币回笼渠道，加快货币回笼速度，扩大货币回笼量，因此能够加快资金周转，增加资金积累和国民收入，

为国际旅游业发展创造了坚实的物质基础和提供了难得的经营管理经验。发展国际旅游业能够增加外汇收入，旅游者必须要来旅游产品生产地进行消费，节省了商品外贸过程中的运输、仓储、保险等费用，降低了换汇成本；旅游出口不受客源国或地区贸易保护的限制，不受关税影响；旅游业创汇方便，无须产品包装、储运和其他繁杂的进出口手续。

（二）旅游业发展提供的大量就业机会是旅游目的地产业结构优化的体现

旅游业是一个综合性经济产业，涉及社会许多相关产业，包括交通、建筑、通讯、贸易、餐饮服务、文化娱乐等产业。旅游业也是劳动密集型产业，就业门槛低，就业范围广，就业层次多，吸纳了大量因人口自然增长新增加的劳动力以及因产业结构调整升级从第一、第二产业转移出的大量富余劳动力。旅游的发展可以增加区域内的人流、物流、资金和信息流的流动，因此发展旅游业能为社会提供大量的就业机会。根据加拿大学者的系统模型理论，旅游业收入每增加 3 万美元，就将增加 1 个直接就业机会和 2.5 个间接就业机会。世界旅游组织研究报告也指出，旅游业每增加一个从业人员，相关行业就增加 5 个就业机会。

（三）旅游业发展促进区域产业结构调整和优化，有利于促进旅游目的地各产业的贡献力

在我国，巩固第一产业、提高第二产业、发展第三产业是经济结构调整的总体部署和思路。旅游业是一个综合性产业，具有十分突出的关联带动作用，发挥着带动其他产业发展的核心作用，不仅直接给航空、交通、饭店、餐饮服务、商业网点、景区、景点等带来了客源和市场，而且间接地带动和影响了农村和城市建设、加工制造、文化体育等行业的发展。旅游业发展将增加旅游业在第三产业中的比重，有利于第三产业内部结构的调整；同时还增加了第三产业在整个国民经济中的比重，加快第一、第二、第三产业之间结构的调整，促进我国国民经济健康发展。新时期我国产业结构调整的成功有赖于旅游业的快速发展。

（四）提高人们的物质文化生活水平有利于优化旅游目的地旅游消费的软环境

一方面，大量本地居民从事旅游业或相关行业，个人和家庭的收入大大增加；另一方面，旅游业发展促进了设施建设和环境改善，居民的生活质量不断提高，生活环境不断改善。大量旅游者的来访和城市市民的大量出游，开拓了眼界，丰富了地理、文史和风俗民情等知识，提高了对生活的要求。旅游业的发展往往会带来城市居民素质和文化素养的提高。旅游作为一种实践活动，其发展能满足人民群众日益增长的文化需要，对弘扬民族文化、提高国民文明素质都将发挥积极的作用。

（五）乡村旅游建设和城镇化建设有利于旅游目的地公共服务基础设施的完善

国家文化与旅游部 2006 年的旅游宣传主题为"2006 中国乡村游"，并且提出了"新农村、新旅游、新体验、新风尚"的鲜明口号。这为我国乡村旅游的发展带来了新的机遇。乡村旅游点所聘用的服务人员主要来自家庭成员和当地居民，在经营旅游服务的同时积极推销花卉、花果农作物产品，既降低了经营风险，又增加了农作物附加效益。在开发乡村旅游的同时，将会加快小城镇建设步伐，积极进行"村村通"道路建设和旅游区内道路建设，以及村社环境整治活动。以农家乐为主的乡村旅游对于拓宽农民增收渠道、增加农民就业机会和提升农村精神文明发挥了重要作用，促进了农民向非农领域转化，加快了传统的农村种植经济向服务经济转变，推动了社会主义新农村建设进程。

（六）投资环境的改善，招商引资的促进也是丰富与提升旅游目的地旅游产品与服务质量的重要保证

许多外国投资者都是通过旅游来认识中国、了解中国的投资环境以及丰富的旅游资源和潜在的旅游市场。旅游的宣传效应率为 1∶8，即一个旅游者对当地的印象可影响 8 个人。旅游业一般不受贸易壁垒干扰和出口配额的限制。因此，国际上普遍认为旅游业是最优秀的出口产业。发展旅游业可带来大量的人流、物流、信息流、资金流，大量的企业家、专家和学者通过旅游带来了最新的技术、信息和先进的经营管理理念，有利于我们低成本地学习和借鉴别人有用的东西，加快观念更新，促进本地区扩大对外开放及与国际接轨。据不完全统计，从 1978 年至今，全国利用外资进行旅游开发建设的资金已超过 200 亿美元，其中 150 亿美元用于旅游饭店建设，20 亿美元进行旅游景观建设。

二、旅游者的满意度是旅游业追求的目标

满足旅游者的体验，确保旅游者体验的满意度是旅游目的地建设和发展的终极目标。为保障旅游业的可持续发展，必须从旅游者体验质量着手诊断，看一个旅游目的地建设和发展的短板到底在哪里，从而可以对症进行改进。因此，我们必须从影响旅游者体验质量着手，去寻找影响旅游者体验满意度的主要因素，从而才能获得旅游业持续发展的有效路径。

三、影响旅游者体验质量的客观因素与旅游业发展的目标耦合

旅游者体验感知常常被简称为旅游体验。影响旅游体验因素非常复杂，有专家认为影响旅游体验因素的主要分为主观因素和客观因素。主观因素主要从心理学角度探究的，客观因素是来自旅游目的地因素，关于旅游体验的目的地因素影响研究比较有影响力。客观影响因素包括目的地性质、目的地的可进入性、目的地种族性质、住宿质量、景点数量和活动内容等。白凯等（2003）认为旅游目的地客观要素及整体形象对入境游客的体验质量有影响；章尚正和董义飞（2006）研究了游客对于村落总体印象、活动项目、古建筑、游览氛围等对旅游体验的影响；吴天香（2009）认为旅游环境、旅游活动、旅游服务三方面对凤凰古城游客体验质量有影响。

刘兹（2011）认为旅游解说对旅游体验质量存在一定程度的影响；王艳平等（2011）指出交通高速化依据速度、距离、时间等可测度的物理量对旅游体验初始状态产生了影响；刘扬（2012）认为影响旅游体验质量的因素包括景区体验、基础设施、旅游服务、旅游环境几方面。

陈水源（1988）认为作为旅游体验的供给方旅游企业所提供给消费者的环境条件、旅游资源、活动项目、经营管理及价值观、游客的期望水平等因素也会对旅游体验构成影响；李怀兰（2004）研究了个性心理特点、个人知识能力、付出成本、企业服务人员、旅游地居民、旅游同伴、体验产品特性、整体环境氛围等旅行途中这些因素对旅游体验的影响；厉新建（2008）认为旅游体验的因素是多元而且复杂的，因游客不同的体验需求而呈现多元化状态；尹殿格（2008）建立了景区旅游体验

质量影响因素的递阶层次结构模型；张雪婷（2009）认为产品体验、环境体验、管理体验和个人能力要素会影响游客体验质量。

丁红玲（2010）把影响旅游体验的因素概括为四个方面：（1）个人因素。人口学特征（年龄、性别、职业等）、过去旅游经历、旅游动机、旅游期望、个人偏好、可支配收入、个性特征、闲暇时间、个人感知能力。（2）旅游目的地因素。基础设施水平、景区景点可进入性、从业人员的服务态度和水平、目的地整体形象与环境、当地居民态度和行为、文化意境、安全性、特色性。（3）第三方因素。旅行同伴的言行、组团社游览行程安排、导游服务技能水平。（4）不可抗力因素。天气、噪声、污染、灾害、突发事件。周思芬等（2011）认为旅游体验的影响因素包括旅游者所具有的相关知识背景和先入之见、景点客流量和旅游者所属的群体规模。赵现红等（2010）认为客源地、游客的社会文化背景、个体心理差异、旅游动机、旅游方式与满意度密切相关。吕海龙（2012）指出旅游者的旅游体验质量是旅游者主观期望与旅游地的实际体验相互作用的结果。旅游者的主观期望取决于旅游者自身的文化背景、教育水平、社会地位、生活方式、经济状况、家庭生命周期、兴趣爱好、性格特征、以往旅游的经验等。

有学者也认为旅游体验质量的高低不仅仅取决于旅游目的地的各种属性，旅游企业接待人员的服务质量也影响着旅游体验的质量，这些都构成了影响旅游体验的目的地因素。还有些学者认为文化对旅游体验的影响研究，现有文献对于社会文化对旅游体验的影响有两种观点：首先，旅游导致了文化活动向商业产品或商业景观的转变，这些商业化产品已经失去了文化体验活动本身的全部意义；其次，旅游也可以促进当地文化的保护和发展。这种影响对于旅游可持续发展是具有积极的正面效果的。人为可用"局内人—局外人"的理论模型来解释旅游者如何体验旅游目的地文化。局内人是指当地居民，局外人指的是外来的旅游者，并认为局外人很难融入当地文化。但近年来对这一观点有了新的认识，认为局外人和当地文化的差距可以通过一些渠道来缩小，认为旅游者可以事先了解旅游目的地历史和其他信息来缩小这种差别。旅游者是具有弹性的，在国内国外的旅游行为可以不同，有研究表明国际旅游者更倾向于摆脱所在国文化，形成特有的"旅游者文化"。

阿提拉·余塞尔（2004）研究指出购物成为影响游客旅游体验的因素之一，提供令人满意的购物体验成了旅游目的地竞争力的重要影响因素，如何优化购物体验成为商家和旅游企业研究的重要问题。研究发现，游客在购物偏好、商店态度的认知、服务质量、价格、沟通难易度、店员的尊重、商店外观等方面个体差异显著，其中员工与顾客的交流对旅游者购物体验的影响最大。

国外的一些专家认为信息与通讯技术对旅游体验的影响很大。耶奥约斯等（2003）认为信息与通讯技术是影响旅游体验的重要因素。前面有过分析，这里不赘述。物质和社会环境对旅游体验的影响认为环境及设施刺激、活动和社会环境是影响旅游体验的重要因素。厄里（2002）指出，旅游服务脱离不了社会关系，只有在社会关系中解释旅游服务消费和社会关系对旅游体验的影响。

综上所述，有关旅游目的地方面的因素被各位学者认为是影响旅游体验的客观影响因素中非常重要的一个要素。而旅游目的地发展必然是基于旅游业链上"吃住行游购娱"的六大要素的优化升级，"吃住行"是旅游者的刚性消费需求，"游购娱"是旅游者的弹性需求，因此，保障旅游者的消费体验质量与保障实现旅游业发展目标是天然的耦合关系（见图3-5）。

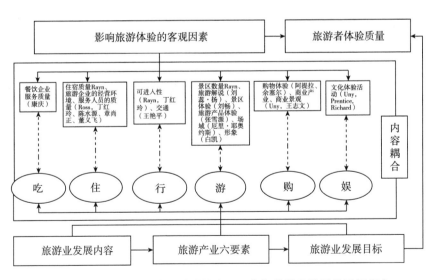

图3-5 影响旅游者体验质量的客观因素与旅游业发展的目标耦合

第四章 旅游业对区域经济增长的贡献

提高经济增长的质量和效益是我国未来经济发展的重要战略目标。旅游经济发展自然也要调整增长方式，由重视旅游经济的发展速度到质量的转变。从增长质量视阈下正确测评当前旅游经济对国民经济的贡献，制定合理的旅游业发展政策，是保证旅游经济增长的质量和效益的重要路径。

第一节 旅游业对区域经济增长的相关研究

旅游业对国民经济的贡献一直是学术界研究的热点和重点问题，成果相当丰富，如 Gary Camden Meyer（1975）、U. S. Department of Commerce（1976）、Eric E. Rodenburg（1980）、A. M. Williams and G. Shaw（1988）分别对明尼苏达州、美国、马尔代夫以及西欧等地讨论旅游发展与经济发展的关系，揭示区域旅游在区域经济发展中的重要角色，旅游经济发展潜力和问题。Barry P. Andrew（1997）、Clem Tisdell 和 Jie Wen（1991）研究中国入境旅游与经济发展战略的关系。还有的学者丰富和拓展了旅游对国民经济贡献的测度方法，如 B. H. 阿彻尔（Archer，2007）等均利用凯恩斯的乘数理论，研究旅游活动对目的地的经济影响，提出评价旅游乘数的理论模型，测算出当地的旅游收入乘数、旅游就业乘数等，并据此向政府提供发展旅游业的政策性建议。美国经济学家 F. K. 哈姆斯顿（Hamston，1962）、H. 甘伯尔（Gamble）和 W. A. 斯特朗（Strang）等利用投入产出法测算旅游的乘数效应。中国学者有李志青（2001）、康蓉（2006）、杨炳铎（2006）、智瑞芝和卢妍

（2003）等引入 TSA 账户，以上海、广西、北京为例进行实证分析，对旅游业产出进行解释，测算旅游业的增加值及其对区域社会经济的贡献。2004 年世界旅游理事会利用 TSA 测算了旅游业对中国香港特别行政区的影响。李江帆等（1999）通过合并、改编广东投入产出表测算出广东旅游业对其国民经济的影响，并具体计算出旅游业产业关联系数及波及效应。左冰（2002）采用投入产出法测算了我国的旅游产出乘数和就业乘数。吴国新（2003）发现我国的旅游总收入和国内生产总值呈明显的正相关关系。张帆、王雷震、李春光等（2003）从旅游业关联度、旅游乘数效应、旅游增加值经济贡献率、对社会就业贡献等几个方面测算旅游业对秦皇岛市经济发展的影响。李兴绪等（2004）、魏颖（2005）对张帆等用对秦皇岛旅游经济贡献测度的方法，分别测算了杭州、云南的旅游经济对经济发展的贡献度。何佳梅、贾跃千等（2005）从整体角度出发，根据 C－D 函数构建了国内生产总值关于旅游收入对我国旅游收入产出弹性。石培华（2003）、依绍华（2005）等学者展开了旅游业对带动就业的影响研究。蔡雄（1997）、赵丽丽（2009）等开展了旅游对贫困地区的扶贫效应研究。从大量文献可知，基于旅游经济增长的数量评价是大多数学者持有的研究角度，虽然研究方法多样，且微观、个案实证研究多，但结论都是高度肯定旅游经济对国民经济的贡献。

本研究将以张家界为案例地，借鉴新古典经济增长理论，从数量增长到质量增长的视角转型，利用 Eviws6.0 计量经济软件，对研究变量进行 OSL 检验建模，对案例地的旅游经济增长的稳定性、持续性、旅游经济增长的效率性以及优化区域经济产业结构功能以及旅游经济增长的动力因素，进行旅游经济对国民经济贡献的客观评价。

第二节　旅游经济增长的稳定性和持续性测度及分析

1990～2009 年，张家界的旅游经济增长率、旅游经济增长率持续度和经济增长率变动幅度如表 4－1 所示。

表 4 - 1   1990 ~ 2009 年张家界旅游经济增长率、旅游经济增长率
持续度和旅游经济增长率变动幅度

年份	经济增长率(%)	经济增长率变动幅度	经济增长率持续度(%)
1990	0.11		
1991	0.60	4.49	5.49
1992	0.25	- 0.59	0.41
1993	0.36	0.45	1.45
1994	0.51	0.42	1.42
1995	1.27	1.51	2.51
1996	0.18	- 0.86	0.14
1997	0.37	1.04	2.04
1998	0.57	0.54	1.54
1999	0.44	- 0.23	0.77
2000	1.05	1.37	2.37
2001	0.38	- 0.64	0.36
2002	0.22	- 0.42	0.58
2003	- 0.02	- 1.11	- 0.11
2004	0.72	- 31.01	- 30.01
2005	0.17	- 0.77	0.23
2006	0.23	0.38	1.38
2007	0.15	- 0.36	0.64
2008	- 0.09	- 1.57	- 0.57
2009	0.20	- 3.35	- 2.35

注：经济增长率变动幅度、经济增长率持续度应用了李延军《经济增长质量和效率研究》（工业经济技术，2007，02）方法。经济增长率变动幅度 =（y1 - yi - 1）/yi - 1 × 100% , yi, yi - 1 分别为本年和上年经济增长率。经济增长率动幅度在 - 30% ~ + 30% ,则经济增长稳定性好； - 50% ~ - 30% 及 + 30% ~ + 50% ，则经济增长定性差；大于 + 50% 或小于 - 50% 则稳定性极差。

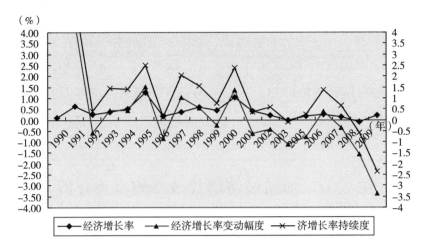

图 4-1　1990~2009 年张家界旅游经济增长率、旅游经济增长率
持续度和旅游经济增长率变动

　　从图 4-1 可知，19 年中有 12 年经济增长率变动幅度超过 ±50%，占 63%，其中有 8 年超过 ±100%。1991 年以后，张家界市政府认识到旅游政策使用过度的危害性，在实践中，随着旅游资源开发与保护观念的转换，一方面更多地采取了旅游经济投资政策手段调控旅游经济运行；另一方面注意了调控旅游开发"度"的掌握。旅游经济增长稳中有升。"注重旅游资源保护，确保旅游开发持续发展"的指导思想在以后几年得到贯彻实施，其结果也已经表明这种转变对张家界旅游经济增长质量的提高是有好处的，旅游经济增长的稳定性得到了较大程度的提高。但是 2007~2008 年，张家界旅游经济增长变动幅度不仅超过 ±50% 的范围，而且还超过 -100%，这与世界金融危机及中国地质灾害的发生有重大联系，也反映了旅游经济的脆弱性和依赖性。

　　为测度张家界旅游经济增长的稳定性和持续性，我们对旅游经济增长幅度与旅游经济增长持续度进行回归建模，模型如下：

$$YC = 100 + 0.99YH$$

$$R^2 = 0.998 \quad F = 1.88E + 32 \quad DW = 1.8766 \tag{4-1}$$

其中，YC 代表旅游经济增长幅度；YH 代表旅游经济增长持续度。

　　总的来看，张家界旅游经济增长率持续度与经济增长率变动幅度呈高度正相关关系，说明旅游经济增长的大起大落会招致旅游经济增长持续性的破坏。从图4-1和表4-1来看，张家界旅游经济经济增长率均值为30%，呈波浪式。而且当我们对张家界旅游经济增长序列进行平稳性检验时，发现ADF检验统计量为-3.86，1%，5%，10%显著性水平的临界值分别为-3.8573，-3.0404，-2.6606，接受原假设（H0：序列非平稳），即经济增长率序列具有总体的非平稳性，表明张家界的旅游经济增长稳定性不够好。

第三节　旅游经济增长效率测度及分析

一、旅游经济增长带动总产值的效率

利用旅游经济增加值与国民经济 GDP 的相关关系测度旅游经济增长对国民经济 GDP 的贡献，建模：

$$LogY_t = \alpha_0 + \alpha_1 LogGDP_t + \delta_t \qquad (4-2)$$

其中，$LogY_t$、$LogGDP_t$ 分别为旅游经济增加值和张家界的 GDP 的对数（取对数是为了消除价格影响因素）。

通过回归可得方程：

$$LogY_t = -25.02 + 2.61 LogGDP_t \qquad (4-3)$$
$$(-14.88) \qquad (21.54)$$
$$R^2 = 0.96 \quad F = 464.22$$

从式（4-3）可以看出旅游增长对国民经济 GDP 增长的弹性系数为2.61，即当旅游经济增加值产生单位1时，可以带来国民经济 GDP2.61 个单位。旅游经济对区域经济的带动作用非常大，张家界国民经济与旅游经济呈显著正相关性。

二、旅游经济增长带动就业的效率

旅游带动就业是旅游经济功能最大的体现之一。根据张家界 1989~2013 年旅游收入和旅游直接就业人数的原始数据（张家界政府关于张家界旅游直接从业人员的调研报告中获得），建立张家界旅游收入与旅游直接就业人数的线性方程，测度张家界旅游经济对旅游直接从业人员

的影响效率。先对两个变量分别取对数以消除异方差，然后进行建模，结果如下：

$$\ln L = 3.960 + 0.415 \ln Y \qquad (4-4)$$

$$(10.15)\quad(11.259)$$

$$R^2 = 0.9135 \quad F = 126.77$$

从方程（4-4）可看出张家界旅游业就业弹性系数即为0.415，说明旅游业总收入每增加一个百分点，就可以促进就业人数增加0.415个百分点，旅游经济对劳动就业的贡献度较好。

三、旅游经济各要素贡献率

用 C-D 生产函数原理进行建模。首先，我们对张家界1990~2009年原始数据进行单位根（ADF）检验，发现拟用数据全都是在5%显著性水平下的1阶差分后平稳的时间序列，然后，使用 OLS 方法估计，用 Cochrane-Orcutt 法消除序列相关，并对残差进行 LM 检验，得到模型：

$$\ln y = -12.378 + 1.47 \ln K + 0.56 \ln L + [AR(1)$$
$$= 0.489, \ AR(2) = -0.1472] \qquad (4-5)$$

$$(-6.717) \qquad (4.714) \qquad (1.378)$$

$$R^2 = 0.98 \quad \overline{R^2} = 0.974 \quad D.W = 2.11 \quad F = 152.45$$

从方程（4-5）我们可知 $\alpha + \beta = 2.03 > 1$，张家界旅游经济增长是呈规模递增的态势[①]，这是符合西部民族地区的实际情况的，也符合中国目前经济增长方式"粗放—集约—创新""规模递增—规模不变—规模递减"的演变规律的。

资本要素的系数为0.47，劳动力要素系数为0.56，表示资本要素对当旅游收入的贡献度为1.47，劳动力要素对旅游收入的贡献度为0.56，资本要素比劳动要素贡献大很多，表现出典型的投资资本要素驱动型旅游经济增长特点。这也恰好是典型的粗放式经济增长方式的表现。

---

① 利用 Wald 检验方法对规模收益不变假设进行线性约束检验，则发现：F-统计量 F = 29.233，F = 0.0002；χ^2 统计量 F = 29.233，P = 0.0000，表明在5%的显著性水平上，拒绝原假设，即认为该无约束回归方程与约束方程具有同样的解释能力，张家界旅游经济呈规模递增。

四、旅游业对区域经济产业结构优化的贡献分析

(一) 建模

为了分析张家界旅游业对张家界区域产业结构的影响,本研究对旅游业产值指数与张家界第一产业产值指数、第二产业产值指数、第三产业产值指数以及城市化指数之间进行建模:

$$\log Y_t = \beta_0 + \mu_1 \log Y1_t + \mu_2 \log Y2_t + \mu_3 \log Y3_t + \mu_4 \log M_t + \varepsilon_t \quad (4-6)$$

其中,$\log Y_t$、$\log Y1_t$、$\log Y2_t$、$\log Y3_t$、$\log M_t$ 分别表示不同时期张家界旅游业产值指数、第一产业产值结构指数、第二产业产值结构指数、第三产业产值结构指数、城市化指数的对数值;Y_t 为影响旅游业的控制向量,以旅游业总收入占该区经济总产值来表示。$Y1_t$、$Y2_t$、$Y3_t$ 产值结构指数为第一、第二、第三产业占国民经济的总产值的比重。M_t 是不同时期旅游业发展对区域城镇化的影响,用城镇人口占总人口数来表示。

对 $\log Y_t$、$\log M_t$、$\log Y1_t$、$\log Y2_t$、$\log Y3_t$ 进行单位根检验,发现五个变量都是二阶单整的平稳序列,因此,拟合回归方程。其测度结果显示:$\log Y_t$、$\log M_t$、$\log Y1_t$、$\log Y2_t$、$\log Y3_t$ 的系数分别为 0.712、0.97、3.87、2.29。

(二) 测度小结

1. 张家界旅游业对三次产业及城镇化产生较大的正面影响

旅游产值结构率增加 1%,带动第一产业 0.712 个百分点,带动第二产业 0.97 个百分点,带动第三产业 3.87 个百分点。张家界旅游业发展对张家界城镇化具有较大影响,带动城镇化比率 2.29%。张家界区域经济结构由传统经济结构"一二三"到 1989 年张家界因旅游建市,1993 年因旅游的大力发展第三产业一跃成为张家界市第一的地位,产业结构变成为"三一二",这是张家界伴随旅游的初期开发,从传统的农业经济过渡到旅游经济,发生的第一次飞跃。2002 年,张家界市第二产业首次超越第一产业,实现了经济结构由"三一二"型向"三二一"型的重大转变,发生了第二次飞跃。这标志着张家界由单一的旅游经济走向经济的多元化,其主要动力是工业化进程的加快。

2. 旅游开发、工业化与城镇化的进程密切相关

回归的方程的城镇化系数为 2.29，说明张家界旅游开发对张家界城市化的影响系数为 2.29，影响度较大。旅游的大力开发加速了张家界城镇化的进程。

3. 旅游业的经济地位对国民经济影响较大

当旅游成为全市龙头产业后，张家界也找到了立市之本。旅游带动战略的全面实施，使全市经济发展步入了快车道。但与此同时，有专家对张家界经济发展模式提出质疑：张家界是单纯地搞旅游，还是要发展自己的工业、农业（严斧，2003）。在 20 世纪 90 年代初，桑植烟厂停产了，湘陵机械厂迁走了，全市工业两度出现负增长。虽然它也对整个经济产生过一定影响，但旅游业的光辉掩盖了工业的瑕疵。1998 年的洪灾和 2003 年的"非典"这两次事件都对张家界的旅游业产生了巨大的冲击。前者虽然只持续了两三天，却使当年的经济增长率跌到 1991 年以来的最低点；后者虽影响了半年有余，但当年仍保持了两位数的经济增长。其根本原因就是，在旅游支柱倾斜之际，1998 年没有其他产业可以支撑，而 2003 年有异军突起的工业和建筑业力挽狂澜。这两次事件暴露了旅游业对时局动荡的极度敏感性和对外部需求的强烈依赖性，也使人们意识到要获得经济稳定且长远发展，仅仅依靠旅游业作单点支撑是远远不够的，必须形成众产业的多点支撑的优化产业结构。于是，工业化、农业产业化、城镇化"三化"战略应运而生，它与旅游带动战略相辅相成，推动了张家界区域经济的发展。

第四节　研究结论

第一，旅游目的地的 GDP 对旅游产值的依附性很强。张家界旅游经济持续稳定增长对张家界区域经济影响具有显著正相关关系。金融危机、地质灾害和天象气象灾害等外界因素对张家界经济的稳定性产生严重干扰，故仅以旅游业为区域经济产业支柱，其经济增长的持续性和稳定性大打折扣。

第二，旅游产值对国民经济 GDP 总产值和就业的带动作用非常大。从旅游全要素的增长率的测度结果发现，张家界旅游经济是投资资本投

入要素驱动型增长模式，人力资本和技术进步的贡献非常弱，旅游经济增长对国民经济贡献的持续能力不强，效率不高。

第三，旅游经济增长对三个产业贡献程度不一样。旅游经济增长对第三产业的贡献度最大，贡献系数为 3.87，对第一产业的贡献度较低，贡献系数仅为 0.712，对第二产业的贡献系数为 0.97。说明在支柱产业旅游业的带动下旅游目的地的产业结构协同发展还不够，国民经济结构有待调整。

所以，从经济增长质量的角度审视旅游业对国民经济的贡献，不像国内学者那么乐观。我们要认真审视旅游对区域经济的影响和贡献程度，在现有的旅游经济发展基础和平台上，大力发挥人力资本作用，引进生产技术，积极创新旅游经济发展方式，及时调整好产业结构是我们今后研究的方向，也是充分实现旅游对国民经济贡献的重要有效途径。

第五章　旅游业对区域经济空间格局的影响

第一节　旅游业对区域经济空间格局影响的相关研究

一、城市空间结构的相关研究

城市空间结构是指占据一定空间城市所具有的特定的外部轮廓形状，又叫城市形态。几种常见的城市形态有集中式（成团块状）、分散式（成组团状）、条带状或放射状，在城市发展初期，这样的形状与本身所处的地理环境有很大的相关性；它与旅游空间结构有着很大的相似性。

国外对空间结构和旅游空间布局等方面进行了大量理论研究，其理论模型主要集中在区位论（Christaller，1964）、核心—边缘理论（Lundgren，1973；Hills，1977；Britton，1980）。中国内学者对旅游空间结构的研究起始于 20 世纪 90 年代，广泛在旅游资源、旅游流、空间组织形态以及旅游地空间相互作用等诸多方面；陆林（1995）以皖南地区为例，分析该旅游区域空间布局；陶伟（2002）等针对苏州提出了整体整合与核心整合城市旅游空间结构两条可行性途径；杨新军等（2004）以西安为例，就旅游系统空间结构模式展开了探讨；马中华等（2008）就吉林省构建了"五地、两带、四轴"旅游空间结构；沈惊宏（2015）等探讨了安徽区域旅游五阶段演化模式。

二、旅游空间格局影响因素相关研究

旅游空间格局的形成是由各种要素在某种机制下相互作用形成的。

彭华（2002）研究了珠江三角洲一带的城市旅游驱动因素，认为城市旅游的吸引力不仅是旅游资源对游客的吸引力，还包括了城市的社会文化环境；城市旅游发展动力是由旅游消费牵动和旅游产品吸引所构成的，而城市的硬环境和软环境支持系统及中介系统则起着重要的辅助作用。王华（2002）通过汕头市的旅游市场研究，得出了城市经济活动为主要旅游吸引力的结论。黄震方（2000）认为旅游城市化的动力机制主要有城市化进程的带动机制、城市的载体机制、旅游者选择旅游目的地的行为因素，旅游资源的聚集因素，旅游需求增长因素，政策因素等。钟韵等（2003）认为经济发达地区的旅游动力系统由吸引力系统、支持系统和中介系统等三个子系统组成，各子系统中包含着影响旅游发展的因素。张朝枝（2003）认为引起旅游地衰退和复兴的动力机制是市场需求的变化。周国华、贺艳华等在《中国农村聚居演变的驱动机制及态势分析》一文中提出"三轮"驱动机制，根据各种影响因子对农村聚居演变作用方式与程度的不同，将其划分为基础因子、新型因子与突变因子三类。杨俭波（2003）认为旅游接待地的社会文化环境变化的动因是由旅游带来的各种"流"对接待地系统的介入，旅游者带来的高势能文化必然会引起接待地传统文化的变异或异化。袁国宏（2004）则提出了旅游者活动矛盾、旅游产业活动矛盾、旅游目的地居民活动矛盾、旅游目的地政府活动矛盾、旅游客源地政府活动矛盾等组成的动力系统推动了旅游业的发展。

第二节　旅游业对区域经济格局的影响

本研究以 1988～2015 年旅游业收入及张家界区域经济数据，刻画了张家界市旅游业对区域空间经济格局影响及演变趋势。参照麻学峰（2011）对张家界旅游产业生成发展的研究成果，以 2005 年、2009 年、2012 年、2015 年，作为四个时间断面（2005 年是全球经济在受"非典"影响后恢复的关键年份；2009 年是在受"地震""冰灾"影响后的恢复期；2012 年作为张家界全域旅游发展规划的发展变化期，永定区崛起的重要年份；2015 年是玻璃桥对外开放的年份，从全域旅游规划的角度来说，以上重大事件对张家界旅游经济产生一定程度的影响），分析张家界旅游业对区域经济格局的影响。

由于旅游经济的空间演化具有时间上的连续性和空间上的移动性，单一指标和研究方法无法清晰表现。本研究从旅游收入、景点接待人次、景点空间演变、经济重心转移四个主要方面研究旅游经济空间演变现在的格局，以及演变阶段及其影响因素，可以将张家界的旅游经济发展变化分为四个阶段：初步发展期、平稳增长期、飞速发展期、均衡发展期（见图5-1）。

图5-1　1988~2016年张家界全市旅游收入趋势

一、初步发展期 （1989~2005年）

张家界市辖两区两县，武陵源区作为张家界的腹地，仅397.48千米；永定区在其南部，占地2173.81千米；桑植县在西北，占地面积为3464.27千米；慈利县在东北部，占地面积3480.47千米。根据张家界"三星拱月"的全域旅游发展规划，旨在图5-2的基础上，以武陵源区为月，慈利大峡谷为东线龙头、桑植茅岩河为西线龙头、永定区大坪为中线龙头发展东、中、西线旅游。

从图5-3可以看出，武陵源区旅游收入总量占全市第一，是其他三地区之和。两区两县旅游收入占比情况来看，慈利和桑植分别占5%和2%；从两区两县景点接待人次来看，1989~2005年，武陵源旅游接待人次接近1000万人次，它在张家界旅游经济发展中占据绝对位置。初步发展期内旅游资源丰裕且相对较优是张家界市实现旅游开发的基础。张家界武陵源区因集国家森林公园、索溪峪和天子山于一身，资源较丰富，故优先获得旅

图 5 - 2　张家界两区两县简图

游投资主体的青睐，先后修建了黄石寨索道、天子山索道、百龙天梯等高等级旅游设施，成为张家界旅游产业发展的源动力，而永定区、慈利县、桑植县因旅游资源品级相对较低，可进入性差，旅游空间联系较弱，此间形成了以武陵源区为核心的单核集聚发展空间格局。

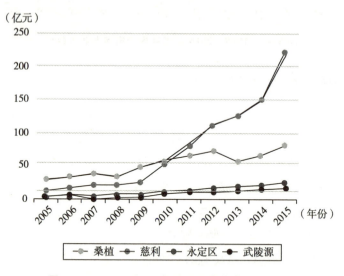

图 5 - 3　2005～2015 年两区两县旅游收入变化

二、平稳增长期 （2005～2009 年）

随着旅游资源的开发，永定区旅游经济开始呈增长趋势，到 2009

年永定区接待人数接近 500 万人次，旅游经济总量在旅游收入占比上从 2005 的 28% 上升到 31%，从图 5 – 4 看，武陵源区收入仍居两区两县之首，永定区旅游收入曲线一路上升，直追武陵源区。从综合情况来看，张家界旅游经济中心仍为武陵源区，稳居张家界旅游产业发展核心地位。但受世界教科文组织对武陵源景区"景区城市化"黄牌警告的影响和经营模式创新、各类旅游营销事件及休假制度出台，作为张家界市游客集散中心的重要区位，永定区在全市空间经济格局中悄然发生变化，一跃成为全市一级旅游发展轴线。与此同时，慈利县、桑植县的旅游发展也初具雏形，旅游空间联系缓慢增强。受制于旅游投资、空间距离、旅游资源差异的影响，空间分异明显，永定区成为新的经济增长极。

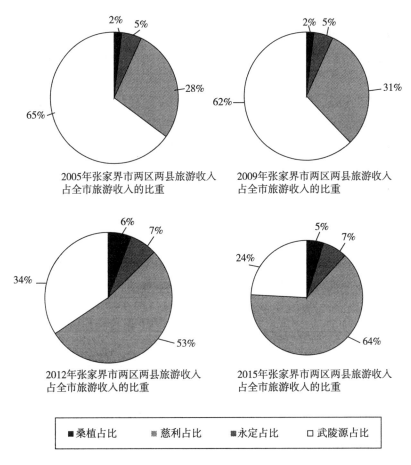

2005年张家界市两区两县旅游收入占全市旅游收入的比重

2009年张家界市两区两县旅游收入占全市旅游收入的比重

2012年张家界市两区两县旅游收入占全市旅游收入的比重

2015年张家界市两区两县旅游收入占全市旅游收入的比重

■ 桑植占比　▨ 慈利占比　■ 永定占比　□ 武陵源占比

图 5 – 4　4 个时间断面两区两县旅游收入占比

三、飞速发展期 （2009～2012 年）

这个时期，永定区经济增长飞速，由 2009 年永定区旅游收入 23.6 亿元上升到 2012 年的 124.06 亿元，经济增速为 4.26；从旅游景点接待人次曲线来看，从 514.8 万人次增加到 1366.2 万人次，2013 年是 2009 年的 2.3 倍左右，随着张家界旅游规划的开发与不断完善，加上前期旅游所带来的收益以及明确的消费需求所带来的巨大的市场，永定区正在成为武陵源区的另一个游客聚集地，发展成"一星一月"双核两翼、东西联动带动发展模式。

四、均衡发展期 （2012 年至今）

张家界市 2012 年统计公报可以看出，张家界市在 2012 年 5A 级景点永定区和武陵源区分别占 50%；4A 级慈利占 45%，永定和武陵源区分别占 22%，桑植仅占 11%；3A 级景区永定区占 60%，剩下 40% 在武陵源区。4A 级景区慈利占有一定份额，大部分景点都集中在武陵源区以及永定区，桑植景点稀少，特别是 A 级景点数目，如表 5－1 所示。

表 5－1　　　　　　　　2012 年张家界景区数量及分布情况

景区级别	景区数量（个）	永定区		武陵源		慈利		桑植	
		个数	占比（%）	个数	占比（%）	个数	占比（%）	个数	占比（%）
5A	4	2	50	2	50				
4A	7	2	22	2	22	3	45	1	11
3A	7	4	58	3	42				

从张家界市旅游接待人次总量上来看（见图 5－5），从 2012 年开始，永定区经济热度持续上升，永定区 2015 年旅游接待人次为 2375.05 万人次，武陵源区人次较永定区少 463.62 万人次，从某种程度上来说，旅游收入与旅游景点接待人次成正比。在 2012 年，武陵源区旅游收入占比 34%，永定区占 53%，永定区比重在飞速上升，武陵源比重在下降，永定区旅游经济收入首次超过武陵源区，成为张家界经济热点区域。同时，慈利旅游接待量由 2005 年的 78 万人次增加到 2015 年的 408.2 万人次，桑

植从 55.1 人次增长到 335.41 万人次，呈稳步增长的趋势，同时，慈利、桑植县旅游收入从 2005 年不到 1 亿元上升到 2016 年接近 20 亿元，近十年时间，旅游生产总值接近翻了 20 倍，而且从 2009 年开始，两县的增长曲线幅度不断扩大。形成了以武陵源区、永定区为双核心，并向二级旅游轴线的慈利县和桑植县扩散发展的具有双核两翼，东西联动特色发展的空间格局。

　　张家界旅游经济空间的重心位置变动总体位于偏东偏北方向，并逐渐向西南方向移动，且向南移动速度快于向西移动速度的演变态势；1990 年以来，张家界旅游产业生成空间规模呈现出快速扩大的态势，且在不同的周期阶段具有不同的集聚特征。表现为初步发展期向武陵源区集聚，快速增长期由武陵源区向永定区、慈利县、桑植县逐级扩散，均衡发展期由慈利县、桑植县向永定区、武陵源区集聚的新特征。

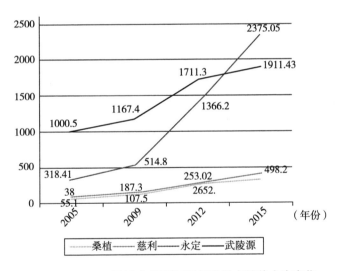

图 5-5　2005～2015 年两区两县旅游景点接待人次变化

第三节　旅游业对区域经济格局影响的因素

一、政策引导

　　旅游区域政策是指国家根据旅游经济发展目标和战略，从空间旅游布局和区域旅游发展角度，所制定的促进区域旅游经济协调发展的旅游政策，其在旅游经济发展政策中也占据着十分重要的地位。

张家界正在打造全域旅游经济空间格局，围绕武陵源为核心，逐步形成"三星拱月"的区域发展格局。它结合了总体旅游经济发展目标和要求，合理确定该区域旅游经济发展目标和方向，进行旅游资源开发与旅游建设重点的布局，为促进区域旅游发展奠定基础。

随着张家界城市功能分区越来越明晰，从核心—边缘理论上来讲，永定区作为主城区的核心作用会越来越强，对于旅游流的分散能力也会越来越大，旅游吸引力也会逐渐增大。而慈利、桑植边缘区在区域经济增长过程中，与武陵源、永定区存在着不平等的发展关系。总体上，武陵源、永定区居于统治地位，慈利、桑植在发展上依赖于两核心区域。由于核心与边缘之间的贸易不平等，经济权力因素集中在核心区，技术进步、高效的生产活动以及生产的创新等也都集中在核心区。永定区、武陵源区依赖这些优势从慈利、桑植获取剩余价值，使慈利、桑植的资金、人口和劳动力向永定区、武陵源区流动的趋势得以强化，构成永定区、武陵源区与慈利、桑植旅游经济的不平等发展格局。永定、武陵源区发展与创新有密切关系，它们存在着对创新的潜在需求，创新增强了其发展能力和活力，在向慈利、桑植扩散中进一步加强了核心区的统治地位。但核心与边缘区的空间结构地位不是一成不变的。核心区与边缘区的边界会发生变化，区域的空间关系会不断调整，经济的区域空间结构不断变化，最终达到区域空间经济一体化。

二、资源开发

张家界因旅游建市，是国内重点旅游城市。张家界旅游资源丰富，游览价值高，张家界森林公园是中国第一个国家森林公园。1992 年 12 月，张家界武陵源风景区被联合国教科文组织列入《世界自然遗产》名录。2004 年张家界又被评为"世界地质公园"。武陵源风景名胜区拥有世界罕见的石英砂岩峰林峡谷地貌，是中国首批入选的世界自然遗产、世界首批地质公园、国家首批 5A 级旅游景区。辖区内的天门山国家森林公园、茅岩河风景区、张家界大峡谷景区、八大公山自然保护区、五雷山等景区景点，也是景色秀美、风光独特。贺龙故居、湘鄂川黔革命根据地省委旧址是全国重点文物保护单位，普光禅寺、玉皇洞石窟群、老院子等 8 处人文古迹是省级重点文物保护单位。土司城、天门狐仙、魅力湘西等民族风情景点和演艺节目，集中展现了当地土家族、白族、苗族等少数民族传统习俗和民族文化。

从表 5-2 资源的分布上来看，集中分布在武陵源区，少数散落在慈利、桑植县内以及永定区。但随着张家界旅游规划区域发展观的形成以及张家界的招商引资，城区规划以及功能区，交通条件的优越，资金流开始集中在永定区，再加上天门山凭借独特的自然资源，经过几年的发展规划一跃成为旅游接待大区以及旅游经济热点区域。

表 5-2   1990 年以来张家界对外开放景点数量

地区	1999 年	2004 年	2009 年	2015 年
慈利县	五雷山	龙王洞、江垭温泉、索水漂流、江垭平湖游、张家界大峡谷	柳杨溪	玻璃桥、万福温泉
桑植县	茅岩河、九天洞	贺龙纪念馆、澧水漂流、天平山、娄水漂流	苦竹河	
永定区	土家风情园、普光寺、秀华山馆	玉皇洞、苏维埃纪念馆、田家老院、军声画院、烈士公园	大庸府城、天门山	老道湾、张家界地质博物馆、张家界学苑博物馆
武陵源区	黄石寨、袁家界、森林公园、吴家峪、水绕四门、杨家界、天子山、水绕四门、杨家界、黄石寨索道、天子山索道、宝峰湖、黄龙洞	观光电车、百龙天梯、袁家寨子、紫霞观	宝峰湖、大鲵生物科技馆	激流回旋

运用 CDRX4 制图软件，以等距、特定年份的研究方法，选取四个时间断面，分别得出 1991 年、2005 年、2009 年、2015 年张家界对外开

放景点空间图，从图 5 – 7 可以看出：东线以张家界大峡谷为凤头；西线以中国首漂的茅岩河漂流为凤头；南线以天门山为凤头；核心景区即为武陵源风景名胜区。从 1990～2015 年对外开放的景点变化图可以看出，在张家界市旅游规划与开发中，张家界旅游资源的质量及对外开放的数量在很大程度上影响着张家界市旅游经济发展的格局。

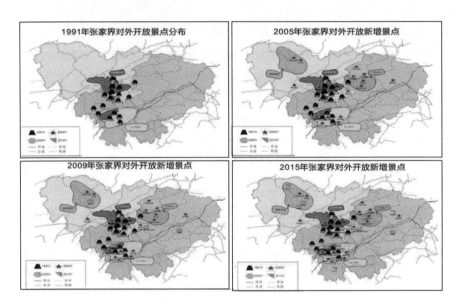

图 5 – 7　1990～2015 年张家界对外开放景点的演变

三、景区营销

张家界景区营销主要体现在三个方面。首先，政府推动，"画卖韩国"。把著名画家、摄影家在张家界的写生、采风送到韩国推广。引起当地欢迎然后邀请韩国媒体到景区实地验证，张家界彻底征服了韩国客源市场，目前张家界的国外客源市场中韩国客源占了 80% 以上，这是非常不可思议的，在荷花机场、酒店几乎都是中韩双语标示，而不是中日、中英标示。其次，民间推动，"机飞天门"。张家界的美丽是天然的，湖南人在推广策划的胆量也是惊人的，叶文治三次推动俄罗斯战斗飞机穿越景区的天门洞，在国内，甚至世界上都引起了巨大轰动。这样的营销推广，最大的赢家还是张家界。最后，旅行社的推广已经成熟到了极致，张家界的政府管理体制决定了景区不可能直接拿出多少费用来做推广，但在渠道上的投入和优惠政策非常大，当地旅行社非常多，国内各省都有主推张家界游线的，这种靠渠道直接带来客源的推广方式也是许多世界级景区的特殊优势。

永定区吸引力持续增强很大一部分的原因在于天门山营销走在武陵源区的前面。纵观武陵源的营销策划，屈指可数。在2010年时，《阿凡达》这部电影的播出，轰动全世界，其中取景张家界，袁家界景区"南天一柱"（又名乾坤柱）更名为"哈利路亚山"。在营销成本为零的情况下，直接带动旅游市场。而天门山的大型营销策划活动早在1999年就开始了。一系列大型营销策划活动从此拉开序幕。1999年12月8日至11日张家界举办"穿越天门，奔向21世纪"的世界特技飞行大奖赛，此次活动让张家界闻名世界。2006年3月，俄罗斯空军特技飞行表演在天门山上演；2007年"蜘蛛人"阿兰·罗伯特成功攀岩"天门洞"；2009年赛买提·艾山在天门山成功挑战世界最大坡度走钢丝极限；2013年9月24日下午，在湖南张家界上演了一场惊险的翼装飞行挑战表演，来自美国的翼装飞侠杰布·科里斯经过两次试飞，最终成功穿越天门洞，创造了人类历史上又一项极限飞行纪录等，一次次的惊险刺激，一次次的博人眼球，让天门山这座世界奇山一次次的赤裸裸地展现在世人的面前，那么的令人神往。

四、区位和交通条件

在全域旅游发展前后，经统计，2000~2011年张家界高速公路从无发展到87千米，二级及以上公路从98千米增加到231千米，通航河道也从542千米增加到607千米，同时张家界旅游人数和旅游总收入分别达到了3041万人次和167.31亿元。其中，2011年旅游流的流量和旅游收入分别是2000年的5.9倍和8.6倍。交通发展有利于吸引旅游流交通可达性有助于旅游流向旅游目的地集聚。针对旅游业来说，旅游目的地交通设施及条件的改善有助于目的地交通可达性的提高，进而有助于节约旅游者和旅游企业的时间成本并为其带来更高的经济价值与利益，因此能充分吸引和影响旅游流以及旅游企业向旅游目的地积聚。

张家界从区域旅游经济发展的过程看，旅游经济中心总是首先集中在少数条件较好的区位，呈点状分布。这种经济中心既可称为区域增长极，也是点轴开发模式的点。在张家界旅游经济发展初期，是以武陵源区作为张家界经济增长极的，而区域内的各个景点又构成了旅游经济增长点，它们之间的交互是由于交通轴线连接的。随着经济的发展，经济中心的逐渐增加，在第三个发展阶段永定区开始作为区域增长极，形成区与区之间，由于生产要素交换需要交通线路以及动力供应线、水源供应线等，相互连接起来的就是轴线。这种轴线首先是为武陵源和永定区服务的，但它们之间的轴线一经形成，对旅游业发展过程中的各种生产要素也具有吸引力，吸引人口、产业向轴线两侧集聚，并产生新的增长点。但由于慈利与桑植、桑植与永定区、永定区与慈利之间的轴线并未形成，所以在点轴贯通上还需要时间，才能形成点轴系统。因此，张家界点轴开发要在其"三星拱月"格局形成下才能从大大小小的旅游经济中心沿交通线路向欠开发的旅游景点区域纵深地发展推移。以天门山与森林公园为例，作为经济增长点，之间出现的相互联结的交通线，理论上称为发展轴。发展轴具有增长点的所有特点，而且比增长极的作用范围更大。在东中西线旅游开发的带动下，形成增长极旅游经济发展模式。在这样的发展模式下，景点与景点之间、区域与区域之间交通显得尤为重要。

在入境交通上，张家界荷花国际机场地处世界知名旅游胜地张家界，为国内知名旅游机场，湖南省第二家国际机场，武陵山片区唯一的国际航空口岸，在湖南旅游产业发展中发挥着重要作用。张家界火车站是湖南省湘西北最大的火车站，位于张家界市永定区官黎坪，是全国一流的火车站站台。城市公路上，自1988年张家界建市以来，公路交通面貌发生了翻天覆地的变化。截至2010年末，公路通车总里程达到8502.536千米，占全省公路总里程的3.729%。路网密度达到89.34千米/百平方千米，是全省平均水平的84.44%。其中高速公路87千米，一级公路4.74千米，二级公路190.245千米，三级公路265.65千米，四级公路3392.4千米，等级公路占全市公路通车总里程的45.31%。

在景区内，有天门山索道、杨家界索道、十里画廊观光电车、天子山索道、百龙电、黄石寨索道等，除此之外，景区环保车运行在景区的各个角落，交通便利。2013年，张家界至花垣高速公路建成通车，张家界市西南出省大通道进一步打通。2014 年，开通了张家界至釜山国际定期航班，新增了张家界至长沙奥凯空中快线，开行了张家界至济南、深圳、太原旅游列车。"安导通"项目正式运行。2015 年，机场新航站楼建成启用；黔张常高铁、张桑高速正在加快建设，张吉怀铁路即将开工建设，安张衡、石怀铁路复线列入建设规划。

各种大小交通的相互连接，构成城区与城区之间、景区与景区之间、景点与景点之间的交通网络系统，共同带动张家界整个区域的旅游发展。

五、旅游新业态

自 20 世纪 90 年代以来，张家界资源的不断开发重组，以及交通接待设施设备的发展完善，越来越多游客驻足张家界，如何留住客人，推动张家界旅游消费，是令人深思的问题。张家界是少数民族聚居区，有少数民族 33 个，以土家族、白族、苗族为主，它凭借丰富的民俗资源以及成熟的旅游市场，创造诞生了旅游演艺这样的新业态。

据了解，自 2010 年 3 月正式演出《天门狐仙》以来，已迅速成为中国旅游演艺业的一根行业标杆，不仅在经济效益层面取得了成功，而且在文化产业建设、知识产业创新、信息产业流通等领域产生了重大而深远的影响。该剧对张家界旅游产业格局的转变，极具战略意义。

同时，从张家界市武陵源区魅力湘西大剧院获悉，《张家界·魅力湘西》演艺节目问世 15 年来接待游客量已于日前突破 1100 万人，年接待游客量自 2010 年起连续 5 年位居全国旅游演艺同行前列。这一数据表明，武陵源区这一文化大"戏"正在领跑全国旅游演艺文化行业的发展。2012 年 1 月 22 日，魅力湘西大剧院选送的《追爱》节目因荣登龙年中央电视台春节联欢晚会一举成名；2014 年、2015 年春节期间，魅力湘西大剧院先后两次代表国家文化部赴欧洲参加当地"欢乐春节"文化演出、访问交流，向世界展示中国历史悠久的民族民俗文化。现在的《张家界·魅力湘西》已经先后获得了"国家文化产业示范基地""国家文化旅游重点推荐项目""中国文化品牌 30 强""中国十大民俗文化企业""中国旅游演艺票房十强""湖南省民族文化传承基地"等荣誉，成为武陵源区乃至张家界市文化旅游的拳头产品。

《烟雨张家界》围绕洛巴冲和阿依朵的爱情主线，展示了张家界地区历史悠久的农耕文化、巫傩文化、建筑文化、服饰文化、饮食文化、婚俗文化，大多数文化被列入国家非物质文化遗产名录。自 2010 年首演至今已经成功上演近 3000 场，接待海内外游客 150 多万人次，其中主题曲《我在高山唱》曾唱响中央电视台星光大道，品牌节目《土家织锦》场景更是搬上了 2016 里约奥运会开幕式。

这三部实体演出剧是为了满足人们休闲娱乐的需要，以及游客对于传统神秘文化的兴趣，是张家界旅游经济发展到一定阶段的产物。同时，依靠其丰富多彩的文化以及人们对于传奇故事的美丽的精神寄托，在一定程度上能引起游客的共鸣，也在向全世界宣传中国神秘而古老的那些美丽的传说。

第六章 旅游业对区域经济联系的影响

第一节 相关术语及文献综述

一、旅游经济联系含义

旅游经济联系研究是基于空间相互作用理论而产生的研究视角，是指伴随城市与区域间的旅游流动而产生的资金、物质、信息、技术等利益因素相互作用的综合影响，是旅游经济的一个方面，也是旅游绩效的一种反映，是空间旅游经济其中的一个重要议题，是区域协同发展研究的重要内容之一①。旅游经济联系是由城市群间的经济联系研究拓展到旅游研究的产物，是区域经济联系在旅游研究的延续与发展。区域旅游经济联系是区域经济学与人文地理学研究范畴的一个重要概念，它是一个综合的概念，研究不同区域之间经济要素的流动与交流，是区域之间在人员、物质、资金、信息、技术等方面的交流，及在此基础上发生的参与性和关联性经济行为。经济发展是一个以联系为基础的动态过程，区域经济联系对各区域的经济发展有着十分重要的影响，是现代经济发展的必要条件②。研究旅游经济联系首先应从区域经济联系开始。

二、区域经济联系研究进展

（一）国外研究

区域经济联系在国外的发展大致经历了探索、发展和繁荣三个阶

---

① 李小建. 经济地理学（第2版）[M]. 北京：高等教育出版社，2006.
② 阿尔弗雷德·韦伯. 工业区位论：珍藏版 [M]. 北京：商务印书馆，2009.

段。在探索阶段，研究主要涉及单个区域间的经济联系，韦伯（1909）认为，城市人口的地域大规模移动，产业的集聚会受到运费、劳动力等区位因子的影响。克里斯塔勒（1933）认为地面上每一个点均有接受一个中心地辐射的同等机会。两点间的相对通达性只与距离成正比，在此基础上，他构建了一系列中心地系统分布模式。初步的探索研究的范围虽不够宽阔，但已为区域经济联系研究的发展奠定了理论基础。在发展阶段，出现了大量的空间经济联系的研究，赖利（Reilly，1931）以牛顿的万有引力理论为依据，提出一个城市对另外两个城市的商品零售额的比例与人口数、距离有密切联系，提出"零售引力法则"。康弗斯（1949）在赖利的基础上，创新引入新的计算公式，得到城镇间的断裂点，得出"赖利—康弗斯"模型。普雷德河（Pred，1975）在区域经济联系研究中概括了一个新的，能有效描述通过大都市间不断循环流动的信息相互作用影响城市体系发展的新的模型。发展阶段出现了很多新式的空间经济联系的模型，进一步丰富了区域经济联系研究。在繁荣阶段，随着城市的发展，区域经济联系的研究也有新的内容和形式，小林和小村（Kobayashi and Okumura，1997）以高速铁路系统为例，研究发现，快速交通对城市间的资本、知识要素的交流、不同规模城市的分布以及城市间相互作用的程度等空间结构因素有显著的影响；贝塞西（Besussi，1998）通过构建单元自动演化模型，研究了意大利威尼托中心地区被称为"扩散城市"的城市现象；索恩（Jungyul Sohn，2004）利用相关模型构建区域联系相关模型，发现制造业企业的集聚性在较小的县域空间范围内的表现较强，而在大的县域范围内集中性较弱。这个阶段的科技、计算机技术极大的发展了和丰富了区域经济联系的研究方法和内容，把区域经济联系研究推向了一个新的高点。

（二）国内研究

我国关于区域经济联系的研究中注重区域经济联系形成因素分析、区域产业结构调整与区域经济发展战略。王德忠和庄仁兴（1996）在区域经济联系研究联系强度的内容上提出了绝对联系强度、相对联系强度、最大可能联系强度、接受程度系数等新概念。到了2000年以后，我国关于区域经济联系的研究开始引入数学模型和计量方法。刘承良

（2007）等利用经济联系量和经济隶属度模型对武汉都市圈的范围进行了界定，利用节点分析、通道分析、地域系统分析来研究各圈层之间的等级和影响；陈子曦和万代君（2011）基于中心职能指数和强度将"成渝经济区"划分为四个等级，在此基础之上，还研究了各等级城市与其他等级城市之间的可达性。这些研究对于国内区域经济的发展起了很大的理论支持。

三、旅游经济联系研究进展

旅游经济联系是空间经济的组成部分，是当前旅游研究的一个热点。随着旅游经济的发展，各地旅游经济发展的不平衡现象越来越明显，研究者开始从区域经济联系的理论与研究方法引入旅游研究中，借鉴区域经济联系的理论与方法去研究旅游区域发展不平衡的原因、规律及发展对策成为旅游经济联系研究的新的方向和内容。

（一）国外研究

关于旅游经济联系研究，较早的研究多基于"中心地理论"等理论基础，探讨了城市对其直接腹地经济的意义。20 世纪 80 年代后，工业化迅速发展，城市群出现向外缘扩散的趋势，这期间，城市间的经济联系强度日渐趋强，出现了大量对城市间的经济联系研究。其中具有代表性的有：加尔扎（Garza G，1999）的关于城市群经济联系的空间结构演变研究；Mun S I（1997）的城市群经济联系发展与交通运输网络结构研究；邦内尔（Bunnell T etc.，2002）空间流与城市地域系统空间特征研究；李和舒姆（2001）城市群空间通达性研究等。国外学者研究旅游地间经济联系的研究方法多样，构建了多种测量旅游经济联系强度的模型，其中使用最为广泛的是引力模型。第一个引入牛顿万有引力定律而定义了"人口统计力"的是天体物理学者司徒尔特（Stewart）；20 世纪 70 年代初，英国地理学者威尔逊（A. G. Wilson）在万有引力和潜能模型的基础上，做了大量的基础理论工作，将引力模型和潜能模型混为一体，形成了一般空间相互作用模型；克朗蓬（L. J. Grampon）1966 年第一个清楚地证明引力模型在旅游研究中是有用的，他的基本引力模型后来成为大多数旅游研究者应用的模型（保继刚、楚义芳，1999）。而后又有经济联系隶属度、经济联系互补性公式、经济联系便捷性（可达性）等一系列的模型工具出现，丰富了旅游经济联系测度工具范围。

（二）国内研究

国内学者对旅游经济联系的关注较晚，目前研究成果相对比较少，国内关于这个领域的成果在借鉴国外旅游经济联系研究基础上，与地区社会经济发展实际相结合将旅游经济联系强度及其空间结构进行定量描述，研究内容主要集中在：（1）旅游经济联系的测度与空间结构研究，曹芳东等（2010）测度城市间旅游经济的联系强度、隶属度及城市旅游控制范围，同时建立城市旅游经济联系的空间模型并分析长三角中心城市旅游经济联系的方向以及旅游系统空间结构等级层次性特征。（2）旅游发展空间差异研究，齐邦锋、江冲、刘兆德（2010）分析了山东省2000～2007年旅游经济差异的时空演变，并对旅游经济差异进行了分解。陈智博、吴小根等（2008）分析了江苏旅游经济的总体差异特征，从旅游资源禀赋、区域经济发展水平、区位条件、基础设施条件四个方面对差异的内在影响因子进行了阐释，并就江苏旅游经济的协调发展提出了对策。张凯、杨效忠等（2013）分析环太湖地区旅游经济联系的网络特征，提出跨界旅游区旅游经济联系的机制。郭喜梅、李伟（2014）通过分析时间序列下云南省旅游经济联系的网络空间结构。虞虎、陈田等（2014）通过构建江淮城市群旅游经济网络模型，结合城市旅游地功能定位，提出了城市群层次分明、合理有序的空间结构、与周边重要区域协调发展的空间发展模式。王娟等（2014）认为旅游经济联系度是反映区域旅游空间联系能力的重要指标。国内研究者对城市间的经济联系研究中的研究方法多是从国外学习，后加以改进，现在研究旅游经济联系的模型工具日渐增多和成熟。曹芳东，黄震方，吴江（2012）运用主成分分析法提炼出旅游业绩效系统的主成分因子，并引入灰色关联耦合模型，定量分析了主成分因子和指标因子各自的关联度与子系统耦合度。何艳（2013）发现以西咸旅游经济圈为核心对关中各地市旅游经济有较强的带动作用。陈刚（2013）通过计算加权平均旅行时间，连同引力模型对湖北省旅游交通可达性和旅游经济联系量空间差异进行了研究。

第二节　研究样本、 测度模型及研究方法

一、研究样本及数据收集

研究旅游业对区域经济联系的影响研究经过两个步骤，第一个步骤是把区域内的各城市两地间的旅游经济联系强度计算出来，在计算旅游经济联系强度的计算公式中本研究选择了引入参数 K 修正后的引力模型公式计算得出每个城市节点的旅游经济联系强度值，把各点数值联系起来，成为一个旅游经济联系强度矩阵表，本研究选择 2005 年、2010 年、2015 年、2016 年的数据，形成了旅游经济联系矩阵表；第二个步骤运用社会网络分析的理论和运算工具，把矩阵表输入社会网络分析工具 UCINET 和 NETDRAW 中，把旅游经济联系网络化，形成 4 年的旅游经济联系网络，再运用社会网络分析的分析指标，如网络密度、中心性、结构洞等指标分析武陵山片区这 4 年的旅游经济联系网络特征及演化规律。

本研究以张家界为旅游龙头的武陵山片区 71 个县区为样本。张家界位于武陵山片区腹地，是武陵山片区旅游经济的龙头，以检验张家界旅游业发展的辐射效应以及关联效应，实证分析在以张家界旅游业为龙头的背景下，周边武陵山片区的旅游经济联系情况，以及各跨界县区之间的关联作用。

本研究拟选用引力模型来计算旅游经济联系强度。需要用到的数据为各城市的旅游收入、旅游人数以及各城市两地间的距离。各城市节点的旅游收入与旅游人数通过各县（市、区）政府统计公报收集得到；而两地距离用的是百度地图查询到的最短公路距离。以 2005 年、2010 年、2015 年作为年度间隔，2016 年作为现状分析片区旅游经济联系网络演化过程及规律，不足的是由于数据单位为县级单位，一些行政单位较小和年份稍远的数据难以得到，故 2005 年采集 24 个县（市、区）作为行动者（节点），2010 年采集 41 个，2015 采集 52 个，2016 采集 56 个，数据节点逐步增多，也是对前度年份的一个补充和完善。

二、旅游经济联系强度测度模型

（一）旅游经济联系强度模型

旅游经济联系是指伴随城市与区域间的旅游流流动而产生的资金、物质、信息、技术等利益因素的综合概念。国内学者通过建立各种数学模型来测算旅游地之间的旅游经济联系，并取得了很多成果，为旅游经济联系的研究作出了贡献。研究旅游经济联系时，多数从空间联系和功能联系两方面入手。旅游经济联系强度模型见表 6 – 1。

表 6 – 1　　　　　　　　　　旅游经济联系强度模型

对象	方法模型	说明
经济联系强度（引力模型）	$R = \dfrac{\sqrt{P_iG_i} * \sqrt{P_jG_j}}{D_{ij}^2} \times 100$	R 为旅游经济联系强度指数；P_i、P_j 为两地旅游者数量；G_i、G_j 为两地旅游收入；D_{ij} 为两地公路距离
经济联系隶属度公式	$F_{ij} = \dfrac{R_{ij}}{\sum_{j=1}^{n} R_{ij}}$	用来分析次级城市与中心城市之间的隶属关系
经济联系互补性	$LQ_{ij} = \dfrac{\left[\dfrac{L_{ij}}{\sum_j L_{ij}} \right]}{\left[\dfrac{\sum_j L_{ij}}{\sum_i \sum_j L_{ij}} \right]}$	i 为小区域；j 为产业；L_{ij} 为小区域 i 内产业 j 的产出指标；LQ_{ij} 表示小区域 i 内产业 j 的区位商
经济联系便捷性（可达度）	$A_i = \dfrac{D_i}{V_i}$ $\dfrac{1}{n} \sum_{i=1}^{n} A_i$ $\overline{A} = \dfrac{1}{n} \sum_{i=1}^{n} A_i$ $a_i = \dfrac{\overline{A}}{A_i}$	A_i 为城市 i 的可达性值；D_i 为 i 城市与某中心城市间的最短路径交通距离；V_i 为 i 城市与某中心城市之间的交通道路平均行车速度；A 为 i 城市与 n 个中心城市间 A_i 的平均值；α_i 为可达性系数

其中最为常用的是经济联系便捷性（也叫城市通达度）与经济联系强度（引力模型）。曹芳东等（2012）以长江三角洲城市为例，选取断面数据，引入通达度指数，分析了城市间交通通达性的便捷程度。杨国良等（2007）借助引力模型分析了四川省旅游系统内部旅游经济联系的强度和方向。而两者间，又以引力模型的数学模型在旅游经济联系中最为常用。也是本研究拟选用的方法。

（二）旅游经济联系的引力模型

城市间联系的紧密度，很大程度上取决于交通便利程度及所需要付出的时间成本等因素，所以，许多旅游界学者利用万有引力定律对旅游相关领域进行分析与研究。原理论为物理中的万有引力公式：$F = p * \frac{Mm}{r^2}$，后由于旅游流的空间特征，被地理学家不断加以修正，就变成适用于研究旅游经济联系的引力模型：

$$R = \frac{\sqrt{PiGi} * \sqrt{PjGj}}{Dij^2} \times 100 \qquad (6-1)$$

公式（6-1）中，R为旅游经济联系强度指数；Pi，Pj为两地区入境旅游者数量；Gi，Gj为两地旅游收入；Dij为两地公路距离。

根据本研究内容，由于旅游城市间旅游经济引力的单向性和差异性，各旅游点对经济引力的贡献是不同的，基于这一差别的影响，在标准引力模型中引入参数K修正后的引力模型为：

$$R_{ij} = K_{ij} * \frac{\sqrt{PiGi} * \sqrt{PjGj}}{Dij^2}$$

$$K_{ij} = \frac{Gi}{Gi + Gj} \qquad (6-2)$$

公式（6-2）中，引入的K值为旅游地收入占两地收入和的比，来确认旅游地能够分享两地旅游联系强度数值的百分比，即两地间旅游收入占比较大的旅游地旅游联系强度数值较大，相对地，旅游收入占比较小的旅游地旅游联系强度数值较小。

三、旅游经济联系强度网络化方法

(一) 旅游经济联系强度网络化理论

近年来关于社会关系的研究持续升温，M. 埃米尔拜尔（M. Emirbayer，1997）提出了建立"关系社会学"，他认为社会网络分析是一种理论或者一套复杂的研究技术，更是研究资源、物品甚至地位如何在特定的社会纽带中流动的一种综合性的新的分析策略，一种范式。

社会网络分析（social network analysis，SNA），有文献称"社会网"或"网络分析"，这是一门对社会关系进行量化分析的艺术和技术。社会网络是社会行动者及其之间的关系的集合，它认为一个社会网络是由多个点（社会行动者）和各点之间的联系（行动者之间的关系）组成的集，是对社会关系结构及其属性加以分析的一套规范和方法。它主要分析的是不同社会单位（个体、群体、社会）所构成的关系的结构及其属性。

旅游业是一个高度关联的行业，各种物资、非物质都会随着旅游流在区域间进行交换与相互作用。任何的旅游现象都镶嵌在由多种关系交织成的多重、复杂、交叉重叠的社会网络之中。因此，运用社会网络分析、理解和展现旅游运行中产生的一系列复杂关系应是非常适合的。

关于旅游经济联系的测评模型方法建立在旅游收入、旅游人数和最短交通距离三项指标基础之上，研究方法相对单一，虽然有研究考虑了交通因素的影响，并对旅游经济联系测度模型进行了修正，但它不可忽视，没能反映旅游经济发展态势、区域差距形成的因素，而社会网络分析是一种可视化，研究行动者关系的一种新式研究角度，从社会网络视角分析旅游经济联系的现状及演变趋势，能够较好地解释区域旅游经济格局的竞争、联合总体特征，对旅游经济空间结构的优化具有重要的指导意义。

利用引力模型，将各区域的旅游人数、两地旅游收入、两地公路距离，计算成武陵山片区的各个节点的旅游经济联系强度值，从而形成旅游经济联系强度指数表，然后将其做成矩阵表，输入社会网络分析工具

（UCINET）中计算分析武陵山片区的旅游经济联系网络结构。

（二）旅游经济联系强度网络化指标

社会网络分析方法运用已经很成熟，研究者运用数学、统计、计算机结合社会网络分析的理论，创造出一些可以衡量社会网络结构的指标和软件工具（如 UCINET 系列分析工具、NETDRAW 画图功能工具），NETDRAW 画图工具能展现出行动者所形成的网络结构形状，结构成员间是否有连接，关系是否紧密都在图中一一展现，是可视化程度较高的分析工具。而系列分析工具 UCINET 则是计算功能比较强大的数据分析工具，本研究采用的是 UCINET6.212 系列，对于旅游经济联系网络结构分析，采用以下社会网络分析指标来分析武陵山片区 2005 年、2010 年、2015 年、2016 年度行动者间的旅游经济联系的网络关系，竞合关系，以达到更好地对武陵山片区区域联合开发、有序开发、合理开发、有效开发；促进武陵山片区一体化发展；有效发展旅游业扶贫致富的目标。

1. 密度分析

密度是表示网络行动者相互间的联系紧密度的一个指标。密度越大，该网络对其中的行动者的影响力越大，相应的该网络行动者之间的联系越紧密。

密度用网络中实际存在的关系数量与所有可能存在的关系数量之比来表示，判断一个网络整体的关系是紧密型还是疏离型。公式（6-3）为：

$$D = \frac{2\sum_{i=1}^{k} di(ni)}{K*(K-1)} \quad di(ni) = \sum_{j=1}^{k} di(ni,nj) \qquad (6-3)$$

其中，k 为旅游节点数量；如果两个节点 i 和 j 有直接联系，那么 d（ni, nj）=1，否则，d（ni, nj）=0。旅游网络密度低，说明网络节点间关系松散，节点间交流较少；旅游网络密度高，则说明网络呈紧密型，节点间有较多的旅游线路。

2. 中心性

中心性说明个人或者组织在其社会网络中具有怎样的权力，衡量他的职位的地位优越性或特权性，都用这个指标。中心性包括中心度和中心势，中心度是某节点处于网络核心地位的程度，有点度中心度、中间中心度、接近中心度以及特征向量中心度等常见指标。其中，中间中心度和接近中心度讲究网络的连通性，不适宜有孤立点的网络中心性分析，特征向量中心度对有向网络的解释力较差，由于本研究网络中有独立点出现，因而，本研究使用点度中心度来分析网络的中心性，它测量的是节点自身的联系能力。

点度中心度这项指标通常用来指示旅游区域网络中的旅游节点重要性，从而衡量该旅游节点的经济地位。

$$C_D\ (ni)\ = d\ (ni)\ = \sum_j Xij = \sum_j Xji \qquad (6-4)$$

公式（6-4）中，Xij 的数值只能为 0 或 1，代表行动者 j 是否承认与行动者 i 有关系，点度中心度有点出度和点入度之分，其中点入度表示一个空间单元对另一空间单元的吸引，代表着空间的集聚性，点出度表示一个空间单元被别的空间单元吸引，代表着空间的辐射性。

3. 核心—边缘

核心—边缘分析在 UCINET 软件工具中，利用其中的数量方法（numerical methods）来搜索行动者和事件的分区，使之与理想尽量接近。换言之，就是行动者的聚类，"核心"是一个聚类，是经常"共现"的行动者和事件的聚类；"边缘"一方面由一系列行动者构成的分区构成，这些行动者在同样一些事件上不"共现"。简单来说，如果旅游经济联系网络中出现"核心"，就代表它具有比较好的网络地位，拥有好的区位因素或者好的旅游资源，好的交通，对其他属于"边缘"地位的旅游区域具有拉动作用。

4. 结构洞

结构洞是表示节点之间存在联系断裂现象的指标，处于结构洞位置的网络成员地一般具有较强的区位优势，随着网络规模的成长，网络结构中会出现处于结构洞位置的成员，这正表现出网络的不平等。处于结构洞位置的网络成员地一般具有较强的区位优势。波特用结构洞来表示网络中非冗余的联系，认为"非冗余的联系人被结构洞所连接，一个结构洞是两个行动者之间的非冗余的联系"。衡量结构洞的指标主要包括有效规模（effective size）、效率（efficiency）、限制度（constraint）①。有效规模是网络节点的有效规模等于该点个体网规模减去网络的冗余度，也可表示为网络中的非冗余因素；效率是一个点的效率等于该点的有效规模与实际规模的比值；限制度是指在网络中拥有的运用结构洞的能力。

以上四种社会网络分析的指标可以较为充分地得出武陵山片区旅游经济联系网络的网络特征，对特征进行探讨研究旅游资源、交通区位、经济禀赋等关键因素对旅游经济联系网络形成的影响；并利用网络的分布规律，影响因素得出武陵山片区旅游业应该如何科学规划，区域应该如何形成有利的产业竞合机制。

第三节　旅游业对区域旅游经济联系格局演化影响

一、武陵山片区旅游经济联系网络特征

（一）"十五"期间武陵山片区旅游经济联系情况（2001～2005年）

"十五"期间选取了2005年的武陵山片区的基础数据，根据数据的可得性共获得24个节点，分别做了网络图、密度和中心性分析。

1. 2005年武陵山片区旅游经济联系网络图

由图6－1可知，武陵山片区旅游跨省经济网络结构呈现结构松散，节点间旅游经济联系不强状态。2005年的网络出现孤立点，这些节点从整个网络中游离出去，呈独立状态，这些节点分别是古丈县、龙山县、花垣县、中方县、芷江县、安化县、新邵县、隆回县、城步县、黔江区、丰都县、武隆县、酉阳县、五峰县。这些节点和其他节点联系不密切，缺乏旅游经济交流。

---

① 王素洁. 社会网络视角下的乡村旅游决策研究——以杨家埠和河口村为例 [M]. 济南：山东大学出版社，2011.

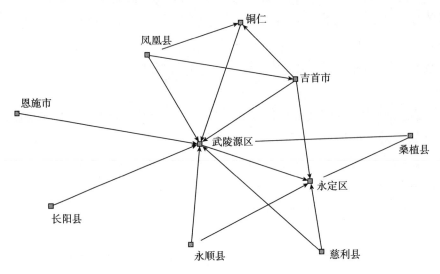

图 6 - 1 2005 年武陵山片区旅游经济联系网络

2. 2005 年武陵山片区旅游经济联系密度

由表 6 - 2 可知,武陵山片区的网络密度为 0.0136,反映了武陵山片区的整个区域内旅游经济网络密度并不高。数值均偏小,表示武陵山片区旅游空间单元之间的经济联系发生还是不多,处在 0.5 以下,各节点信息、资源共享程度低,关系疏离,旅游经济空间联系仍然处于弱联系状态,整个武陵山片区网络间的联系紧密程度与整合力度仍显不足,还具有很大的潜力和发展空间。

表 6 - 2　　　　　　　2005 年武陵山片区旅游经济联系网络密度

名称	测量率
网络密度	0.0136
标准离差	0.1623

3. 2005 年武陵山片区旅游经济联系网络中心性

2005 年的中心性表现出分值不高(见表 6 - 3),旅游经济联系网络中只有永定区、武陵源区表现出较高的中心性,表现出片区各县区旅游经济空间联系的基本特征是离散的，各县区相互空间均为无序状态，大部分县区旅游经济的体量规模小，各县区的联系以及互动形式十分简单，互动内容比较单一。

表6-3　　　　　2005年武陵山片区旅游经济联系网络中心性

节点	点出度	点入度
永定区	3.550	1.914
武陵源区	1.556	4.500
慈利县	0.503	0.068
凤凰县	0.362	0.435
吉首市	0.350	0.129
桑植县	0.294	0.021
永顺县	0.217	0.049
铜仁市	0.197	0.267
恩施市	0.076	0.033
古丈县	0.049	0.002
芷江县	0.047	0.011
长阳县	0.045	0.018
龙山县	0.042	0.005
安化县	0.042	0.012
黔江区	0.035	0.015
武隆县	0.031	0.017
酉阳县	0.029	0.007
丰都县	0.026	0.010
花垣县	0.025	0.002
中方县	0.024	0.002
隆回县	0.009	0.002
五峰县	0.006	0.001
新邵县	0.002	0.000
城步县	0.001	0.000

（二）"十一五"期间武陵山片区旅游经济联系情况（2006～2010年）

"十一五"期间选取了2010年武陵山片区的基础数据，根据数据的可得性共获得41个节点，分别做了网络图、密度和中心性分析。

1. 2010年武陵山片区旅游经济联系网络图

从图6-2可知，2010年的旅游经济联系网络也出现孤立点，这些节点分别是保靖县、会同县、靖州县、新邵县、邵阳县、洞口县、新宁县、城步县、武冈市、酉阳县、玉屏县、巴东县、来凤县、五峰县。这些节点和其他节点联系不密切，缺乏旅游经济交流。

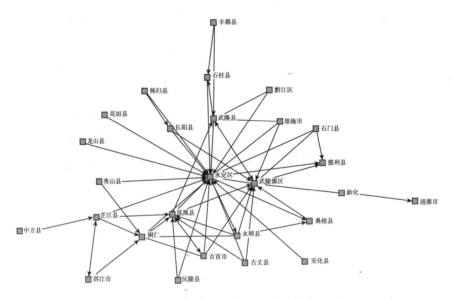

图6-2　2010年武陵山片区旅游经济联系网络

2. 2010年武陵山片区旅游经济联系网络密度

从表6-4可知，2010年武陵山片区旅游经济联系网络密度为0.0650，这期间武陵山片区的整个区域内旅游经济网络密度依然不高。

表6-4　　　　　　　　2010年武陵山片区旅游经济联系网络密度

名称	测量率
网络密度	0.0650
标准离差	1.3020

3. 2010 年武陵山片区旅游经济联系网络中心性

2010 年的中心性表现出单核发展特征（见表6–5），永定区、武陵源表现出较高的中心性，桑植县、慈利县、永顺县、吉首市、凤凰县开始表现出中心性增长的趋势，但分值仍然不高，大部分县区旅游经济的体量规模小，各县区的联系以及互动形式十分简单，互动内容仍然相对单一。

表6–5　　　　2010 年武陵山片区旅游经济联系空间网络中心性

节点	点出度	点入度
永定区	23.682	66.097
武陵源区	49.995	27.888
桑植县	5.752	0.724
慈利县	5.464	0.912
永顺县	3.442	0.694
吉首市	2.920	0.425
凤凰县	1.815	3.523
沅陵县	1.383	0.352
芷江县	1.300	0.646
丰都县	1.233	0.138
铜仁市	1.204	2.653
恩施市	1.064	0.866
武隆县	1.001	2.830
古丈县	0.983	0.101
黔江区	0.967	0.271
石柱县	0.959	0.849
秀山县	0.755	0.112
龙山县	0.625	0.092
洪江市	0.618	0.359
涟源市	0.579	0.193
长阳县	0.548	0.320

节点	点出度	点入度
新化县	0.533	0.775
花垣县	0.487	0.033
石门县	0.462	0.024
秭归县	0.445	0.259
安化县	0.413	0.098
中方县	0.409	0.036
酉阳县	0.405	0.057
巴东县	0.320	0.084
玉屏县	0.320	0.070
来凤县	0.307	0.045
五峰县	0.237	0.031
保靖县	0.181	0.009
靖州县	0.163	0.036
武冈市	0.152	0.096
隆回县	0.152	0.080
新宁县	0.139	0.012
会同县	0.106	0.016
洞口县	0.103	0.029
新邵县	0.095	0.006
城步县	0.087	0.032
邵阳县	0.075	0.012

（三）"十二五"期间武陵山片区旅游经济联系情况（2010～2015年）

"十二五"期间选取了2015年武陵山片区的基础数据，共获得52个节点，分别做了网络图、密度、中心性分析、核心—边缘和结构洞分析。

1. 2015年武陵山片区旅游经济联系网络图

由图6-3所示，2015年由于交通、通讯等的发展，片区内各个节点多了旅游经济交流，除了余庆县外，已经没有出现单独的游离节点。

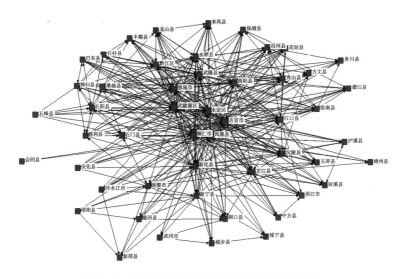

图 6 - 3　2015 年武陵山片区旅游经济联系网络

2. 2015 年武陵山片区旅游经济联系网络密度

2015 年武陵山片区的整个区域内旅游经济网络密度仍然不高（见表 6 - 6），仅有 0.3338，武陵山片区旅游空间单元之间的经济联系发生还是不多，处在 0.5 以下，各节点信息、资源共享程度低，关系疏离，旅游经济空间联系仍然处于弱联系状态，整个武陵山片区网络间的联系紧密程度与整合力度仍显不足，还具有很大的潜力和发展空间。

表 6 - 6　　　　　　　　2015 年武陵山片区旅游经济联系网络密度

名称	测量率
网络密度	0.3338
标准离差	3.1255

3. 2015 年武陵山片区旅游经济联系网络中心性

从表 6 - 7 观察到，2015 年，整个武陵山片区中心度逐步加强，网络内各节点的旅游交流得到增强，不止单个节点发展快速，呈现出突出节点继续领先，周边节点徐徐上升的状态：铜仁市（186.090，51.440）、永定区（170.860，49.720）、新化县（105.900，33.260）、凤凰县（79.240，89.510）、武陵源区（62.320，109.170）、吉首市（46.490，54.170）、冷水江市（21.500，87.690）、恩施市（19.750，10.820）、武隆县（18.110，12.690），其中稍弱的节点也表现出上升状态：涟源市（17.940，21.680）、江口县（18.100，55.990）、石门（18.100，55.990）、丰都（11.290，12.840）、酉阳（11.230，16.580）、新宁（8.770，5.450）等。值得注意的是新化县，发展得特别快，在2015年的点入度比较高。随着沪昆高铁长怀段于2014年通车后，长沙至新化最快车时为67分钟，也由于新化县旅游政策大力推动紫鹊界梯田、大熊山国家森林公园等旅游产品，使得新化县近年来成为武陵山片区一个发展的突出节点，根据武陵山片区各市区的统计公报数据，新化县2015年的旅游收入（85.18亿元）一度超越了武陵源区（80.16亿元）。

表6-7　　　　　　　　2015年武陵山片区旅游经济联系网络中心性

节点	点出度	点入度
武陵源区	62.320	109.170
永定区	170.860	49.720
桑植县	4.440	21.490
慈利县	7.980	26.150
永顺县	6.150	16.420
吉首市	46.490	54.170
凤凰县	79.240	89.510
沅陵县	2.670	9.000
丰都县	11.290	12.840
恩施市	19.750	10.820
武隆县	18.110	12.690
黔江区	6.220	11.780
石柱县	7.170	11.160

节点	点出度	点入度
古丈县	1.300	10.380
芷江县	6.360	12.170
龙山县	3.090	8.020
涟源市	17.940	21.680
新化县	105.900	33.260
长阳县	6.620	7.640
洪江市	2.160	4.820
秀山县	3.400	10.010
石门县	18.100	55.990
秭归县	7.600	6.410
花垣县	2.190	9.960
中方县	0.760	5.080
安化县	0.720	3.440
巴东县	2.980	4.630
玉屏县	2.380	13.330
酉阳县	11.230	16.580
来凤县	0.980	4.480
五峰县	0.720	2.650
保靖县	0.820	5.680
隆回县	1.060	2.970
靖州县	0.220	1.670
武冈市	0.870	4.020
新宁县	8.770	5.450
会同县	0.050	0.850
洞口县	0.830	3.310
新邵县	0.060	2.260
邵阳县	0.670	2.290

节点	点出度	点入度
城步县	0.670	1.930
铜仁市	186.090	51.440
冷水江市	21.500	87.690
江口县	18.100	55.990
沿河县	3.760	7.470
思南县	3.080	7.350
辰溪县	1.150	5.440
绥宁县	0.830	2.180
德江县	0.610	3.230
泸溪县	0.560	5.530
务川县	0.390	2.410
余庆县	0.000	0.010

4. 2015 武陵山片区旅游经济联系网络结构洞

表 6 - 8 中五个旅游地的有效规模和效率较高,限制度较低,具有较高的结构洞水平,这些节点处于竞争优势地位,受其他城市约束力较小,有较好的信息传递、知识转移、技术交流和资源共享能力。在旅游经济联系网络中,出现了明显的结构洞,则是喜忧参半的讯息,利用好结构洞可以发挥好核心节点拉动周边节点旅游经济发展的好趋势,但忧的是结构洞的竞争优势利用得不好,也会把所有的好资源都拉给自己,发生"强者越强,弱者越弱"的"马太效应",让整个网络发展得更不平衡。

表 6 - 8　　　　2015 年武陵山片区旅游经济联系网络结构洞水平

节点	有效规模	效率	限制度
铜仁市	24.500	0.817	0.140
永定区	21.458	0.795	0.150

节点	有效规模	效率	限制度
凤凰县	16.431	0.747	0.179
恩施市	12.152	0.715	0.189
吉首市	11.261	0.662	0.209

5. 2015 年武陵山片区旅游经济联系网络核心—边缘

2015 年武陵山片区旅游经济联系网络核心—边缘的核心旅游空间单元是泸溪县、凤凰县、保靖县、古丈县、永顺县、龙山县、花垣县、吉首市、沅陵县、辰溪县、芷江县、新宁县、新化县、涟源市、冷水江市、永定区、慈利县、桑植县、武陵源区、石门县、黔江区、丰都县、武隆县、秀山县、酉阳县、江口县、玉屏县、思南县、沿河县、恩施市、秭归县、长阳县、铜仁市，其余的是边缘空间单元，其拟合指数是 0.075。网络的拟合指数低，网络的拟合效果不佳，说明不存在明显的核心—边缘区，核心节点拉动发展疲弱节点效果不佳，更没有形成核心区强强互助，交流的节点群。

（四）"十三五"期间武陵山片区旅游经济联系情况（2016 年至今）

"十三五"期间选取了 2016 年武陵山片区的基础数据，共 55 个节点，分别做了网络图、密度、中心性分析、核心—边缘和结构洞分析。

1. 2016 年武陵山片区旅游经济联系网络图

由图 6-4 所示，2016 年片区内各的节点比 2015 年增多了旅游经济交流，没有出现单独的游离节点，整个样本数据的 55 个节点都包括在网络图里。

2. 2016 年武陵山片区旅游经济联系网络密度

2016 武陵山片区的整个区域内旅游经济网络密度有所提高（见表 6-9），接近 0.5，旅游经济密度得到了极大的提升，说明各县区的互动与空间联系关系不断调整与加强，各县区联系结构中也逐渐呈现高水平联系网络发展趋向，演变为多个重要中心城市为核心，其他县区处于外围的核心—边缘结构。

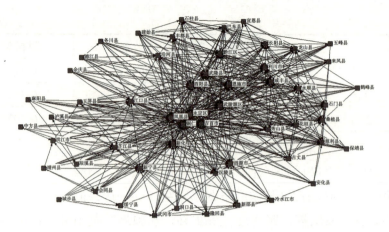

图 6 - 4　2016 年武陵山片区旅游经济联系网络

表 6 - 9　　　　　2016 年武陵山片区旅游经济联系网络密度

名称	测量率
网络密度	0.4904
标准离差	4.6068

3. 2016 年武陵山片区旅游经济联系网络中心性

2016 年武陵山片区的整体中心度逐步加强，形成层次分明的中心度梯度：第一梯度是铜仁、永定区、武陵源、新化、凤凰县、冷水江市、江口县、吉首市、恩施市、武隆县；第二梯度为中心度 45.00 以下：慈利县、涟源市、桑植县、酉阳县、永顺县、玉屏县、利川市、黔江区、秀山县、石门县、咸丰县、丰都县、石柱县、芷江县；第三梯度为中心度 15.00 以下：古丈县、龙山县、沿河县、沅陵县、花垣县、新邵县、建始县、新宁县、宣恩县、来凤县、保靖县，第四梯度为中心度 8.00 以下，即武陵山片区除以上节点外节点（见表 6 - 10）。

表 6 - 10　　　　2016 年武陵山片区旅游经济联系网络中心性

节点	点出度	点入度
铜仁市	69.152	326.741
永定区	75.724	271.286

节点	点出度	点入度
武陵源区	170.305	96.364
新化县	54.115	165.633
凤凰县	140.083	104.270
冷水江市	135.475	34.156
江口县	82.136	19.556
吉首市	80.451	64.982
恩施市	25.993	59.807
武隆县	19.835	45.816
慈利县	42.178	13.119
涟源市	35.972	36.178
桑植县	34.466	7.519
酉阳县	28.606	21.755
永顺县	25.763	9.464
玉屏县	25.952	5.073
利川市	24.878	20.957
黔江区	24.483	14.893
秀山县	24.489	6.721
石门县	24.253	19.523
咸丰县	23.421	20.841
丰都县	17.587	15.904
石柱县	17.288	10.580
芷江县	16.944	7.961
古丈县	14.893	1.926
龙山县	13.629	5.043
沿河县	13.599	7.568
沅陵县	13.568	4.005
花垣县	13.445	2.564

节点	点出度	点入度
新邵县	12.805	4.771
建始县	12.682	3.077
新宁县	7.984	11.018
宣恩县	11.004	1.171
来凤县	8.934	2.094
保靖县	8.007	1.115
泸溪县	7.916	0.939
麻阳县	7.887	0.189
长阳县	7.557	6.965
辰溪县	7.417	1.498
余庆县	6.425	1.682
中方县	6.383	0.941
洪江市	6.346	2.423
巴东县	6.126	4.477
德江县	5.361	1.120
武冈市	5.323	1.181
洞口县	5.004	1.229
安化县	4.990	1.039
会同县	4.719	1.749
隆回县	4.461	1.292
务川县	4.079	0.860
五峰县	3.895	1.437
鹤峰县	3.876	0.568
靖州县	3.496	0.725
绥宁县	3.038	1.133
城步县	2.022	0.522

4. 2016 武陵山片区旅游经济联系网络结构洞

表 6-11 中五个旅游地的有效规模和效率较高, 限制度较低, 具有较高的结构洞水平, 这些节点处于竞争优势地位, 受其他城市约束力较小, 有较好的信息传递、知识转移、技术交流和资源共享能力。

表 6-11 　　　　2016 年武陵山片区旅游经济联系网络结构洞水平

节点	有效规模	效率	限制度
铜仁市	40.379	0.859	0.098
永定区	31.000	0.816	0.117
凤凰县	20.250	0.750	0.147
吉首市	16.515	0.688	0.159
武陵源区	14.828	0.674	0.158

5. 2016 年武陵山片区旅游经济联系网络核心—边缘

2016 年武陵山片区旅游经济联系网络核心—边缘的核心旅游空间单元是凤凰县、永顺县、吉首市、新化、涟源市、冷水江市、永定区、武陵源区、铜仁, 其余的是边缘空间单元, 其拟合指数是 0.345。网络的拟合指数低, 网络的拟合效果不佳, 说明不存在明显的核心—边缘区, 核心节点拉动发展疲弱节点效果不佳, 更没有形成核心区强强互助, 交流的节点群。

二、旅游业对区域经济联系网络演化趋势的影响

基于武陵山片区旅游合作开发的实际发展历程, 以巴特勒旅游目的地生命周期发展趋势理论, 本研究提出武陵山片区各城市旅游经济空间联系经历了四个演变阶段, 第一阶段, 初始无序离散阶段; 第二阶段为单核发展阶段; 第三阶段为多核发展阶段; 第四阶段为高水平联系网络发展阶段。

第一阶段, 无序离散发展阶段 (各城市旅游开发初级阶段, "十五"期间 2001~2005 年)。片区各县区旅游经济空间联系的基本特征是离散的, 各县区相互空间均为无序状态, 大部分县区旅游经济的体量规模小, 能量处于低水平, 并且大部分县区之间的旅游经济体量和能量没有

等级结构分异。由于各县区的旅游客源市场、旅游规划、旅游市场营销等方面都是各自为营，各县区的联系以及互动形式十分简单，互动内容比较单一，所以在空间联系过程中，旅游流以及信息流共享少，各区县间的经济体量及能量流动规模小。

第二阶段，单核发展阶段（各城市旅游开发起步阶段，"十一五"期间，2006～2010年）。这一时期，一项重大国事活动，兼具外交题材、历史题材、军事题材、文化题材、自然资源的2006年蓝天盛会——俄罗斯空军张家界特技飞行表演，受到200多家中外媒体的高度聚焦和国际上的广泛关注，张家界作为一个具有国际影响力的旅游胜地快速得到全方位、高层次、大态势的宣传，旅游龙头效应得以迅速扩张。这个阶段周边吉首市、凤凰以及怀化等城市主动积极与张家界旅游业界进行吃住行游购娱等方面的全面联合与协作开发，很快形成以张家界为龙头的大湘西旅游开发圈，联合开发效应显著。武陵源景区的龙头效应快速得到扩张主要通过三个途径。第一，武陵源景区资源品味好，旅游市场开拓有很好的前期基础，已是国内知名旅游胜地。第二，武陵源景区在政府大力地推动下，吸收了大量的资本，旅游投资体量大，市场环境不断优化，其市场势力迅速强大。第三，受外部环境的刺激，武陵源景区的建设和发展得到很好的提质升级，比如在国家确定大力发展旅游产业政策之时，张家界市政府已把旅游产业确立为张家界市的支柱产业，具有极其重要的战略地位。这样一来，武陵源景区在武陵山片区的众多均质的县区中脱颖而出。

第三阶段，多核发展阶段（各城市旅游开发的发展阶段，"十二五"期间2010～2015年）。张家界市辖区的武陵源景区龙头作用在武陵山片区旅游合作开发过程中，辐射效应开始大于极化效应，并对其他县区产生多种影响。其一，武陵源景区把自身的客源分散给临近的凤凰、怀化等县区；其二，贵州、重庆方面的客源也给武陵源以及永定区、吉首等地输送了各种客源；其三，借助区域内交通线路，增强城市之间的联系。区域内张家界荷花机场、铜仁机场、恩施许家坪机场、怀化芷江机场、黔江机场五大机场被建成并投入使用；恩施、芷江、怀化、新化、邵阳等地已接通高铁和动车。区域内还有"两纵两横"，其中东西方向"两横"主要包括横穿恩施自治州的宜万铁路（恩施市—宜昌市）和横跨湘黔两省市的渝怀铁路（铜仁市—怀化市）；南北方向的"两纵"主要有纵穿湘西南北的枝柳铁路（宜昌市—石门县—张家界市—吉首市—怀化市）和穿越重庆武陵山片区和铜仁地区的铁路干线，这些交通线路为城市的旅游经济合作提供基础，也是点—轴开发空间布局依据。

第四阶段，高水平联系网络发展阶段（各城市旅游开发的成熟阶段，"十三五"以后2016年至今）。该阶段的特征就是武陵山片区各县区的旅游经济体量和能量呈现等级、有序结构。根据能量守恒定律，处于高能级的分子如果与低能级的分子相互作用，高能级的分子会将能量传递给低能级的分子，从而失去能量。当然，各县区的相互作用和联系不完全遵循能量守恒定律。作为龙头的武陵源景区在周边县区加强经济联系时越来越理性，在合作互动的对象上尽可能选择具有互补资源的县区，如吉首、凤凰的民俗风情可以弥补武陵源的旅游资源的不足，另一个最大限度与怀化地区合作，因为与怀化地区各县区的合作可以增进因高铁带来的客源。由于各县区的互动与空间联系关系不断调整与加强，各县区联系结构中也逐渐呈现等级结构，演变为多个重要中心城市为核心，其他县区处于外围的核心—边缘结构，形成武陵山片区旅游中心城市最优梯度空间网络布局。

第四节　旅游业对区域经济联系的影响因素及机理分析

一、旅游业对区域经济联系的影响因素

旅游业是一个综合性强、关联度高的经济产业，影响旅游经济差异的因素众多：李蓓和汪德根（2006）认为现代交通业的发展推动了现代旅游业的发展，旅游交通是否便捷直接影响着旅游资源的开发和旅游地的建设；潘蕙和卢松（2010）认为交通的可进入性、网络化程度和道路质量的优劣，对区域旅游开发和旅游产业的形成具有重要的意义；汪德根和陈田（2011）在对全国旅游经济区域差异进行分析后指出，旅游发展水平与航线、高速公路以及等级公路等交通可达性指标相关性较高，这些都是认为交通是影响旅游经济差异的原因之一。陆林和余凤龙（2005）与苑涛、何秉宇、吴良飞（2007）都认为旅游经济空间差异的

主要影响因素是：旅游资源禀赋、基础设施、区位因素、产业结构。周丽和肖红（2010）就旅游经济差异因素，提到旅游发展起点及当前发展阶段的"旅游需求不平衡性及消费行为"；方叶林、黄震方、涂玮（2013）探讨旅游经济差异，加入了区域之间的相互关系；邹家红、杨洪、王慧琴（2009）考虑了客源市场；杨世河（2007）认为旅游经济差异的主要影响因素是政府行为和突发事件。

从前述研究结果，探讨发现武陵山片旅游经济联系网络的格局演化是多重因素相互作用下的结果。

（一）旅游资源

丰富的旅游资源是旅游开发的先决条件。高山、峡谷、瀑布、森林、湖泊、历史遗迹、名人故居、民族建筑、民族风情、民俗文化等资源的品级、丰度都将促成或制约着武陵山片区各城市旅游开发的合作选择。旅游资源可以分为自然旅游资源和人文旅游资源两大类。其中旅游资源大致包括地文景观、水域风光、大气与太空景观；人文旅游资源大致包括文物古迹、古典园林、文学艺术、宗教文化、城乡风貌、现代设施、民俗风情、饮食与购物。旅游资源在区域旅游资源开发中具有指导意义，原因在于：一是旅游资源表现出空间差异性；二是各地市旅游资源表现出互补性。这种差异性与互补性可以优化区域旅游资源开发利用，对区域旅游发展的社会效益、经济效益和环境效益都会有长期的效果。

一般来说，资源丰富，种类比较全的地区，在旅游开发中多数选择内生扩充式发展，外延累积式发展不够主动。资源相对单一，品级不够高的地区，在旅游产品开发初期起步比较艰难，常常需要借力，采用依附型发展战略进行旅游开发，积极主动与周边强势旅游地联系，以期推动旅游业发展。因为旅游资源受旅游资源梯度推移理论影响，受自然资源、地理环境、发展条件和历史基础等因素影响，旅游经济发展在区域间形成梯度，这种梯度使得生产力从发达地区（高梯度）向落后地区（低梯度）转移，因此一般可以优先促进旅游资源丰富地区的旅游业发展，然后在旅游梯度力的辐射影响下向旅游资源较少的地区转移，最大程度的开发和挖掘新的旅游资源，旅游资源非优区从而得到发展。借助旅游资源梯度，对地市旅游资源开发进行合理规划，打破旅游发展的区域不平衡状况。

武陵山片区旅游经济联系网络分布规律与旅游资源禀赋基本有两点是关联的，一是旅游资源禀赋所在地分布相关。武陵山片区优质的旅游资源禀赋主要分布在恩施片区：5A 的梭布垭风景区、恩施自治州神龙溪纤夫文化旅游区、屈原故里文化旅游区、长阳清江画廊景区；4A 的龙麟宫景区，巴东神农溪旅游区、柴埠溪峡谷风景区，还有民族文化类的恩施女儿会、巴东纤夫节、来凤土家摆手节等。张家界片区：5A 的武陵源风景名胜区、武陵源—天门山旅游区；4A 的张家界万福温泉国际旅游度假区、张家界大峡谷景区、江垭温泉度假村、龙王洞旅游区、宝峰湖风景区、黄龙洞旅游区、家风情园、张家界市大庸府，民族文化类的桑植民歌节、大型演出《魅力湘西》《天门狐仙》。湘西片区：新入选世界遗产的永顺老司城；4A 的凤凰古城景区、乾州古城景区、芙蓉镇景区、猛洞河漂流景区等。黔江片区：5A 的武隆喀斯特旅游区（天生三桥、仙女山、芙蓉洞）、酉阳县桃花源景区；4A 的黔江濯水古镇、黔江小南海旅游景区、丰都名山风景区、丰都雪玉洞景区、酉阳龚滩古镇，民族文化类的黔江武陵山民族文化节、土家摆手舞、大型演出《梦幻桃源》等。

（二）区位交通

区位交通条件是旅游开发的重要条件。其便捷性、安全性、舒适性对旅游者体验质量及重游意愿有重大影响。交通条件为旅游活动过程中的物质流、能量流和信息流及旅游流的获取，提供了一条全方位的联结纽带。随着武陵山片区的设立，国家对片区内高铁、航班、高速公路等重要交通线路的开通，促使片区内进入条件大大改善，区域内交通行程大大缩短，旅游者交通时间缩短，旅游体验时间增多，为旅游者在区内旅游多地游览决策提供方便。现代交通业的发展推动了现代旅游业的发展，旅游交通是否便捷直接影响着旅游资源的开发和旅游地的建设；交通的可进入性、网络化程度和道路质量的优劣，对区域旅游开发和旅游产业的形成具有重要的意义。武陵山片区内交通条件为：机场主要有张家界荷花机场，目前已形成了与北京、上海、广州、深圳、西安、青岛、沈阳等大中城市对飞的航线网络，并且开通通往中国的香港、台湾地区，以及日本、韩国、新加坡、美国、法国、澳大利亚等国家的国际航线。铜仁机场已开通至北京、上海、广州、昆明、深圳、杭州、长沙、厦门、贵阳等城市的航线。恩施许家坪机场地处重庆、武汉、西安、长沙四个省会城市的区位中心航线的交汇处，目前已开通至北京、上海、广州、武汉等大中城市的航线网络。怀化芷江机场目前已开通北京、广州、上海、昆明、长沙等城市对飞的航线网络。黔江机场是目前黔江片区唯一的机场。高铁、动车交通方式目前有恩施站、芷江站、怀化站、新化站、邵阳站。铁路方面有"两纵两横"的交通网络格局，其中东西方向"两横"主要包括横穿恩施自治州的宜万铁路（恩施市—宜昌市）和横跨湘黔两省市的渝怀铁路（铜仁市—怀化市），南北方向的"两纵"主要是有纵穿湘西南北的枝柳铁路（宜昌市—石门县—张家界市—吉首市—怀化市）和穿越重庆武陵山片区和铜仁地区，在怀化市与枝柳铁路和湘黔铁路接轨的渝怀铁路（黔江区—铜仁市—怀化市）组成，已基本形成了"六中小四轴线"的线路结构。公路方面有包茂高速（重庆）、包茂高速（湖南）、恩黔高速、张花高速、沪昆高速、长张高速、杭瑞高速。

（三）产业发展

旅游产业作为具有重要战略地位的国民经济的支柱产业，宏观上在促进经济持续稳定增长中发挥着重要的作用，而且在促进社会发展中也发挥着重要的作用。在微观上，旅游产业发展能够促进城乡协调发展的实现与促进区域协调发展的实现；在扩大内需，促进经济社会可持续发展，促进就业、改善人民群众生活品质、提高人民群众生活质量方面尤其在旅游扶贫方面，发挥着重要的作用。

中国旅游业整体进入升级发展阶段，区域发展差距依然存在，贫困地区的潜力尚未充分发挥出来，通过进一步发展贫困地区的旅游业，可以有效推动贫困地区产业结构的调整和优化，促进资源优势向产业优势、经济优势转化，这是增强贫困地区自我发展能力、扩大社会就业、改善人民生活的根本大计。因为旅游的自身特点和历史经验决定了其是促进贫困地区经济增长的主导产业，可以吸引消费资金从发达地区流向贫困地区，从城市流向乡村。而通过旅游产业的加快发展继续实现对贫困地区产业结构的优化，可以有效消化产业结构调整带来的失业，减缓社会压力，可以进一步发展将有力促进贫困地区的社会稳定和民族团结，有效推进经济、文化、环境、区域、民族间的协调发展，通过发展旅游实现全民共享；实现贫困地区的现代服务业发展，提高贫困人民的生活质量。

旅游产业发展是市场化发展的过程，是国际化发展的过程，是旅游业介入国际分工体系的过程。其主体不是政府，而是企业；不是个别企业，而是整体产业。由于旅游业关联度高、覆盖面广、综合性强，各个子行业都与之相关。旅游业发展得益于旅游交通包括旅游服务中专门的交通部门和交通业中为旅游服务的发展，其后随着一系列改革和建设措施的推行，政府、企业、市场共同努力下，住宿业迅速成长，成为旅游产业的支持产业之一，其后一系列的旅游服务业兴起，从旅行社到旅行服务，还有旅游网络公司、各类自驾车俱乐部、差旅管理公司、商旅服务公司等其他类型的企业。旅行社转变成旅行服务业务，使产业丰富了内涵。拓展了范围，扩大了规模。旅行服务随着网络应用越来越广泛，越来越深化，其功能也就更亲民、近民、便民、惠民，体现了旅游产业的发展方向。再者产业发展有利于形成产业集群，而产业集群能够带来外部的范围经济和规模经济（王缉慈，2002）；相关产业集群有利于技术和管理方面的交流和沟通，有利于旅游企业的生产经营管理活动改进方法，有利于加快管理技术的改革和创新，降低交易成本（罗军，2007），增强区域的总体竞争力具有重要作用。在旅游产业的不断发展和产业演化过程中，不同地区竞争地位产生差异，从而影响着旅游经济联系网络的分布和演化。

（四）政策制度

旅游政策是国家和最高旅游行政组织为实现一定时期内的旅游发展目标而规定的行动准则。任何一个国家在发展旅游事业时，总是从本国的实际情况出发，根据经济发展状况，国家的政治利益和安全，人民群众的物质和精神需要，民族特点和地方风格，制定一系列科学的、切实可行的方针政策，以推动旅游事业的顺利发展。旅游政策是整个旅游活动的出发点，体现于旅游事业发展的全过程，同时也是衡量旅游事业取得成效的尺度。党中央国务院高度重视区域协调发展，就西部大开发、扶贫开发作出了一系列战略部署，这些政策的推出促进了区域内旅游联合开发，同时由于政策的扶持和保障，旅游人才培养与流动也有利于共享，旅游企业之间的经营和合作更加频繁。

（五）市场需求

旅游需求是在一定时期内、一定价格上，旅游者愿意而且能够购买的旅游产品的数量。旅游需求的影响因素主要有经济发展水平、人口特征、收入与闲暇时间、职业和教育水平、资源、交通、价格和汇率等。旅游资源开发，一定要在进行市场调查和市场预测的基础上，准确掌握市场需求变化趋势，合理进行市场细分，从而确立资源开发的主题和方向。随着人民的收入水平提高，大众旅游时代的到来，人民的旅游消费需求日益增长，旅游不再是高收入群体独享的一种消费，旅游已成为大众消费的一种刚性需求，逐渐成为人们日常生活的一种方式。据国家旅游局旅游消费市场调研报告：当前旅游消费呈现休闲化与体验化、散客化与自助化、个性化与多样化、品质化与中高端化等诸多特征，旅游消费者开始从旅游观光过渡到休闲度假，对城市周边旅游需求十分旺盛。尤其是对区域及其附近完善的配套设施要求越来越高。多样化、深度体验以及高品质等消费需求促使片区各旅游城市科学规划以及加快城镇化进程，积极与具有差异化旅游资源城市联系，进行优势互补，扩大市场占有率。

二、旅游业对区域经济联系影响形成的机理

武陵山片区旅游经济联系网络的形成和演化趋势变化是片区社会经济发展的综合表现形式之一，多重因素相互作用下的结果，结合上述旅游经济联系网络形成影响因素和旅游学理论分析片区的网络的形成机理，本研究认为存在四个方面驱动力使得武陵山片区旅游经济联系呈现由无序离散型发展为单核发展型，再到多核发展型，直至网络梯度发展型这样的发展趋势（见图6-5）。

（一）旅游产业结构调整

旅游产业结构调整是指旅游生产要素的重组和资源优化配置过程，生产要素的重组调整，技术效率改进，技术进步提升，产业管理水平的提高，都是旅游产业结构提质升级的过程，使得旅游产业产生规模效应，取得效益。在旅游产业结构调整过程中也使得旅游地区域发展产生区域不平衡的状态。其中，生产要素中以旅游资源和交通基础设施对旅游业的影响最为广泛，产业发展中，企业不断地重组兼并，使得旅游产业管理水平得到提高。

旅游资源无论是自然旅游资源还是人文旅游资源，都有自己的形成条件和发展的进展过程。旅游资源是吸引旅游者最重要的条件，也是旅游开发的基本因素和条件。武陵山片区的旅游业开发自 1986 年，国务院批准梵净山为国家级自然保护区，1989 年张家界"以旅游产业为龙头"的指导思想为开始，1992 年 12 月 7 日联合国教科文组织世界遗产委员会决定将武陵源风景名胜区列入《世界遗产名录》，武陵源资源得以开发，开始发展旅游市场，1999 年"西部大开发"迎来发展机遇，张家界，武陵源区的旅游业率先发展，2001 年凤凰古城被列为国家历史文化名城，此后武陵山片区各区域开始开发各地旅游资源，但各地旅游资源开发的程度和发展情况都不同，旅游开发得早些的区域旅游业较为发达，如 2004 年和 2010 年武陵山片区的旅游经济联系中心性较强的是永定区和武陵源区，这与永定区和武陵源区的旅游资源息息相关，武陵源风景名胜区属于世界自然遗产，这成为武陵源区的一个名牌，吸引了大量慕名而来的游客，包括国内的和大量的外国旅游者。而 2015 年开始呈现多核发展模式，武陵山片区内多地区呈现出发展迅速的态势，中心性较高的有铜仁、永定区、新化县、凤凰县、武陵源区，吉首，也跟旅游资源的有效开发利用不无关系，梵净山风景区、梵净山旅游文化节、天门山景区、土家风情园、黄龙洞、紫鹊界梯田、凤凰古城等景点发展迅速，迅速打响了名牌。这是旅游经济联系差异的重要因素，在片区中中心性表现比较差的是旅游资源禀赋相对贫乏，特别是邵阳片区，旅游经济发展就比较差。再者，旅游资源禀赋开发利用程度。恩施片区与黔江片区的旅游资源禀赋在武陵山片区中相对是比较好的，但旅游发展不如张家界和湘西，可能存在的原因是旅游资源的开发利用不到位的问题。

武陵山片区旅游开发以来，积极建设和改善接待设施、交通进入渠道，到现在，张家界荷花机场、铜仁机场、恩施许家坪机场、怀化芷江机场、黔江机场五大机场被建成并投入使用。恩施、芷江、怀化、新化、邵阳等地已接通高铁和动车，区域内还有"两纵两横"铁路建设等，这些交通线路为城市的旅游经济合作提供基础，为片区旅游产业发展演化提供动力。张家界片区、怀化片区、湘西片区的交通是最好的，恩施片区、黔江片区次之，邵阳片区是最差的。所以从 2005 年、2010 年、2015 年、2016 年的中心性和 2015 年、2016 年的结构洞水平来看，显示出中心性好和出现结构洞的都几乎在交通区位好的区域，例如，永定、武陵源、铜仁、吉首，所以交通条件也促使了武陵山片区旅游经济联系的变化过程，由于交通要道的开通，根据点—轴理论，先是在交通要点的区域经济首先得到发展，继而 2005 年和 2010 年呈现向单核发展型模式，随着几个要点发展起来，带动了轴线周边城市的发展，继而呈现出 2015 年和 2016 年开始从多核发展模型向网络梯度发展模式发展。其中值得一提的是新化县，新化有高铁站，有好的旅游资源禀赋 4A 的紫鹊界梯田、梅山龙宫。特别是紫鹊界梯田，2013 年 5 月成为中国首批 19 个重要农业文化遗产之一，近年来旅游收入和旅游人数得到飞速的提升。2012 年旅游总收入 36.64 亿元，旅游人数是 547 万人次；2013 年旅游总收入 48.9 亿元，旅游人数是 710 万人次；2014 年旅游总收入 68.28 亿元，旅游人数是 968.2 万人次；2015 年旅游总收入 85.18 亿元，旅游人数是 1201.7 万人次（数据来自新化县统计公报）。这几年的成绩与新化县的旅游交通和市场营销宣传密不可分。随着沪昆高铁长怀段 2014 年通车后，长沙至新化最快车时为 67 分钟，由于新化县旅游政策大力推动紫鹊界梯田、大熊山国家森林公园等旅游产品，新化县近年来成为武陵山片区一个发展的突出节点，新化县 2015 年的旅游收入（85.18 亿元）一度超越了武陵源区（80.16 亿元）。

旅游企业管理水平得提升对片区旅游经济的演化方向也起着重要的作用。旅游产业发展一定程度后，会产生社会分工，社会分工和专业化会提高社会生产率，随着专业化分工的不断深化，交易费用也在不断增加。当专业化分工使效率提高所带来的收益增加小于交易费用增加所引起的成本上升时，相关企业为了降低成本而开始选择集聚，从而慢慢形成旅游产业集群（卞显红，2012），旅游产业集群内空间邻近的旅游企业及其他相关组织机构在竞争与合作、战略联盟、正式与非正式关系和人才流动、知识溢出等多种机制的共同作用下（韩卢敏等，2016），会采取与上下游行业进行重组并购等商业行为，从而影响着片区旅游产业的演化方向。

（二）旅游需求变化

市场需求影响着产业的产生与发展，也是影响旅游空间结构发展演化的重要因素（赵磊，2014）。旅游需求表现为旅游者对旅游活动渴求满足的一种欲望，是科学进步、生产力提高和社会经济发展的必然产物，人们可自由支配收入的提高、闲暇时间的增多使得旅游需求迅速激增，使得公众参与旅游活动程度加大，随着经济的发展，人们呈现出越来越个性化的旅游需求，旅游业已经从大众旅游变成了满足旅游者精神需求，注重旅游质量，追求个性化、多样化和舒适化的高端旅游，旅游产品形式已从观光旅游向多样的产品复合形式转变，全域旅游理念是现代最广为盛行的旅游观念。

可自由支配收入是指人们从事社会经济活动得到的扣除纳税和消费的余额。随着经济发展，可自由支配收入得到提高，同时人们的消费层次和消费结构也随着变化，旅游需求增加的可能性也增大。2013年全国人均可支配收入为1831.1万元，旅游人数为32.6亿人次；2014年全国人均可支配收入为2016.7万元，旅游人数为36.1亿人次；2015年全国人均可支配收入为2196.6万元，旅游人数为40亿人次；2016年全国人均可支配收入为2382.1万元，旅游人数为44.4亿人次。随着可支配收入的增长，旅游需求会得到极大的增长。

人们闲暇时间的增多是产生旅游需求的必要条件。随着社会生产力的发展以及劳动生产率的提高，人们的工作时间相对减少；随着社会的进步，工作制度、社会福利都得到很大的改善，很多国家和企业还会有带薪假日。于是，人们不仅有短期休闲旅游，也相应增加了远程旅游和国际旅游。

随着社会经济进步，对人性的尊重越来越注重，相应地，旅游业运营模式也转变为满足旅游者精神需求，注重旅游质量，追求个性化、多样化和舒适化的旅游方式。因此旅游者从开始的观光旅游到现在的多样化旅游产品的市场需求从武陵山片区几个主要核心旅游景区发展到多个景区互相补充。永定区、武陵源区的景区多为自然景观，凤凰古城是人文景观，各有不同的市场受众。铜仁的梵净山、新化的紫鹊界梯田，不同的旅游资源吸引着不同旅游目的的客源。例如，为了满足旅游对新奇的旅游体验，天门山有"翼装飞行"，九十九道弯的赛车活动都给旅游者带来刺激的旅游体验。不同的旅游市场需求也使得武陵山片区的旅游经济网络的差异化，呈现出多地旅游发展不一致的结果。

（三）旅游与城镇化耦合

旅游产业已经成为推动城镇化发展的主导力量之一，城镇化也为旅游产业的发展提供了重要支撑，二者的互动作用对区域经济起到了极大的促进作用，这也就是旅游与城镇化耦合作用。

武陵山片区旅游产业极大地推动了当地的城镇化，而武陵山片区城镇化的过程中，也促进了当地居民的就业，改善了居住环境，改善了当地的交通基础设施和公共服务，拉动了房地产和其他相关产业发展，社会经济得到了发展。城镇化也同样使得旅游业得到促进的作用，如交通基础设施和公共服务不断完善的同时使得旅游流流动变得比以前快速和高效，当地居民随着旅游业的发展，得到了在当地就业的机会，也促进了旅游企业的发展，各种的旅游商品丰富了旅游市场，使得旅游业得到比较好的发展优势。这从武陵山片区六市州的统计公报数据加总所得的数据中可以得到认证，旅游产业发展过程中，旅游总收入逐年增加，从2011年的558.07亿元逐年递增，到2015年旅游总收入达到1300.80亿元。接待游客的人次也逐年增加，从2011年的9626.60万人次增加到2015年的19230.60万人次。同时，旅游总收入占GDP的比重较大，从2011年的23.23%增加到2015年的33.55%。

武陵山片区旅游与城镇化耦合作用下，各区域旅游经济发展呈不平衡状态，整个武陵山片区中，偏北、中部地域旅游经济明显比南部和西部发展得要好。永定、武陵源、吉首、凤凰、铜仁这几个重要旅游地，旅游经济相对发展得比较好。思南、德江、务川等西部和邵阳、武冈、城步等区域旅游发展较差，这除了旅游资源和交通基础设施因素外还与这些区域的旅游与城镇化的耦合作用水平相关。旅游业的快速发展能形成较大的经济收益，随着旅游业的快速发展，在旅游消费动力的作用下，形成了涵盖餐饮、住宿、娱乐、购物等多元化、综合性的产业经济链，改善了当地的经济；当地的财政相应得到改善，可以把资金用于对当地基础设施的建设，从而更好地推动城镇的建筑、交通、医疗、水利等公共基础设施建设，提升了民族地区生活和居住的环境，同时人均的收入会得到提升，消费结构得到改变，也相应促进相关产业发展，根据梯度理论和核心—边缘理论，这些初步得到旅游城镇化耦合作用的地区会向周边临近地区进行经济、信息、技术等的交流，空间溢出效应会使得周边城市得到收益，从而拉动了周边地区的旅游经济的发展，从多核的城市模型向网络梯度模型发展，但由于武陵山片区受旅游资源禀赋、城市功能定位等条件的影响，不同地区旅游驱动城镇化发展的水平并不相同，也在一定程度上使得武陵山片区旅游经济发展呈不平衡发展状态。

（四）旅游政策导向

旅游政策大致包括旅游财政政策、旅游税收政策、社会旅游政策、可持续旅游发展政策、旅游产业结构政策、旅游产业组织政策、旅游产业布局政策、旅游产业技术政策及配套保障政策等基本内容，同时还应包括旅游市场政策、旅游产品政策等。政府行为与政策的引导、经济发展和产业转型，以及生产方式变革相互交织作用。旅游政策通过其激励机制引导和鼓励地方政府和不同市场主体投资建设区域的旅游节点、旅游交通等行为，从而作用于旅游空间格局的发展演化。中国旅游业发展的这些年，旅游市场结构、产品结构都发生了变化，旅游政策也随之进行了多次调整完善：旅游政策由政府强制性贯彻向政府引导、市场化转变和旅游政策功能由单一向多元化转变。随着旅游业产权体制的改革，旅游企业发挥了市场调配的作用，旅游业生产要素流通、合理化配置，使得旅游产业生产资本进行多元化投资，旅游市场丰富多样。

国家对不同地区采取不同的旅游政策，相应的各区域旅游发展态度和各区域的生产要素条件存在差异，在报酬递增规律的作用下，旅游政策对区域旅游发展的差异效应逐渐凸显。不同的制度环境导致了不同的制度变迁成本，产生了不同的制度绩效，致使区域旅游发展水平不相一致，这是引起区域旅游发展水平差异的重要原因。2004 年 6 月，中共湖南省委、湖南省人民政府《关于加快湘西地区开发的决定》；2010 年湖南省人民政府办公厅关于印发《大湘西生态文化旅游圈旅游发展规划（2011 – 2020 年）》通知，张家界、常德、邵阳、湘西自治州、怀化五地正式运行《大湘西旅游经济协作区》。2011年国家批复建立"龙山来凤经济发展区"(2011年),2011年10月,武陵山片区区域发展和扶贫攻坚规划出台《武陵山片区区域发展和扶贫攻坚规划》。旅游业发展早期,张家界、湘西凤凰、武陵源这些早期开发的旅游地区已经非常重视对旅游业的扶持,各种旅游产业的扶持政策相应出台,但武陵山片区旅游资源开发较晚和交通开发成本较高的地区政策扶持没有出台或者力度不够,随着社会经济发展,交通的改善,各地政府逐渐意识到旅游政策的重要性,还有国家层面政策的照顾,各地区旅游慢慢开始发展,所以也导致了武陵山片区旅游经济联系从单核到多核再到网络型发展的趋势。

因此,正是旅游产业结构调整、旅游需求变化、旅游与城镇化耦合、旅游政策导向四个方面奠定了旅游发展的基本格局,武陵山片区旅游经济在政府政策与行为的宏观调控下带动相关产业集聚化、集群化发展,以及相应配套设施的建设,最终从无序离散型、单核发展型,发展到多核发展型及现在的网络梯度发展型这样的演化过程与特征。

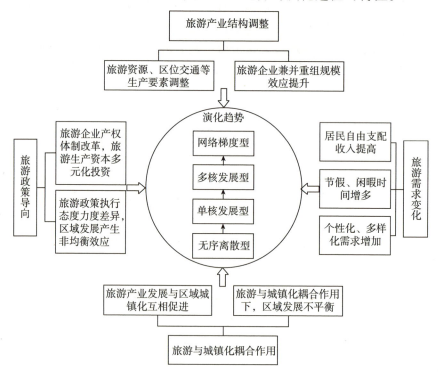

图6-5 旅游业对区域经济联系影响的机理

第七章 旅游业对景区居民生活质量的影响

第一节 问题的提出及理论分析

2010 年旅游学刊设专栏展开旅游与民生主题探讨，开启了旅游发展对居民生活质量影响的研究。麻学锋（2011）用人类发展指数、居民消费差距系数、旅游发展密度等指标评价旅游发展带给目的地居民生活质量和消费能力等方面的改变，验证了旅游开发效应从实现富区再到富民的过程。鲁明勇（2011）构建了包括居民消费指标在内的旅游业民生效应评价指标体系对民族地区旅游的民生效应进行了实证评价。赵磊等（2014）用动态面板数据系统广义矩估计方法对旅游发展、经济增长与居民消费之间的关系进行了实证研究，以期回答旅游发展会影响居民消费这个问题。然而在他的结论中发现，来自中国经验数据证实旅游发展对居民消费具有显著正向影响关系，但旅游发展对居民消费影响不均衡，东中部居民消费受旅游发展影响显著，西部地区居民消费受旅游发展影响关系不显著。以上文献从理论和实践层面讨论了旅游业的民生效应，肯定了旅游业具有提升居民生活质量的功能，但未从小尺度视角，针对某一具体案例研究当地居民的生活质量是否受旅游发展的影响。

本研究拟选定张家界森林公园为案例地，用居民消费视角进行景区居民生活质量研究。居民消费行为往往是一个人生活方式的投射，是个体在物质文化生活各方面的活动形式和行为特征的总和。居民消费支出主要受其可支配收入的影响，凯恩斯（Keynes. John. M.）的绝对收入假说、杜森贝利（Duesenberry James. S.）的相对收入假说、弗里德曼（Milton Friedman）的持久收入假说、莫迪利亚尼（Medigll. Franco）的生命周期假说和霍尔（Robert Hall）的随机游走假说从不同收入角度诠释了居民消费支出影响因素。随后，预防性储蓄理论吸收了理性预期思想，引入不确定性及消费者跨时选择理论和计量经济学方法，为居民消费影响因素研究注入了社会学、心理学等多学科维度的思考。世界联合国组织指出恩格尔系数是反映居民在食物等基本生活消费中的比例大小，恩格尔系数是反映居民生活水平的重要指标，服务性和精神层面消费占比逐渐扩大是人们消费需求的升级需要，也是居民生活质量提升的表现。加尔布雷思（1958）也认为来自物质方面的满足和主观感知是一个人的消费行为投射出的生活质量。卢家瑞（2005）指出居民的消费资料和消费服务的数量，食品和非食品的消费水平、居住条件、教育、保健以及文化消费水平等是人们享受生活福利和精神福利的具体评价指标。经济学家亚马蒂亚森（2002）则把物质消费和精神消费等指标纳入人类发展指数体系，以评价人们的福利水平。以上研究为我们选择消费视角进行居民生活质量研究提供了较好的理论依据。另外，由于消费是经济增长的三驾马车之一，它对居民生活质量的强影响力是基于其内在机理而演进，具体如下。

一、消费结构在旅游发展对居民生活质量影响中具有生成机制

消费结构是居民消费过程中所消费的各种不同类型的消费资料（包括劳务）的比例关系，实物消费比例是衡量消费结构合理化的重要表现，人们对实物消费品等生活基本消费需求逐渐上升为服务与精神层面的消费需求，并最终转为合理化和高级化消费结构的趋势是人们生活质量日益提高的体现。消费结构在旅游发展对居民生活质量影响中的生成机制可以归纳为社会生产力发展水平、消费者的收入水平、消费意识与消费者心理、消费行为。具体解释为四点：（1）根据消费经济学理论，恩格尔系数大小及居民在服务及精神方面的消费能力程度反映了居民生活质量的高低。具体来说，恩格尔系数大小反映居民在食物等基本生活消费的比例，服务性和精神层面消费比逐渐扩大是人们消费需求的升级需要，也是居民生活质量提升的表现[①]。（2）旅游发展程度影响旅游景

---

① 白津夫. 和谐社会应当重视提高生活质量 [J]. 学习与探索, 2007 (1)：9 – 11.

区的城镇化和市场化的差异化，旅游带来的经济联动效应增加了旅游景区消费环境的复杂性，大量的旅游就业机会为景区社区居民增加了经营收入和就业，提高了社区居民消费能力。（3）旅游发展带来的经济、社会及文化冲击，改变了居民的收入结构、阶层身份和消费理念。例如，随着旅游景区的开发，景区居民由农民身份转变为旅游业的从业人员，家庭主要收入由农村经营收入为主转化为第三产业服务性收入为主，居民农耕自给自足的生活及消费方式转化为部分生活资料自给自足，部分消费资料需要市场购买，逐渐趋向城镇居民消费方式和消费理念。（4）根据马斯洛的需求理论法则，认为随着收入的增长，人们会更多地消费实物等产品，但收入增长到一定水平，实物消费效应逐渐递减，而对文化、娱乐、健康医疗、教育等方面非实物性消费需求增加，且效应递增。在当前现代消费社会中，一些非实物性消费产品更能成为居民消费的身份象征，所以消费结构与生活质量成一定正比关系。

二、消费环境在旅游发展对生活质量影响中具有外部性功能

旅游发展促进了景区的社会经济环境和人文环境，即旅游景区的制度环境、经济环境、人文环境对改善居民生活质量具有重大外部性功能。（1）正效应。旅游的发展优化了景区的进入条件，景区、社区的基础设施有了重大改善，推动了景区内居民的交通消费、通讯消费等。旅游发展促进了景区经济建设，景区生活和服务类商品流通环境得到较大改善，增强了居民的商品性消费，促进了由数量扩张性型消费向质量型消费优化。该效应随着旅游发展的程度呈现出区域的差异性。（2）负效应。旅游发展促进了景区经济增长，但是也改变了景区的市场价格环境，物价水平被抬高，景区居民消费需求释放反受抑制。（3）诱发效应。这种诱发效应涉及区域宏观经济的整个供给体系，可以理解为包括硬环境和软环境在内的消费环境的附加正效应，从全局层面上为景区地区的产业结构注入活力。

三、居民消费在旅游发展对其生活质量影响中具有持续效应

景区居民消费水平提高必然刺激景区地区经济增长，由于地区经济增长对改善区域居民生活质量具有显著正向关系，由此便形成新一轮旅游开发活动，并通过旅游发展的乘数效应以及各产业融合驱动旅游目的地经济增长，从而形成景区居民消费能力持续增长，并且随着旅游开发的深入以及景区商品化、市场化及产业供给链的不断延伸，居民消费方式不断改善，消费结构逐渐升级，最终成为推动景区居民生活质量提升和区域经济增长的根本动力。以旅游业为主导的景区产业结构调整优化，进一步提升了景区居民生活质量与消费潜能，进而又参与到上述动态持续循环过程中。

首先，消费与投资是经济增长的两大重要因素，以景区居民消费支出为指标，进一步验证旅游发展带来的经济效应和对目的地居民的富民效应，这是对旅游乘数效应、旅游带动的就业率、旅游收入、旅游增加值、旅游投资增长率等衡量旅游经济效益指标和富民效应指标显性化、具体化的重要补充。其次，景区社区中的原住居民与全国范围内的城镇居民身处的社会和自然环境不同，收入水平、消费理念和消费环境不一样，用居民消费支出来检验这一区域居民是否也符合消费经济学的收入约束规律，因此，对景区居民这一类群体的消费支出情况进行详细调研和研究，可以进一步回答旅游发展的"飞地效应"和"民生效应"的真实性。

第二节　研究方法及数据

一、不同开发程度景区居民消费支出模型

居民消费支出的典型数学模型为扩展型线性支出模型。该模型实质是由居民可支配收入和消费品价格两变量作用于居民消费品需求的函数。具体由居民的基本消费需求支出（保证居民自身再生产的基本消费）和按照边际消费倾向安排的各种非基本消费需求支出组成（追加消费）。为了分析不同开发程度景区居民在基本需求、边际消费倾向上的差异，本研究在扩展型线性支出系统模型（extended linear expenditure system，ELES）的基础上（马立平，2007）进行了改进，增加了三个假设：假设 1，旅游开发程度高景区居民消费支出总额高于旅游开发程度低景区居民；假设 2，旅游开发程度高景区居民基本消费支出小于旅游

开发程度低景区居民；假设 3，旅游开发程度高景区居民边际消费倾向小于旅游开发程度低景区居民。

由于旅游开发程度不同，由此带给景区居民收入规模也不一样，按照旅游增收的程度不同把景区居民分为三类居民：位于核心景点区域内的居民，视为旅游开发程度最高的景区居民，简称核心区居民。位于远离核心景点又毗邻旅游景区的居民视为旅游开发程度低的居民，简称外圈居民。位于景区内但不在核心景点的居民，介于前两者之间的景区居民称为低旅游开发景区居民，简称为内圈居民。

结合景区居民消费经验数据，把扩展线性模型变形为：

$$p_i q_i = p_i r_i + \beta_i (I - \sum_{i=1}^{n} p_i r_i) \qquad (7-1)$$

模型（7-1）表明，在一定收入和价格水平之下，居民首先满足其对某种商品或劳务的基本需求。

结合景区居民消费经验数据，把扩展线性模型变形为：

$$p_i q_i = p_i r_i + \beta_i (I - \sum_{i=1}^{n} p_i r_i) \qquad (7-2)$$

模型（7-2）表明，在一定收入和价格水平之下，居民首先满足其对某种商品或劳务的基本需求 $p_i r_i$，在余下的收入 $I - \sum_{i=1}^{n} p_i r_i$ 中，按照 β_i 的比例在消费第 i 种商品和储蓄之间进行分配，消费者的边际储蓄倾向为 $1 - \sum_{i=1}^{n} \beta_i$，且有 $0 < \beta_i < 1$，$\sum_{i=1}^{n} \beta_i \leqslant 1$。

对公式（7-1）进行处理，写作：

$$p_i q_i = (p_i r_i - \beta_i \sum_{i=1}^{n} p_i r_i) + \beta_i I \qquad (7-3)$$

采用截面数据时，式（7-2）中的 $p_i r_i$ 和 $\sum_{i=1}^{n} p_i r_i$ 都是不变的常数，从而可以令

$$\alpha_i = p_i r_i - \beta_i \sum_{i=1}^{n} p_i r_i \qquad (7-4)$$

令 $C_i = p_i q_i$ 表示居民对第 i 种商品的实际消费额。则式（7-3）可以改写成计量经济模型：

$$C_i = \alpha_i + \beta_i I + u_i \qquad (7-5)$$

式（7-5）中，α_i 和 β_i 为待估参数；u_i 为随机扰动项。对式（7-4）采用最小二乘估计，得到参数估计值 $\hat{\alpha}_i$ 和 $\hat{\beta}_i$，然后根据定义：$\alpha_i = p_i r_i - \beta_i \sum\limits_{i=1}^{n} p_i r_i$，对该式两边求和，得到：

$$\sum_{i=1}^{n} \alpha_i = (1 - \sum_{i=1}^{n} \beta_i) \sum_{i=1}^{n} p_i r_i \qquad (7-6)$$

将式（7-5）代入式（7-4），就可得：

$$p_i r_i = \alpha_i + \beta_i \frac{\sum\limits_{i=1}^{n} \alpha_i}{(1 - \sum\limits_{i=1}^{n} \beta_i)} \qquad (7-7)$$

再由 $\hat{\alpha}_i$、$\hat{\beta}_i$ 和式（7-6），就可以估计出居民对第 i 种商品的基本需求 $\hat{p}_i \hat{r}_i$，得出：

收入弹性为：$\varepsilon_i = \dfrac{\partial C_i}{\partial I} * \dfrac{I}{C_i} = \beta_i * \dfrac{I}{C_i}$

自价格弹性为：$\varepsilon_{ii} = (1 - \beta_i) \dfrac{p_i r_i}{C_i} - 1$

二、调研样本及区域说明

2014 年 3 月 3 日至 2014 年 3 月 4 日，组织 30 名旅游管理专业本科学生在张家界市武陵源风景名胜区及周边的社区居民进行了消费结构、消费水平及消费态度的问卷调查。调查问卷涉及调查景区社区居民的社会人口学特征以及消费情况两方面共 43 道题目。本次调查共发放问卷 250 份，回收 230 份，回收率为 92%。经过逻辑审查、计算审查、经验判断和抽样检验，确认 189 份为有效问卷，有效性为 82%。使用 spss19.0 软件包对回收的问卷进行了汇总统计。

具体调研样本区域为张家界市、武陵源风景名胜区及周边乡镇（文中把这个区域视为一个完整立体型的圆形空间圈层）内 5 个社区（见图 7-1）：袁家界、天子山、森林公园、标志门及沙堤乡五个社区。袁家界和天子山社区位于景区核心景点附近，属于景区空间圈层中的核心，是旅游开发的重要区域，旅游开发程度较高，居住在这个区域的原著居民称为核心区域居民。森林公园门票站和武陵源标志门门票站社区位于景区与非景区的边界,是核心景点旅游开发的附属区域,是旅游者流量最大的集散地方,划为区域空间圈层中的内圈,属于次核心景点社区居民,称为内圈居民。沙堤乡社区距离核心景点较远,与景区接壤且位于景区之外,几乎没有旅游开发,受旅游带动的直接经济效应影响小,属于景区空间圈层中的外圈,称为外圈居民。各区域内的基本情况见表7-1。

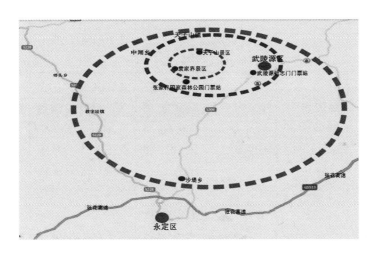

图7-1 武陵源名胜区及周边五大社区分布

表7-1 武陵源风景名胜区及周边五大社区分布和基本情况

调研社区的空间位置	调研地点(地理位置)	调研地点(行政区位)	调研对象(社区居民)	社区基本情况	调研问卷数量(份)
核心区(距离核心景点0公里)	袁家界(天子山上索道景区一带)	中湖乡	张家界森林公园核心景区内部原住民,未拆迁的张家界村原住民,原称为山上人,简称,核心区居民	境内杨家界景区为武陵源风景名胜区四大景区之一。位于天子山索道上站	50

调研社区的空间位置	调研地点（地理位置）	调研地点（行政区位）	调研对象（社区居民）	社区基本情况	调研问卷数量（份）
核心区（距离核心景点0公里）	天子山村	天子山镇	天子山山脚下原住人,天子山村民,简称核心区居民	辖泗南峪、黄河、向家台、袁家界4个村,是天子山索道下站周边地区	50
内圈（距离核心景点5公里）	武陵源风景名胜区标志门一带	军地坪街道办事处	原武陵源乡村民,简称内圈居民	应张家界市"山上保护世界自然遗产,山下建设未来文化遗产"发展规划建立,在军地坪镇	50
内圈（距离核心景点2公里）	张家界森林公园门票站附近	锣鼓塔管委会	张家界森林公园核心景区内部原住民,原称为山下人,简称内圈居民	东连索溪峪,北邻天子山,面积130平方公里,是中国第一个国家级森林公园	50
外圈（距离核心景点12公里）	贯坪、吴家边村附近	沙堤乡	沙堤乡村民（距离核心景区20公里左右简称外圈居民）	张家界市永定区沙堤乡位于市城区西北部,乡政府距市区6公里,距被列入世界自然遗产名录的张家界森林公园及武陵源风景区12公里,旅游公路从乡内经过,有"50里黄金旅游通道"的美誉	50

第三节 实证研究

一、样本结构特征

本次调查对象主要是张家界市、武陵源景区原住居民，通过反映居民的群体结构特征可以反映出景区旅游业对于他们的职业选择和家庭职业结构及收入的影响。首先来分析调查对象的职业结构。

1. 职业分布广，多为景区相关工作

从调查数据图7-2来看，景区居民职业占比从大到小依次为售货员、管理员、保洁员和门票站工作人员。通过访谈得知，还有超过2/3的居民是其他职业，如景区导游、饭店服务员、旅游车司机、车票售票员等。

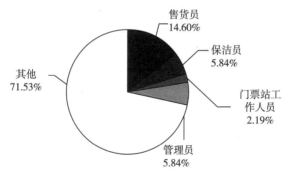

图7-2 样本职业结构

2. 文化程度偏低，集中在中学学历

居民文化程度以初中、高中为多（见图7-3），占了将近七成，而大专以上的比例最低，为12.15%。高学历的居民人数比例较低，且几乎为年轻人。大部分学有所成的年轻人去大城市发展了，留下大部分年龄较大或文化水平较低的居民服务于旅游景区。景区旅游业的发展为留下的年轻人提供了大量的就业机会。

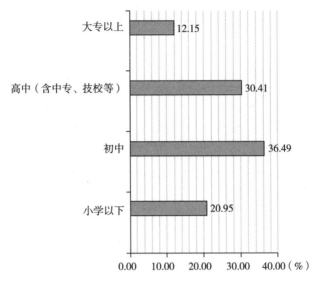

图 7 - 3　样本研究化程度结构

3. 收入来源对景区依赖大

居民家庭收入主要来源，首先是在景区做点小生意或是自己开个小店，其次是靠外出务工或打工、在旅游企业打工。与景区旅游业相关的收入来源为 64.00%，由此可明显感受到景区对于居民收入来源产生的巨大影响（见图 7 - 4）。

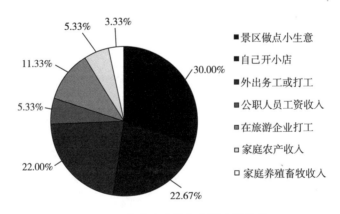

图 7 - 4　样本家庭收入主要来源结构

二、景区居民消费情况分析

以表7-2为基础,分析整个景区居民在物质生活消费(吃、穿、住、用、行的消费)、精神生活消费(娱乐、发展和提高自身的消费)和劳务消费(各种服务性消费,如理发、医疗)三个方面的平均消费支出状况,以此来反映旅游业带来的民生效应。

表7-2　　　旅游景区社区居民与全国城镇居民消费结构的比较

项目	景区		全国	
	消费额(元)	比例(%)	消费额(元)	比例(%)
食品	7860.81	12.8	6469.2	24.2
服装	2845.95	4.6	1563.39	5.8
子女教育	6064.38	9.9	2264.22	8.4
住房	1121.62	1.8	458.24	1.7
交通通信	1736.76	2.8	1455.57	5.4
娱乐	686.76	1.1	646.92	2.4
医疗保健	661.22	1.1	781.69	2.9
人情	6402.70	10.4	1482.52	5.5
储蓄	10822.99	35.9	6469.2	24.2
消费总支出	42820.61		26955	
居民收入	61319.72		29547	

资料来源:全国城镇居民消费数据来源于2013年中国统计局。

(一)物质生活消费状况

1. 食品消费比重低

恩格尔系数是指食品支出占生活消费支出的比重,恩格尔系数越低,表明生活水平和生活质量越高,反之则越低。根据统计汇总结果显示（见表 7 - 2），参与本次调研的社区居民恩格尔系数为 12.8% ，为中国城镇居民恩格尔系数（2013 年中国城镇居民恩格尔系数为 24.2%）的一半。从系数来看武陵源社区居民的生活水平和生活质量似乎很高，高于中国城镇居民平均水平。但经过实地访问结果来看，居民之所以恩格尔系数比较高，是因为景区大部分原著居民还过着半自给的生活，粮食、蔬菜等基本生活消费品靠自己生产，不需要购买，商品化消费程度比较低，因此，从消费支出数据来看似乎占总支出比例比较低。

2. 交通环保便利，消费较低

景区内有环线环保车，景区居民可以免费乘坐进山和出山，交通很便利，且费用很低，如图 7 - 5 所示。

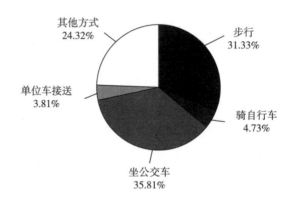

图 7 - 5　居民交通消费方式

3. 服装消费节俭，不刻意追求名牌

12.69% 的居民表示经常购买名牌，偶尔购买的占了 54.67% ，还有 32.66% 的居民从未购买过名牌。由此可见景区居民在穿着这方面的消费很保守，往往是通过真实的需求来购买服装，对于名牌服装的追求并不明显。他们通常比较看重服装的价格，而不是品牌和款式，追求物美价廉。

（二）精神生活消费状况

1. 互联网使用范围较窄，上网多为娱乐自身

景区社区居民经常或一直使用互联网的人数只有 31.47%（即 16.08% + 15.39%），近一半居民使用率低下（见图 7 - 6）。而且居民上网的目的主要是为了娱乐和消遣，比如浏览网页、聊天、看电影和网购。上网学习查找资料的仅占 15.71%（见图 7 - 7）。

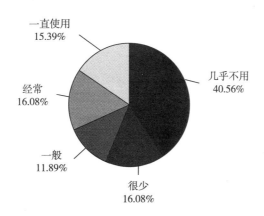

图 7 - 6 居民互联网使用情况

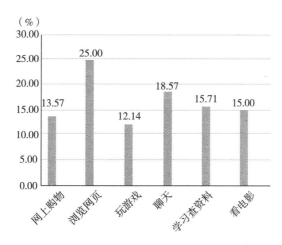

图 7 - 7 居民上网目的

2. 休闲娱乐处于低级层次，消费低

社区居民的休闲娱乐消费比例较低仅占1.1%。娱乐活动集中在看电视听广播（54.5%）、陪伴家人（29.4%）、打麻将打牌（24.1%）、上网（16.6%）、逛街游玩（13.4%），如图7-8所示。其余的娱乐活动所占比例少，如学习培训（3.7%）、酒吧KTV（3.7%）、健身（5.3%）、看报纸看书（5.9%）、睡觉打发时间（6.4%）、喝酒聊天（7.5%）。受调查的居民中，47.5%的居民表示从没有旅游，49.7%的居民表示旅游一次或偶尔出去，仅有3%的居民表示经常出门旅游（见图7-9）。可见大部分的社区居民娱乐消费层次低，比较高档消费的酒吧、健身、学习等娱乐则很少涉及。

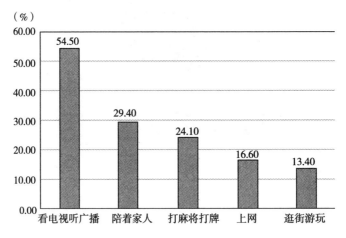

图7-8　居民休闲娱乐方式

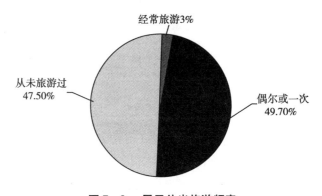

图7-9　居民外出旅游频率

3. 人情消费较大

从表 7 - 2 可知，景区社区居民的人情消费比为 10.4%，几乎是全国城镇居民的人情消费比 5.5% 的两倍。由于景区内居民是原居住在同一村寨的老乡，同乡情谊是几代人留下来的交情，人情往来被视为乡亲人的面子工程，每次谁家办喜事或是丧事，都是乡亲们的一次重要聚会，大家往往通过人情消费来比较各自的家庭发展的好坏，因此，在不甘落后的攀比心理下居民的人情消费次数和数量逐渐增大。

（三）劳务消费状况

景区原著居民大多为农村居民，如果有小病小痛都不会太当回事儿，要么选择自己去药店买点药吃，要么就是挺过去，选择去医院看病的人很少。如图 7 - 10 所示，66.30% 的居民选择自行购药，13.4% 选择不看病自己挺过去，只有 18.2% 的居民选择到医院就医，另有 2.1% 的居民选用一些土方法或一些民间偏方自行治疗。据调查，大部分居民选择的社会保障集中在农村合作医疗、农村养老保障和医疗保险。社区居民并不重视医疗保险和身体保健，参与农村医疗合作仅占 22.3%，参与农村养老保险占 26.8%，参与城市低保比例为 35.1%，参与农村综合性医疗保险的比率为 8.3%，享受单位医疗保障福利非常少仅占 1.9%，购买商业保险仅 2.6%。如图 7 - 11 所示。

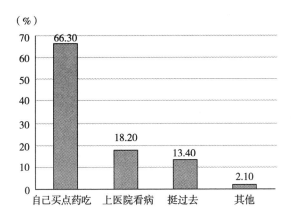

图 7 - 10　居民应对生病情况

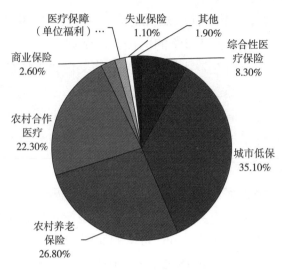

医疗保障
（单位福利）⋯   失业保险   其他
1.10%   1.90%

商业保险   综合性医
2.60%   疗保险
                                  8.30%

农村合作
医疗
22.30%   城市低保
                                  35.10%

农村养老
保险
26.80%

图 7 −11　居民参与社会保障

（四）居民储蓄及贷款状况

1. 储蓄比例高，主要为教育

居民的收入中有超过 1/3 用于储蓄，这与中国社区居民传统的思想观念有很大关系。储蓄是以备不时之需，更是为了生活得更有安全感更踏实。其中最重要的一个方面是为了子女教育，其次是为防病养老和房子。望子成龙，让子女接受更高更好的教育是每个父母的心愿。景区内中小学校资源匮乏，景区内没有中学，也没有小学，只有在景区外圈附近或者是在武陵源区城镇内才设有中小学，景区内中小学生要上学就要到景区外才能上学，家庭为此付出较高的交通费、陪读费。同时在为子女选择学校时，84.2%选择公办学校，选择民办学校的 6.2%，放在乡下学校的只占 4.8%，其他的占 4.8%（见图 7 −12）。景区居民在同样的消费支出水平下还是趋向教育资源丰富的地区就读，所以其子女上学的消费比例占消费量的比例较大，为 9.9%，比全国城镇居民消费比8.4%高出 1.5 个百分点（见表 7 −2）。父母需要为子女的教育做好准备，因此进行大量的储蓄。

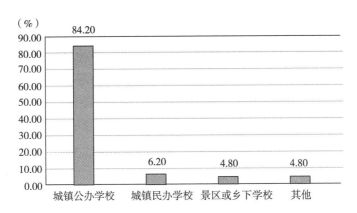

图7-12　居民子女就学选择

　　同时，在与居民交谈中也了解到，有部分居民表示不指望子女以后为赡养自己而花费太多，所以要趁自己还能工作的时候多挣钱来防病养老。这也是居民储蓄率高的原因。

　　2. 贷款人数少，用途广

　　虽然贷款有助于满足居民的消费需求，但是调查数据显示，仅有14.67%的居民有贷款。这不仅因为贷款本身的高风险性和长期性，也由于居民担心自己的收入难以承担长期的还贷压力。居民贷款用处较为广泛，主要是买房（建房）或是创业，其次是为了教育和消费高档用品（如车、大型家具家电等），在大型消费上还是有少数居民选择贷款。

　　（五）居民消费预期情况分析

　　由表7-3可得，只有12.8%的居民反对"吃饭能凑合就凑合，不饿肚子就行"，社区居民对食物的消费期望不高，普遍认为食物不重要。18.6%的居民反对"衣着应讲花色、款式、质量，显示个性，适应时代"；37.4%的居民同意此观点，社区居民对服装的消费要求在增加。有16%的居民反对"不应只讲吃穿，宁可生活紧点，也要适当娱乐和学习"，娱乐学习变得越来越重要。11.2%的居民反对"生活越简朴越好，能省就省，多存少花"，说明储蓄性消费被大多数居民所认可。只有4.8%的居民反对"一个人赚钱，不只是为了自己享受，而应为子孙着想"，居民的消费普遍具有防预性，总是为未来子孙考虑。有94.2%

的居民同意"读书很重要,再苦也要让孩子上",社区居民高度重视子女教育,愿意加大子女教育消费。有84%的居民同意"花钱进行消费应当与自己身份相当",只有10.2%的居民反对"经常在一起的好朋友经济条件都和我差不多",这反映了居民的收入水平比较平均。60.4%的居民反对"应该像城市人有高档服装或化妆品",社区居民的消费观念偏向于低消费。有47.6%的居民反对"花钱应该像城里人一样追求生活质量",说明社区居民对生活质量的追求不高。

表7-3　　　　　　　　　　景区居民消费预期分析　　　　　　　单位:%

项目	强烈反对	反对	中立	同意	非常同意
A 吃饭能凑合就凑合,不饿肚子就行	2.10	10.70	22.50	41.20	23.00
B 衣着应讲花色、款式、质量,显示个性,适应时代	2.00	16.60	44.90	31.00	6.40
C 不应只讲吃穿,宁可生活紧点,也要适当娱乐	2.10	13.90	29.90	40.10	13.90
D 生活越简朴越好,能省就省,多存少花	0.50	10.70	25.10	36.40	27.30
E 一个人赚钱,不只是为了自己享受	1.60	3.20	17.10	42.20	35.80
F 读书很重要,再苦也要让孩子上	0.50	0.50	4.30	36.40	57.80
G. 花钱进行消费应当与自己身份相当	1.10	4.30	10.70	58.30	25.70
H. 经常在一起的好朋友经济条件都和我差不多	0	10.20	33.20	43.30	13.40
I. 应该像城市人有高档服装或化妆品	11.20	49.20	32.10	5.30	2.10
J. 花钱应该像城里人一样追求生活质量	8.00	39.60	32.60	11.80	8.00

总体来说,景区社区居民虽然有较强的消费能力,但对生活的消费

预期不高，消费潜力未释放出来，消费得十分保守。社区居民主要是把收入放在了储蓄、子女教育和人情来往这几个方面。

三、不同开发程度景区居民消费支出差异化特征

（一）不同开发程度景区居民基本消费差异

不同旅游开发程度景区居民的基本需求支出水平存在较大差异，旅游开发程度大，开发时间比较早，旅游业发展程度高的社区居民维持基本需求支出大，位于核心景点的袁家界和天子山社区居民基本需求支出分别是景区空间圈层中的内圈张家界森林公园门票站、武陵源、标志门门票站和外圈沙堤社区居民基本需求支出的 2 倍、2.5 倍。在基本需求结构上，外圈居民在食品、衣着等生存型消费上的支出比重较低。就衣、食消费而言，外圈居民的消费比重比内圈居民和核心区居民低 5~7 个百分点（见图 7-13）。子女教育方面，内圈居民及核心区居民消费比外圈居民消费高，几乎超过外区居民消费的 1 倍以上。而外圈居民在交通通讯、医疗等享受型和精神型支出比重较大，如交通和通讯消费比重比内圈居民高出近 5 个百分点。

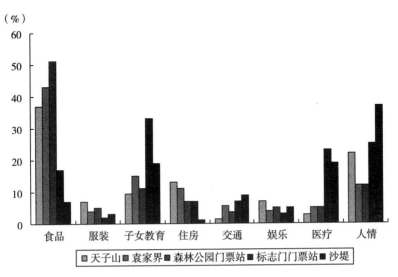

图 7-13　不同开发程度旅游景区居民基本消费支出结构

（二）不同开发程度景区居民边际消费倾向差异

旅游开发程度低，收入水平低的沙堤社区居民在食品等基本生活品上的边际消费倾向较大（见表7-4），这表明因旅游发展对这个社区影响程度较小，居民收入水平低于景区圈层内社区水平，这些群体在改善其基本生活条件的潜力较大。位于景区圈层内的张家界森林公园门票站、武陵源标志门门票站及位于核心景点区的天子山和袁家界居民来说，因旅游开发带给其收入水平的大幅增长，其消费能力随其可支配收入也大幅增长，但他们在交通、文化娱乐、文娱耐用消费品、住房、在外用餐等发展享受型商品上的消费意愿并未出现理想的高涨（见图7-13），反而在住宿、子女教育以及医疗保健等方面消费倾向低于沙堤社区居民。这显然与凯恩斯的边际消费理论不一致。随着旅游开发的深入，居民因旅游而富裕，景区圈层内社区居民追加消费占其剩余可支配收入的比重呈下降趋势（见图7-14），其中，景区外圈沙堤居民的追加消费比重高达60.7%，比核心景点居民天子山和袁家界居民的追加消费比重高出40个百分点，一方面表明了景区圈层外圈沙堤社区居民的消费意愿高于景区内圈和核心区居民，另一方面也表明景区内圈和核心区居民虽然收入高，但消费意愿不强烈，可供其延期消费的储蓄份额比较大。

表7-4　　　　　　　　不同开发程度景区居民边际消费倾向差异

	项目	天子山	袁家界	森林公园门票站	标志门门票站	沙堤
食品	基本消费比	10216.7	11337.8	10630.45	1358.3	500.206
	消费倾向	0.37	0.43	0.51	0.17	0.07
服装	基本消费比	1988	1062.27	1063.029	175	186
	消费倾向	0.07	0.04	0.05	0.02	0.03
子女	基本消费比	2615	4017.47	2283.57	2641.4	1285.62
	消费倾向	0.095	0.15	0.11	0.33	0.19
住房	基本消费比	3561.5	2780.34	1355.76	596.41	100
	消费倾向	0.13	0.11	0.07	0.07	0.01

	项目	天子山	袁家界	森林公园门票站	标志门门票站	沙堤
交通	基本消费比	362.58	1457.61	766.68	593.98	624.57
	消费倾向	0.013	0.056	0.037	0.07	0.09
娱乐	基本消费比	1959.95	972.98	1040.437	226.64	325.78
	消费倾向	0.07	0.04	0.05	0.02	0.05
医疗	基本消费比	768.52	1172.125	1038.61	184.72	1269
	消费倾向	0.027	0.05	0.05	0.023	0.19
人情	基本消费比	6046.44	3170.63	2593	2025	2509
	消费倾向	0.22	0.12	0.12	0.25	0.37
	合计	27518.6	25971.23	20771.54	7801.45	6710.18

注：天子山、袁家界为核心区；森林公园门票站与标志门门票站为内圈；沙堤为外圈。

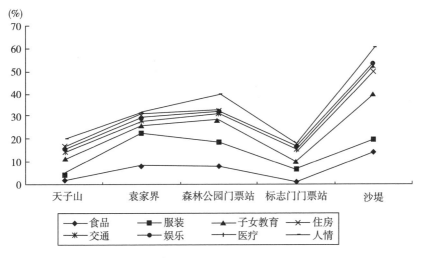

图7-14 八项消费支出中随收入增加边际消费倾向升高的消费额

（三）不同开发程度景区居民消费支出对收入和价格的敏感性差异分析

1. 需求收入弹性差异分析

景区外圈的沙堤社区居民和内圈居民基本生活品消费的收入弹性普遍较大（见表7-5），收入对其生活品质的提升影响显著：收入水平提高1%，食品消费分别提高0.99元、2.11元、0.76元；服装消费分别提高 1.34 元、1.33 元、0.94 元。沙堤居民在发展型消费上,如娱乐、医疗、子女教育的消费受收入弹性比较大,当收入增长 1% 时,其支出分别增加 1.69 元、1.16 元。核心区天子山在子女教育、交通上面受收入影响大,收入增长 1% 时,支出分别增长 0.92 元和 1.14 元,但住房项目受收入影响不大。

内圈中两个社区居民在基本生活品和发展消费型方面的消费受收入影响程度有显著差异。张家界森林公园基本生活品收入弹性大,食品和服装的需求收入弹性分别为 2.11 元、1.33 元,而武陵源标志门门票站为 0.76 元、0.94 元。在发展型和享受型消费方面张家界森林公园居民受收入影响小,标志门门票站居民受收入影响大。

2. 自价格弹性差异分析

从表 7-5 可以看出,景区圈层内各区的交通通讯与子女教育自价格弹性大于其他消费项目,而外圈沙堤社区居民医疗保健自价格弹性最大,大于内圈和核心区居民自价格弹性。

表 7-5　　　　　武陵源风景名胜区及周边五大社区居民收入
弹性及价格弹性差异　　　　　　　　　　单元:元

消费支出项目	收入弹性					价格弹性				
	天子山	袁家界	森林公园门票站	武陵源标志门门票站	沙堤	天子山	袁家界	森林公园门票站	武陵源标志门门票站	沙堤
食品	0.13	0.77	2.11	0.76	0.99	-0.10	-0.87	-1.92	-0.38	-0.63
服装	0.51	1.63	1.33	0.94	1.34	-0.35	-1.71	-1.67	-0.43	-0.46
子女	0.92	0.28	0.62	0.34	1.16	-0.63	-0.34	-0.84	-0.25	-0.83
住房	0.02	0.65	0.06	1.72	0.69	-0.03	-0.72	-0.09	-0.09	-0.77
交通	1.14	0.52	0.54	1.32	0.62	-0.76	-0.60	-0.71	-0.56	-0.45
娱乐	0.44	0.22	-0.25	1.04	0.61	-0.29	-0.26	-0.30	-0.43	-0.08
医疗	0.61	0.62	-0.14	0.33	1.69	-0.42	-0.08	-0.17	-0.23	-1.24
人情	0.36	0.03	0.54	0.06	0.66	-1.26	-0.91	-1.16	-0.05	-0.46

注:天子山、袁家界为核心区;森林公园门票站与标志门门票站为内圈;沙堤为外圈。

外圈居民的医疗保健、交通通信、子女教育，这几类商品对价格变化的反映极其敏感。核心区中天子山和袁家界社区居民交通通信、子女教育，这几类商品对价格变化反映比较敏感。次核心景区的居民对各类消费的价格弹性反映不一。森林公园社区居民食品的价格弹性最大，其次是服装、子女教育等，标志门社区居民的交通通信、子女教育，这几类商品对价格变化的反映极其敏感。

第四节　研究结论

第一，旅游发展提高了景区社区居民的消费能力，但对提升生活质量不显著

景区居民在物质生活消费、劳务消费两个方面的平均消费支出都比较低，仅在子女教育消费、人情消费等方面消费占比高。在衣食住行方面，对消费品的品质要求不高，能凑合够用即可。景区居民自身的精神文化消费占比低，医疗保健意识差，消费占比低。居民消费水平受可支配收入约束不强，虽然景区居民受旅游开发影响，收入水平高，但是受景区环境影响，劳务型消费和精神文化品消费严重不足，居民消费潜力不能释放，消费倾向小，消费结构十分不合理，假设 1 不成立（旅游发展对景区居民生活质量的影响具有显著性，且具有空间距离的衰减性），景区内居民的生活质量并不高。

第二，旅游开发程度对景区居民消费水平、消费方式影响差异显著

在消费水平上，景区旅游开发程度对社区居民消费水平影响显著，且在空间上呈现递减的趋势。天子山和袁家界是武陵源景区的核心景区，标志门和森林公园门口是武陵源景区与其他地区的边界，沙堤乡社区是武陵源景区外围最紧密的一个乡镇社区。根据上文五大社区居民消费水平比较，发现其居民消费水平分布情况：天子山＞袁家界＞标志门＞森林公园＞沙堤，即由景区核心区向外逐渐递减，由景区内圈向外圈，从高到低逐渐递减。

消费方式上，旅游发展扩大了景区社区居民商品化消费，但生活质

量未有显著提高。天子山和袁家界虽然是核心景区，但在旅游开发前，交通不便，居民多以自给自足的家庭农耕经济为主，部分农业经营和外出务工是整个家庭现金收入的主要部分，但总量非常少。随着旅游开发，人们的生产方式发生转变，山上大部分社区居民都从事旅游业有关的工作，旅游从业收入占据家庭总收入比重较高，家庭所需的粮食和蔬菜等逐渐商品化，所以，社区住在山上的原住民，食物等基本消费比高于沙堤社区居民。另外，由于景区内闭塞，世代生活在该区里，邻里之间的人情往来比较频繁，且有攀比心态，人情方面的消费袁家界社区居民的消费最大，森林公园社区的消费最小，其他社区也呈现一定的差异。

第三，旅游开发程度对景区居民消费结构影响差异显著

消费结构方面，各社区居民消费结构表现各异，且并不随旅游开发程度呈现生活质量效应递减（支持假设1）。天子山社区和沙堤社区居民最关注子女教育消费且随着收入的增加呈现增长趋势。袁家界社区居民最关注服装消费且需求弹性大于1，可见服装消费比重将越来越大。而其他社区对服装消费关注度极低。森林公园社区和标志门社区最关注食品消费，特别是森林公园社区食品需求消费弹性达2.11，而其他社区的食品需求消费弹性小于1。

第四，景区居民边际消费倾向和价格敏感度差异化明显，但未受可支配收入约束，也未受旅游发展的影响

天子山社区和沙堤社区居民最关注子女教育消费且随着收入的增加呈现增长趋势。袁家界社区居民最关注服装消费且需求弹性大于1，森林公园社区和标志门社区最关注食品消费，特别是森林公园社区食品需求消费弹性达2.11，而其他社区的食品需求消费弹性小于1。收入高的对边际消费倾向并未出现低的趋势，且对价格不敏感。

笔者认为，景区内不同收入群体居民的边际消费倾向和对收入与价格的敏感度并未随消费理论的变化而变化，即旅游增收不是影响景区居民消费的唯一因素，景区内环境、制度、消费习惯等社会因素不容忽视，可能影响程度更大。由于景区有重要的旅游功能，景区的开发和利用在一开始就严格规定了景区内土地使用和各区的功能区划，

居民生存和发展的消费空间在一定程度被旅游开发挤压，优化居民消费结构和消费质量的各项措施受旅游景区自身使命和旅游发展的负外部性制约显著，因此，即使旅游发展带给本地居民收入增加，但在改善居民生存和生活环境方面，居民自身需求严重不足，政府给予的关怀也非常微弱。

第八章　旅游地居民主观幸福感

第一节　主观幸福感的相关研究

主观幸福感是个体对其目前生活品质的一种评价，是一种生活满意程度，是个体测量生活状态的一种整体性综合评价指标。随着物质生活水平提高，居民的主观幸福感日益受到社会关注。党的十六大报告指出要注重社会主义和谐社会的创造，提高人们的幸福生活水平；党的十八大报告强调了增强城乡居民的幸福指标的重要性。随着《国家新型城镇化规划（2014－2020年）》的正式出台，国家更加注重以人为本、环境友好、集约高效、城乡一体、产城互动、和谐发展的新型城镇化（陆大道、陈明星，2015）。旅游业为当地带来持续的经济社会效应，改善了居民的就业状况，增加了居民的经济收入，对于提高居民的主观幸福感有着重要作用。目前国内的旅游地大多为"景点旅游"发展模式，如湖南张家界国家森林公园。这种发展模式给当地带来了旅游城镇化效应，一方面旅游城镇化以旅游业为驱动力，能够推动旅游地人口和产业集聚，进一步促进当地发展。另一方面，这种旅游发展模式的非社区性造成了"旅游飞地"现象、"旅游孤岛"现象。旅游者与当地居民的联系弱，不利于当地旅游业的可持续发展。目前，国家正在深化旅游改革，推动旅游发展从"景点旅游"模式向全域旅游转变。2018年3月，国家颁布了《关于促进全域旅游发展的指导意见》，着重强调了旅游质量的提升和旅游发展对人们生活品质提升的意义[①]。要实现旅游业的可持

[①] 中华人民共和国中央人民政府．国务院办公厅关于促进全域旅游发展的指导［EB/OL］．http：//www.gov.cn/zhengce/content/2018－03/22/content_5276447. htm，2018－3－22.

续发展，必须关注旅游业发展对于当地居民的影响，致力于提高旅游地居民的主观幸福感。

张家界因旅游建市，拥有神奇的石英砂岩峰林地质地貌景观和独特的少数民族文化资源，是世界旅游胜地。张家界作为国家重点旅游城市，是国内成熟旅游地之一，旅游服务业是其支柱性产业，其旅游日接待能力可达3.62万人次。2016年，全市地区生产总值（GDP）497.6亿元，第三产业对经济增长的贡献率达到79.1%[①]。由此可见，旅游业的发展影响着张家界市居民的主观幸福感水平。

目前国内外的旅游研究中大多以游客为研究对象，对旅游地居民的幸福感关注较少。本研究从居民微观视角出发，根据旅游发展的影响层面和主观幸福感的影响因素建立旅游地居民主观幸福感测评指标体系，对旅游地居民的主观幸福感进行测评。利用熵值法确定主观幸福感各个指标的权重，计算出幸福感综合指数来评价居民的主观幸福感状态，进一步描述性统计分析各项具体指标的影响，对不同人口学特征居民的主观幸福感进行差异化分析，得出相关结论。以期对提升旅游地居民幸福感提出建议，改善当地居民生活条件，实现为当地政府制定旅游开发政策做参考的目的。

一、主观幸福感的概念界定

国外学者 Diener 在 1984 年提出主观幸福感（subjective well-being，SWB）主要包含情感平衡成分和认知成分两方面。并且认为 SWB 具有以下特点[②]：（1）主观性，它依据评价者本人的标准而不是他人的标准；（2）整体性，是一种综合评价，包括积极状态、消极状态和生活满意表现情况；（3）相对稳定性，虽然每次测量都可能会受到当时情绪和情境的影响，但从长期看，SWB 有一个相对稳定的量值。

Ryff 教授（2000）认为主观幸福感由自我介绍、同他人的友好关系、生活环境状况、独立自主程度、生活目标的设定等方面组成，并从理论和实践上构建了主观幸福感（SWB）评价模型。

---

① 张家界市统计局. 张家界市 2016 年国民经济和社会发展统计公报［R］. 2017（3）.
② Diener E. Subjective Well-Being［J］. Psychology Bulletin, 1984, 95（3）：542 –575.

国内研究者较为认可 Diener 的主观幸福感概念，并在其基础上进行研究。陈有真等（2009）认为主观幸福感包含了人们的情绪反应，是对一般生活满意度的整体判断。薛新东、宫舒文（2015）认为主观幸福感包含生活满意度、积极情绪体验与消极情绪体验，能够综合判断个人生活状态，是测量人们生活状态的重要整体性指标。

综上，主观幸福感比较注重个人感受，包含了情感的多个层面，是个体依据自己设定的标准对其生活质量所做的整体评价，是个体测度生活状态的综合指标。

二、主观幸福感影响因素及测量

国外学者对主观幸福感的测量研究最早源于 Bradburn（1963），他从心理学角度用情感平衡量表（affect balance scale，ABS）测量主观幸福感。根据总得分去推测被试者的近期情感状态，进一步推测其主观幸福感水平。

Andrew 和 Wihey（1976）编制单维测量工具 D－T 量表（delighted-terrible scale）测量整体幸福感。该量表只有一道题，"总体来说，我是感觉幸福的"，要求被测试者根据自己的赞同程度做出具体判断[1]，对其幸福感程度做出评价。

Diener（1984）等从个人整体感知角度制定了生活满意度量表（the satisfaction with life scale，SWLS）来测量主观幸福感。该量表由 10 个题项组成，一半测积极状态，另一半测消极状态。每个项目分为七级，1 表示完全不符合，7 表示完全符合，总分越高，幸福感越强[2]。SWLS 信度高，目前应用广泛，是研究幸福感的主要测量方法。

此外，近些年来国外学者大多探讨大气污染、居民出行行为、公共服务设施分配等热门问题与居民主观幸福感关系。

国内学者大多沿用国外学者的研究方法，依据影响主观幸福感程度的因素制定主观幸福感测量量表进行研究，从而构建主观幸福感理论体系。

---

[1]　徐杏玉. 主观幸福感综述 [J]. 文化视野，2017（3）：363－364.

[2]　Diener E. Subjective Well-Being [J]. Psychology Bulletin，1984，95（3）：542－575.

邢占军（2003）编制了包含 54 个题项的城市居民主观幸福感测量调查表。此量表按 6 等级记分，分值愈高，幸福感愈强。从个人心理状态平衡、人际环境适应能力、知识满足充裕程度、心理健康表现好坏、社会包容、自我接受程度、身体健康水平、家庭和睦程度、个人成长进步、目标实现价值等方面测量城市居民的主观幸福感水平。

陈有真等（2009）将影响主观幸福感的因素划为 5 个类别进行比较研究。第 1 种因素是人格特征，如自尊心、自我控制力、乐观状态、外向程度和精神健康水平；第 2 种因素是社会人口特征，如婚姻状况、教育水平、年龄大小和性别；第 3 种因素是经济基础，如个人收入高低、失业和通货膨胀；第 4 种因素是情形状况，例如与配偶的关系、个人就业情况和工作环境、社会人际关系、生活条件好坏和健康状况；第 5 种因素是社会制度，如个人政治权力大小和居民直接参与政治决策的权利等。他认为人们主观幸福感高低取决于对物质经济基础，在考察人们的主观幸福感时一定要考虑个人收入水平、就业状况和通货膨胀因素。

朱鹤、吴丹、陈露瑶等（2013）把影响居民主观幸福感的因素分为收入因素和非收入因素。一是收入影响因素，如绝对收入、相对收入和收入差距、家庭收入、收入增长等；二是非收入影响因素，如通货膨胀水平、失业水平等社会宏观经济指标，受教育程度、健康、财务生活质量、身份地位等个体特征指标。

党云晓等（2014）选取个人属性、家庭属性、住房情况、工作情况、生活稳定性、主观感受六大方面来评价北京市居民主观幸福感，证明个体及家庭等属性、制度政策因素及生活稳定性影响着北京市居民主观幸福感。

薛新东等（2015）整合挑选了评价居民生活的幸福感指标，构建了评价居民主观幸福感水平的指标体系。他采用多元线性回归方程研究，将居民的主观幸福感作为一级评价指数，选择了居民健康状况、生活环境质量、个人就业情况、社交状况和收入水平高低等二级评价指数，每个二级指数又包括若干三级指数。每个指数包括"非常不幸福、不太幸福、一般、比较幸福、非常幸福"五个等级，分别赋值 1～5 分。

冯莎（2016）对二分类主观幸福感进行模型比较和分类预测，得出了基尼系数、家庭和个人收入宏观社会经济变量，年龄大小、受教育水平、性别、健康状况、婚姻状况和住房等个人微观变量都是影响居民幸福关键因素的结论。

通过上述研究发现,主观幸福感的关键影响因素大致可分为收入、就业、工作、住房、文化、政治权力、生活环境等客观外部因素,以及年龄大小、婚姻状况、性别、受教育程度等人口学特征。目前学术界主要通过建立主观幸福感的测量指标体系和方程结构模型揭示人们主观幸福感水平。

三、旅游开发对居民幸福感的影响研究

目前国内外学者关于旅游开发对居民的影响研究较少。国外学者帕特里克(Patrick,2015)最先利用后现代消费理论构建了旅游城镇化的概念,并实证分析了旅游发展对海滨旅游地居民的影响。国内学者焦华富等(2005)以九华山为例,评价了旅游发展的经济、社会文化和环境影响,发现居民对旅游发展的经济正向感知和环境负面感知都很强烈。黎志逸(2009)从幸福感的内涵出发,从物质、人际、精神层面构建了旅游地居民的幸福感评价指数系统。李欣华等(2010)认为旅游城镇化在优化区域产业结构,促进区域经济增长的同时,也不可避免地对当地民族村寨文化的保护和传承造成负面影响。高倩(2011)构建了居民主观幸福感评价体系,实证分析了旅游地居民的主观幸福感。高园(2012)采用层次分析法,分别从经济、社会、生态、文化和政治5个方面对海南国际旅游岛居民主观幸福感进行论证分析。任春华、郭涛(2014)采用了Diener等人(1985)编制的《主观幸福感量表》对黄山市528名城镇居民的主观幸福感进行调查研究。刘敏等(2014)认为旅游城镇化加快了城乡发展和扩大城市规模;造成社会阶层分化与隔离;造成景观破坏和环境变化。刘海青(2016)基于居民旅游参与程度、居民社区归属感和居民旅游影响感知三个方面构建了旅游地居民主观幸福感评价指标体系,运用熵值法提出幸福感测量模型,客观反映旅游地居民的个人幸福感水平和平均幸福感水平。

文献回顾主要从主观幸福感相关研究和城镇化与旅游开发对居民的影响研究两方面进行的。首先是主观幸福感研究,包括主观幸福感内涵、其影响因子和测评方法。其次是城镇化与旅游开发对居民的影响研

究，包括旅游城镇化和主观幸福感在旅游中的应用研究。回顾发现，目前居民主观幸福感的理论研究已经形成较为完备的体系，而国内外学者较少关注到旅游地社区居民的主观幸福感。综合主观幸福感的影响因素和旅游开发对居民的影响，可将主观幸福感理论应用于旅游研究领域。本研究试图将从当地居民的主观幸福感的微观角度来测评旅游城镇化带给旅游地居民的影响，拟将旅游城镇化影响方面和居民主观幸福感的影响因素结合起来建立测量模型，测量评价居民的主观幸福感的主观幸福感水平，并对当地的旅游发展提出建议。

第二节　旅游地居民主观幸福感测评指标体系的构建

根据已有研究成果可以将旅游影响划分为经济、社会文化和环境三个维度进行量表分析。在查阅相关文献的基础上，选择关键合理的评价指标来建立旅游地居民主观幸福感测量指标体系。具体指标体系设计见表 8 - 1 所示。

表 8 - 1　　　　　　　　　旅游居民主观幸福感评价指标

一级指标	二级指标
A 经济指标	A_1个人收入水平 A_2就业机会 A_3工作稳定性 A_4生活成本高低
B 社会文化指标	B_1基础设施完善状况 B_2社区治理参与 B_3社会保障情况 B_4文化保护情况 B_5休闲娱乐活动

一级指标	二级指标
C 自然环境指标	C_1 社区卫生情况
	C_2 垃圾处理情况
	C_3 居住环境
	C_4 自然资源保护

注：一级指标 A、B、C 及其各自包含的二级指标项参考高园等（2012）提出旅游地居民主观幸福感客观影响因素评价指数体系。

一、经济指标构建

旅游业在国内外旅游需求的刺激下，通过整合旅游资源，吸引相关企业聚集，延伸产业链，满足就业需求，带来经济效应。旅游对社区的经济方面影响主要表现在就业机会增多、收入和生活水平提升、贫富差距加大、生活成本增加等方面。黎洁、连传鹏、黄芳（2010）计算了江苏省居民收入乘数（Mahi），分析了旅游业对居民收入增加的贡献。郭为、厉新建、许珂（2014）利用差值法，结合政府发布的权威数据，合理推算了我国旅游非正规部门的就业以及从旅游正规部门和非正规部门的角度看待的就业结构拉动效应。另外，旅游发展也可能只是给社区带来了小部分的、间歇性的收益，大部分的旅游收益被旅游开发商、地方政府部门等少数群体占有，社区大部分居民没有从旅游中获得直接经济效益。社区与外部区域之间、社区内部之间的旅游收益分配都存在区别和不公平现象，如旅游收益漏损和地方精英控制（左冰、保继刚，2018）。根据以上学者的研究结论将旅游地居民主观幸福感的二级测评指标确定为 A_1 个人收入水平、A_2 就业机会、A_3 工作稳定性和 A_4 生活成本高低。

二、社会文化指标构建

大量研究发现旅游增进社区居民对其传统文化的尊敬、增强社区归属感和自豪感、提高弱势群体权利。第一，旅游发展带来了就业机会，居民拥有了更多的挣钱机会，收入增加提高了传统社会底层群体的社会地位和话语权。旅游发展带来的外来文化对女性特别是年轻女性思想意识影响尤为深刻，部分女性通过参与旅游，逐渐融入当地的政治生活、社区与乡村管理，女性政治参与度明显增强（殷群，2015）。第二，旅游经济收入可以用来社区建设，旅游倒逼社区基础设施的改善和城乡公共产品供给的均等化，在一定程度上改善社区生计（王琴梅等，2017）。第三，建立的旅游服务机构在相当程度上代表了所有社区群体的需要与利益，提供给他们参与社区事务决策的机会。另外，社区旅游影响民俗文化再利用及保护，社区居民在外来文化价值观念的影响下，失去了传统价值观念的崇敬。社区居民也可能只是被动的受益者，大多数居民基本上没有机会表达他们建设社区的真实看法（陈水源，1988）。

根据以上学者的研究结论将旅游地居民主观幸福感的二级测评指标确定为 B1 基础设施完善状况、B2 社区治理参与、B3 社会保障情况和 B4 文化保护情况。

三、自然环境指标构建

社区旅游会影响卫生环境改善以及生态环境破坏。一方面，发展乡村生态旅游的过程，就是发展低碳型产业的产业结构优化和升级过程，有利于乡村地区经济发展、人民增收与环境保护之间的双赢和协调。旅游有利于改善居民生活水平，减少自然资源的利用，从而保护自然生态环境（王琴梅等，2017）。另一方面，社区居民往往承担旅游发展的环境成本，旅游业发展会带来很多环境问题，如建立国家公园或自然保护区让社区居民的强制性搬迁、自然资源的约束性使用、野生动物破坏居民种植的作物和饲养的牲畜等。根据以上学者的研究结论将旅游地居民主观幸福感的二级测评指标确定为包括 C1 社区卫生情况、C2 垃圾处理情况、C3 居住环境、C4 自然资源保护。

第三节　旅游地居民主观幸福感测评及分析

一、基于熵值法的旅游地居民主观幸福感测评

指标体系构建后，需要确定各个指标的权重。熵值法能够较好地解

决指标信息量大、量化难的问题。本研究参考刘海青（2016）的研究方法用熵值法处理旅游地居民主观幸福感评价问题。

（一）测评方法介绍

1. 熵值法基本原理

德国物理学家 R. Clausis 在 1850 年提出了熵的概念：熵表示各种可能性的大小，可以用来测量信息不确定性。信息量越大，不确定性就越小，熵也就越小；信息量越小，不确定性越大，熵也就越大。熵值法是利用评价指标的固有信息来判断指标的效用价值，现在已经广泛应用在社会科学、技术工程等相关领域。

2. 熵值法计算步骤

第一步，建立初始数据矩阵。设有 a 个待评方案，b 个评价指标，构建居民主观幸福感评价指标体系的初始数据矩阵：

$$\begin{bmatrix} X_1 & \cdots & X_{1b} \\ \vdots & \ddots & \vdots \\ X_{a1} & \cdots & X_{ab} \end{bmatrix} \qquad (8-1)$$

第二步，计算第 i 个方案下第 j 个指标的比重：

$$P_{ij} = \frac{X_{ij}}{\sum\limits_{i=1} X_{ij}} \quad (i=1,2,3,\cdots,a;j=1,2,3,\cdots,b) \qquad (8-2)$$

可以建立数据的比较矩阵 $P = \{p_{ij}\}\ a \times b$。

第三步，计算指标熵值。

$$e_j = \ln a \sum\limits_{i=0} p_{ij} \ln ij \quad (i=1,2,3,\cdots,a;j=1,2,3,\cdots,b) \quad (8-3)$$

$d_j = 1 - e_j$，d_j 表现第 j 属性下各方案贡献度的一致性趋势。

第四步，求指标权重。

$$w_j = \frac{d_j}{\sum\limits_{i=1} d_j} \quad (i=1,2,3,\cdots,a;j=1,2,3,\cdots,b) \qquad (8-4)$$

第五步，计算综合评价指数。

$$z = \frac{\sum\limits_{i=1} p_{ij} w_{ij}}{a} \quad (i=1,2,3,\cdots,a;j=1,2,3,\cdots,b) \qquad (8-5)$$

式（8-5）中 Z 为幸福感综合评价值，b 代表指标个数，w_j 为第 j

个指标的权重，可以通过计算旅游地居民主观幸福感综合指数，反映居民的整体幸福感水平。

（二）问卷设计及数据收集

1. 问卷设计

本研究采取整体主观评价的方法测量居民的主观幸福感。问卷共分为三个方面：第一方面为 Diener 的生活总体满意度量表（SWB）；第二方面为居民主观幸福感评价表，分别对 3 个二级指标和 13 个三级指标进行评价；第三方面为居民个人基本情况，如性别、婚姻、收入状况和年龄。其中生活总体满意度量表反映了居民对生活总体幸福感程度，主观幸福感评价表反映个体对旅游对居民生活各个层面的影响。问卷采用李克特量表形式，每个问题的选项都分为 5 级，即非常同意、同意、不确定、不同意、非常不同意，分别赋值 5 分、4 分、3 分、2 分、1 分。

2. 问卷调查

本研究采用"旅游居民主观幸福感调查"问卷来描述张家界居民的主观幸福感情况。采用抽样调查，目标样本规模为 200 户。永定区为张家界市旅游开发最为成熟以及旅游社区建设最为完备的地区，选择永定区为重点调查地点。样本回收为 190 份，有效率为 95%。男性占 54%，年龄在 40 以下的占 46%，大学或者大专毕业以上的占 37%，处于婚姻状态的占 33%，个人月收入低于 3000 元的占 59%。

（三）评价指标权重的确定及分析

1. 评价指标权重的确定

（1）建立指标体系数据矩阵。评价指标体系由 190 个样本，13 个评价指标组成，各指标采用 5 级计分方式，分别赋予 5 分、4 分、3 分、2 分、1 分。5 分为非常幸福，4 分为幸福，3 分为一般，2 分为不幸福，1 分为非常不幸福。把样本量数据代入公式（8－1）形成的初始评价系统矩阵如下：

$$X = \begin{bmatrix} 4 & 5 & 3 & \cdots & 4 \\ \vdots & & \ddots & & \vdots \\ 5 & 4 & 3 & \cdots & 3 \end{bmatrix}$$

（2）计算第 i 个方案下第 j 个指标的比重

$$p_{ij} = \frac{x_{ij}}{\sum\limits_{i=1} x_{ij}} \quad (i = 1,2,3,\cdots,190; j = 1,2,3,\cdots,13)$$

可以建立数据的比较矩阵 $P = \{p_{ij}\}$ 13×190。

（3）计算指标熵值。

$$e_j = \ln 190 \sum\limits_{i=1} p_{ij} \ln ij \quad (i = 1,2,3,\cdots,190; j = 1,2,3,\cdots,13)$$

$d_j = 1 - e_j$，d_j表现第 j 属性下各方案贡献度的一致性趋势。

（4）求指标权重。

$$W_j = \frac{d_j}{\sum\limits_{i=1}^{13} d_j} \quad (i = 1,2,3,\cdots,190; j = 1,2,3,\cdots,13)$$

依据上述公式运用统计软件 Excel 进行数据整理，得出 e_j（熵值）、d_j（差异化系数）、W（一级指标权重）和 W_j（二级指标权重），其具体计算结果见表 8 - 2 所示。

表 8 - 2　　　　各指标的熵值、差异化系数、权重及排名

一级指标	二级指标	e_j（熵值）	d_j（差异化系数）	W_j（权重）	W 排名	W_j（权重）	W 排名
A	A_1	0.9741	0.0259	0.0716	10	0.3289	2
	A_2	0.9658	0.0342	0.0945	1		
	A_3	0.9715	0.0285	0.0788	6		
	A_4	0.9696	0.0304	0.0840	2		
B	B_1	0.9739	0.0261	0.0721	9	0.3552	1
	B_2	0.9758	0.0242	0.0669	13		
	B_3	0.9727	0.0273	0.0755	7		
	B_4	0.9741	0.0259	0.0716	11		
	B_5	0.9750	0.0250	0.0691	12		
C	C_1	0.9713	0.0287	0.0793	5	0.3159	3
	C_2	0.9727	0.0273	0.0755	8		
	C_3	0.9704	0.0296	0.0818	3		
	C_4	0.9713	0.0287	0.0793	4		

2. 指标权重分析

（1）一级指标权重分析。一级指标 A（社会文化指标）、B（经济指标）、C（自然环境指标）的权重大体一致，分别为：0.3552、0.3289、0.3159。说明社会文化指标对居民的主观幸福感影响最大，其次是经济指标，最后是自然环境指标。要提高当地居民主观幸福感，首先要注重经济利益的分配，社会精神文化氛围的建设，同时也要改善居民的生活环境状况。

（2）二级指标权重分析。城镇化背景旅游地居民主观幸福感二级指标中，排名前二的指标分别为 A_2（就业机会）、A_4（生活成本高低），权重分别为 0.0945、0.0840，差异化系数为 0.0342、0.0304 说明这两个指标得到的分值最大，居民对就业机会和生活成本的态度反映强烈。最后排名 3 个二级指标是 B_4（文化保护情况）、B_5（休闲娱乐活动）、B_2（社区治理参与），其权重分别为 0.0716、0.0691、0.0669，差异化系数为 0.0259、0.0250、0.0242，说明这 3 个指标对当地居民的主观幸福感影响相对较小。

（四）主观幸福感综合指数测量

本研究中综合评价指标体系由 190 个样本，13 个评价指标组成，各指标采用 5 级计分方式，分别赋予 5 分、4 分、3 分、2 分、1 分。5 分为非常幸福，4 分为幸福，3 分为一般，2 分为不幸福，1 分为非常不幸福。

$$Z = \frac{\sum\limits_{i=1} p_{ij} w_{ij}}{a} \quad (i = 1,2,3,\cdots,190; j = 1,2,3,\cdots,13)$$

其中，Z 为幸福感综合评价值；w_j 为第 j 个指标的权重。

利用统计软件 Excel，依据上述公式计算出旅游地居民主观幸福感综合指数为 3.6801，大于 3。说明张家界市居民的综合幸福感水平中等偏高，处于一般幸福状态。

二、基于影响因素的旅游地居民主观幸福感分析

（一）基于经济方面的主观幸福感分析

旅游发展提高了旅游地经济发展水平，增加了居民收入，进而提升了居民主观幸福感水平。被调查居民对于经济层面因素评价呈现差异化，其对于"旅游开发增加了我的个人收入"和"旅游开发带来了更多的就业机会"的评价较高，都超过了4.00（见表8-3）。通过调查了解到当地居民大多从事餐饮、旅游交通等服务业，切身感受到旅游发展的带动效应，所以对旅游城镇化的经济影响感知强烈，从而提高了他们的幸福感程度。但是居民对于工作稳定性和生活成本的评价增加则呈反向变化，通过访谈了解到由于房地产市场价格水平和物价水平的上涨影响到了居民主观幸福感的提高。这说明旅游业发展在给居民带来收入增长和就业机会时，也影响了居民的生活成本和工作稳定。

表8-3 被调查居民主观幸福感评价观测变量描述统计

指标	具体变量	均值	标准差
经济方面	旅游开发增加了我的个人收入	4.30	0.825
	旅游开发带来了更多的就业机会	4.20	0.876
	旅游开发让我的工作更稳定	2.80	0.876
	旅游开发增加了我的生活成本	3.44	0.901
社会文化方面	旅游开发完善了社区的基础设施	4.00	0.779
	旅游开发增加了居民社区治理参与的机会	3.90	0.835
	旅游发展增加了社会保障	3.70	0.783
	旅游开发增进了文化保护	3.80	0.643
	旅游开发增加了居民休闲娱乐活动	4.10	0.704
环境方面	旅游发展改善了社区卫生状况	3.50	1.029
	旅游发展后,垃圾处理状况更好了	3.95	0.835
	旅游发展后,居住环境改善了	3.85	0.752
	旅游开发提高了自然资源保护程度	3.11	0.704

（二）基于社会文化方面的主观幸福感分析

旅游城镇化改善了居民的生活设施和娱乐活动设施以及社区休闲环境，在一定程度上对居民幸福感产生正向影响。居民对于社会文化层面因素的认同感较高，达到了3.50，对"旅游开发完善了社区的基础设施"的认同度较高，达到 4.00，说明旅游业发展促进了当地生活设施的建设，特别是休闲服务活动设施的改善。被调查者对于"旅游开发增加了居民休闲娱乐活动"这项指标的赞同度达到 4.10，说明了旅游业发展不仅服务于景区游客，而且很好地服务于当地居民的生活。

（三）基于自然环境方面的主观幸福感分析

为了提高旅游服务和接待水平，当地政府建设了大量的旅游接待设施，给游客提供了方便。但同时也给景区的自然生态环境和居民的生活环境带来了消极影响，从而在一定程度上对居民幸福感产生负向影响。其不利影响主要体现在旅游旺季游客量增加导致的交通堵塞、旅游垃圾污染等方面。居民对于自然环境方面感知因素评价较低，最低只有 3.11，这说明居民对于旅游发展带来环境影响的主观认同较低，对于"旅游发展改善了社区卫生状况"的评价低于平均水平，为 3.50，而且标准差为 1.029，说明被调查者在此问题上的差异较大，同时也说明目的地不同群体对环境卫生的感受有所不同。

三、基于居民人口学特征对主观幸福感差异性分析

很多学者发现人口学特征的差异会造成居民对旅游影响的感受差异，并且人口学特征也是影响居民主观幸福感的关键因素。本研究利用差异分析法研究不同人口学特征的居民的主观幸福感评价差别，利用 SPSS19.0 的列联表分析功能从性别、年龄大小和文化程度高低三方面进行旅游城镇化居民的主观幸福感差异分析。

（一）性别差异性分析

不同性别的居民对经济、社会文化和自然环境方面的幸福感评价差异不大。总的来说，男性居民在经济和环境方面的幸福感水平表现比女性要稍微高一些，而女性在社会文化方面的幸福感水平要强于男性。具体来看，男性居民对"旅游开发增加了我的个人收入"和"旅游开发带来了更多的就业机会"的感知要强于女性；而女性对"旅游开发让我的工作更稳定"和"旅游开发增加了我的生活成本"感知强烈。这种结果差异与男性和女性的性格差异表现一致（见表 8 - 4）。

表8-4   不同性别的居民群体的主观幸福感评价差异

项目	男	女
经济方面感知均值	4.01	3.80
社会文化方面感知均值	3.42	3.52
自然环境方面感知均值	3.32	3.20

（二）年龄差异性分析

不同年龄层次的主观幸福感的评价差别较大（见表8-5）。从具体的项目来看，中青年人对经济方面的"旅游开发增加了我的个人收入"和"旅游开发带来了更多的就业机会"感知较为强烈，这与年轻人的个人发展密切相关。而老年人则对"旅游开发完善了社区的基础设施"，"旅游开发增加了居民休闲娱乐活动"和"旅游发展增加了社会保障"等方面感知强烈。这主要是因为他们从以前的农村生活向现在的城镇化生活转变，增强了他们的切身感受，影响了他们的幸福感评价。

表8-5   不同年龄的居民群体的主观幸福感评价差异

项目	20岁以下	20~39岁	40~59岁	60岁以上
经济方面感知均值	3.92	4.22	3.88	3.86
社会文化方面感知均值	3.42	3.56	3.96	4.05
自然环境方面感知均值	3.56	3.44	3.21	3.11

（三）文化程度差异性分析

不同文化程度的居民主观幸福感评价存在一定差别，并表现为随文化层次的提高，其评价不断提高的特征。从具体的项目来分析（见表8-6），文化程度在大专以上的居民在"旅游开发增加了居民社区治理参与的机会""旅游开发增进了文化保护""旅游开发提高了自然资源保护程度"等方面反映强烈，而文化程度层次低的居民对"旅游开发增加了我的个人收入""旅游开发带来了更多的就业机会""旅游开发完善了社区的基础设施"等方面反应相对集中。

表 8-6　　　　　　　不同文化程度的居民群体的主观幸福感评价差异

项目	初中及以下	高中、中专	本科、大专	研究生及以上
经济方面感知均值	3.87	3.91	3.95	4.03
社会文化方面感知均值	3.38	3.40	3.45	3.62
自然环境方面感知均值	3.28	3.33	3.42	3.53

第四节　旅游地居民主观幸福感测评结论

本研究通过熵值法得出张家界居民主观幸福感总体水平，并且对旅游开发影响张家界居民主观幸福感的不同层面进行具体分析，进一步分析了不同人口学特征的居民主观幸福感表现差别。

第一，张家界市居民的主观幸福感水平中等偏高。处于一般幸福状态。一级指标中首先是社会文化指标对居民的主观幸福感影响最大，其次是经济指标，最后是自然环境指标；二级指标中就业机会、生活成本影响较大，文化保护情况、休闲娱乐活动、社区治理参与对居民幸福感影响相对较小。

第二，不同层面因素对居民主观幸福感的影响表现侧重点不同。旅游业发展在给居民带来就业机会、促进个人收入增长时，也影响了居民的生活成本和工作稳定性；旅游城镇化促进了居民生活设施和娱乐活动设施建设，改善了社区休闲环境，在一定程度上对居民幸福感产生正向影响；居民对于旅游发展带来环境影响的主观认同感较低，并且不同群体对社区环境卫生的感受不同。

第三，不同社会人口学特征属性个体的主观幸福感表现不同。男性居民对经济和环境方面的评价要稍高于女性，而女性对社会文化方面的感知稍强；中青年人对经济方面因素感知较为强烈，而老年人则对社会文化方面感知强烈；不同文化程度的居民主观幸福感评价存在一定差异，并表现为随文化层次的提高，其评价不断提高的特征。

第九章 旅游者游憩体验质量

第一节 游憩体验质量相关研究

一、游憩体验质量

　　旅游者游憩体验质量，即旅游者在从事游憩活动的环境中获得信息加以处理后对个别事项或整体所产生的判断和呈现的心理与生理状况。目前国内外学者对森林公园旅游者游憩质量的研究主要按照以下三条路径展开：第一，以旅游者的主观需求为一维评价模式。Cordell 和 Chamberlain（2004）发现森林游憩的发展和人们的森林游憩需求的变化对游憩质量有影响。I. R. HUNTER（2001）在对欧洲森林游憩的人群进行调研后，了解旅游者游憩活动的类型和旅游者需求影响旅游者的游憩质量。罗斯和埃索－阿荷拉（Ross and Iso-Ahola，1991）指出要了解旅游者游憩质量，最重要的就是要了解旅游者的动机与满意度。Erkip（1997）指出不同社会经济地位、不同家庭状况、不同年龄的社会群体对公园游憩场所的需求差异直接导致游憩质量感知差异。Clawson 和 Knetsch（1966）提出旅游者的游憩体验在不同现场活动阶段是复杂多变的，不同的心情、身体状况都会影响游憩质量。第二，以旅游者的主观感知和景观特性为二维评价模式。牛君丽、徐程扬（2008）指出，森林公园游憩质量较难用科学的方法进行评价，原因在于游憩质量不仅取决于观赏者的主观评定，而且还依赖于森林的景观特性。第三，以环境感知、旅游期望、游览设施等多维评价模式。王群等（2006）以黄山风景区为例，从环境感知、旅游期望、游览价值、旅游者满意度、旅游者忠诚和旅游者抱怨六维模块建立了旅游环境旅游者满意度指数测评模型。

二、游憩体验质量测评方法

在研究方法上，国内外学者们相继展开了森林公园的游憩质量评价的实证研究，如李晶博、钟永德、王怀采（2008）引入同旅游者游憩需求存在差异，结合重要程度分析法与SWOT构建旅游者期望与满意度矩阵表对张家界国家森林公园旅游者满意度评价。董观志、杨凤影（2005）分别用层次分析法，对福州国家森林公园和金牛山公园城市森林旅游者游憩质量进行评价。吴国清（2011）等用市场抽样与数据统计方法，揭示了基于职业分异的城市上海市森林游憩者的消费需求和游憩质量。李在军、管卫华等（2013）采用熵值法及模糊综合评价的方法对景区的满意度进行测算。

总的来说，以旅游者主观感知、景观质量、基础设施、消费价格、便利程度等多维游憩质量评价模式，克服了一维和二维评价模式的单一性、主观性，以充分考虑顾客感知、景区环境、景区开发现状等要素，有利于客观、科学、全面地进行旅游者游憩质量评价，也有利于森林公园的管理和开发。以来张家界森林公园的国内外旅游者为调研样本，对全国森林旅游示范区试点单位——张家界森林公园，进行多维旅游者游憩质量评价，有利于张家界森林公园游憩业的开发和管理，有利于总结其实践经验，发现其问题，为其他森林公园旅游开发提供经验借鉴。

张家界国家森林公园是我国建立的第一个国家级的森林公园。1992年由联合国教科文组织的第十七届会议通过并被誉为"世界自然遗产"，森林覆盖率达69.62%，居湖南省首位。2011年11月，张家界国家森林公园被国家林业局和国家旅游局联合授予"全国森林旅游示范区试点单位"。作为国家级旅游景区，给当地居民和旅游者开展森林游憩活动创造了良好的条件，在游憩项目与自然景观供给方面发挥着重要的作用。提升森林公园游憩质量旨在对游憩者户外休闲品质的提升，因此提高森林公园旅游者的游憩质量，使之有效满足旅游者的游憩需求和品质需求，不仅是张家界森林公园可持续发展需要关注的问题，更是湖南乃至整个国家森林游憩业发展需要关注的核心研究。

第二节 旅游者游憩体验质量评价模型设计

一、游憩质量评价的维度

根据以上文献分析，为全面、客观地反映张家界森林公园旅游者游憩质量，本着具有可代表性、可测量性、效用性的原则，从"景观质量、基础设施、消费价格、便利程度、身心享受、增长见识"六个维度构建综合评价模型，展开森林公园游憩质量的评价。

二、游憩质量评价模型构建

景观质量这个维度主要是用来评估森林公园内部的森林风景资源与环境条件的优良，这里遴选的主要可测量指标为物种的多样化和空气质量；基础设施维度用来评估森林公园为旅游者提供公共服务的工程设施的便利和安全，遴选的主要可测量指标为指示标语和卫生设施；消费价格维度主要用来评估旅游者在森林公园的各种消费感知，遴选的主要可测量指标为门票价格和索道价格；便利程度维度主要用来评价旅游者在森林公园游憩的方便程度，遴选的主要可测量指标为交通设施和道路安全；身心享受维度是用来评价旅游者通过游览森林公园的身心愉悦度，选用可测量指标为身体放松和心情愉悦感知度；增长见识维度用来评价旅游者通过游览森林公园得到的见识上的收获程度，可测量指标为学习知识和开阔视野的感知度。指标分解具体见图9-1。

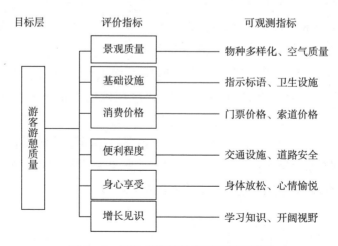

图9-1 旅游者游憩质量评价因素模型

第三节　旅游者游憩体验质量评价

一、评价方法及数据来源

与其他游憩质量评价方法比较，模糊数学法能够对受到多种因素影响的旅游者游憩质量进行一个总体的评价，而且其结果明确清晰，系统性强，能较好地解决模糊的、难以量化的问题，而且其权重确定方法，可以采用经验法和权值因子判断表法综合确定。整个计算比较简单，逻辑清晰，论证较为严密。故本研究借用模糊数学法对张家界森林公园旅游者游憩质量进行评价。

关于数据采集，本研究组利用"十一黄金周"，到张家界国家森林公园做了现场填答的调查问卷，其中共发放问卷 250 份，收回 239 份，问卷回收率为 95.6%，剔除信息不完整或随意填答的无效问卷，最终保留有效问卷 189 份，有效问卷率为 79.08%。问卷主要包括两个部分，第一部分是样本的人口学特征，包括性别、年龄、职业、文化程度、收入等问题；第二部分根据景观质量、基础设施、消费价格、便利程度、身心享受和增长见识 6 个变量设计了多个问题，采用李克特 5 分值量表形式。

二、样本统计分析

（一）样本的人口学特征

样本的人口学特征来看，性别特征为：男性占 52%；女性占 48%。年龄特征为：16～24 岁这一年龄层占 15.2%；25～34 岁占 18.8%；35～44 岁占 26%；45～54 岁占 26.8%；55 岁以上占 13.2%。职业特征为：学生占 17.2%；普通职员占 25.6%；个体劳动者占 12%；教育、科研、卫生从业人员占 7.6%；自由职业者占 10.6%；离退休人员17.8%；其他占 9.2%。

（二）样本主体问题分值统计

通过对问卷数据的描述性统计分析，受访旅游者对张家界森林公园游憩质量评价因子的打分大致在 3 分以上，受访者对这六个变量总体呈较正面的评价。其中身心享受均值为 4.16 分，说明旅游者对张家界国家森林公园游憩质量中的身心享受部分评价较高；景观质量为 3.93 分，这说明张家界国家森林公园旅游者对森林环境本身的自然景观持较积极评价；基础设施均值为 3.74 分；增长见识和消费价格，均值为 3.57 分和 3.49 分；便利程度均值得分最低，为 3.26 分，表明旅游者对张家界森林公园地理位置和交通状况评价相对较低。

三、模糊评价

（一）建立评价因素集合

建立张家界森林公园旅游者游憩质量因素集 U，根据旅游者游憩质量评价关系结构模型可以将因素分为两个层次，第一层次包含 6 个因子，第二层次包含 12 个因子，且记为 U = {U_1 = 景观质量，U_2 = 基础设施，U_3 = 消费价格，U_4 = 便利程度，U_5 = 身心享受，U_6 = 增长见识}。其中，U_1 = {U_{11} = 物种多样化，U_{12} = 空气质量}；U_2 = {U_{11} = 指示标语，U_{22} = 卫生设施}；U_3 = {U_{31} = 门票价格，U_{32} = 索道价格}；U_4 = {U_{41} = 交通设施，U_{42} = 道路安全}；U_5 = {U_{51} = 身体放松，U_{52} = 心情愉悦}；U_6 = {U_{61} = 学习知识，U_{62} = 开阔视野}。

（二）建立评价集

张家界森林公园旅游者游憩质量评价可选取评价集 V = {v_1（非常满意），v_2（比较满意），v_3（一般），v_4（不太满意），v_5（不满意）}。

（三）各因子模糊评价分析

张家界国家森林公园旅游者游憩质量评价体系各因子模糊评分值见表 9 - 1 所示。

旅游者游憩过程收到多维要素影响，为综合考虑全部六个因素对旅游者游憩质量的影响，需要做模糊综合评价。

表 9 – 1　　　　　　　　　旅游者游憩质量评价体系各因子模糊评分

因素集	分项因素	权重 W_i	评价因子	权重 W_{ij}	评价等级				
					非常满意	满意	一般	不太满意	不满意
U	U_1	0.2	U_{11}	0.50	0.262	0.445	0.256	0.037	0
			U_{12}	0.50	0.244	0.460	0.275	0.021	0
	U_2	0.1	U_{21}	0.55	0.180	0.418	0.365	0.037	0
			U_{22}	0.45	0.121	0.387	0.335	0.152	0.005
	U_3	0.2	U_{31}	0.59	0.164	0.323	0.381	0.111	0.021
			U_{32}	0.41	0.115	0.283	0.394	0.108	0.100
	U_4	0.2	U_{41}	0.55	0.153	0.238	0.355	0.222	0.032
			U_{42}	0.45	0.056	0.195	0.376	0.251	0.122
	U_5	0.2	U_{51}	0.50	0.336	0.399	0.212	0.053	0
			U_{52}	0.50	0.386	0.413	0.180	0.021	0
	U_6	0.1	U_{61}	0.55	0.148	0.370	0.392	0.090	0
			U_{62}	0.45	0.121	0.396	0.388	0.065	0

　　建立模型后，要求出每一层次内各因素对于上一层有关因素的相对重要性，即权重。

其中，U_i表示评价指标；U_{ij}表示第 i 个评价指标的第 j 个因子指标；W_i表示第 i 个项目层指标的重要性权数，且

$$\sum_{i=1}^{n} wi = 1 (i = 1,2,\cdots,n)$$

W_{ij}表示第 i 个项目指标的第 j 个测评因子指标，对该项目指标的重要性权数，且

$$\sum_{j=1}^{n} wij = 1 (i = 1,2,\cdots,6)$$

　　具体方法是逐对地进行两两比较判断，从而形成比较判断矩阵形式，然后层次单排序的权重根据下列公式求得：$BW = \lambda_{max} \cdot W$，其中 B 为判断矩阵，$\lambda_{max}$为 B 的最大特征根；W 为对应于$\lambda_{max}$的正规化特征向量，W 的分量即$W_i$是相应元素单层次排序的权重值。

　　由于各因素的权重不等，则需做模糊运算。B 为一级评判准则的结

论向量：$B = A \odot R$，其中$\odot$表示某种合成运算。

得出评判集如下

$$B_1 = (0.5, 0.5) \begin{bmatrix} 0.262 & 0.445 & 0.256 & 0.037 & 0 \\ 0.244 & 0.460 & 0.275 & 0.021 & 0 \end{bmatrix}$$

$$= (0.253, 0.4525, 0.2655, 0.029, 0)$$

$$B_2 = (0.55, 0.45) \begin{bmatrix} 0.180 & 0.418 & 0.365 & 0.037 & 0 \\ 0.121 & 0.387 & 0.335 & 0.152 & 0.005 \end{bmatrix}$$

$$= (0.15345, 0.40405, 0.3515, 0.08875, 0.00225)$$

$$B_3 = (0.59, 0.41) \begin{bmatrix} 0.164 & 0.323 & 0.381 & 0.111 & 0.021 \\ 0.115 & 0.283 & 0.394 & 0.108 & 0.100 \end{bmatrix}$$

$$= (0.14391, 0.3066, 0.38633, 0.10977, 0.05339)$$

$$B_4 = (0.55, 0.45) \begin{bmatrix} 0.153 & 0.238 & 0.355 & 0.222 & 0.032 \\ 0.056 & 0.195 & 0.376 & 0.251 & 0.122 \end{bmatrix}$$

$$= (0.10935, 0.21865, 0.36445, 0.23505, 0.0725)$$

$$B_5 = (0.50, 0.50) \begin{bmatrix} 0.336 & 0.399 & 0.212 & 0.053 & 0 \\ 0.386 & 0.413 & 0.180 & 0.021 & 0 \end{bmatrix}$$

$$= (0.361, 0.406, 0.196, 0.037, 0)$$

$$B_6 = (0.55, 0.45) \begin{bmatrix} 0.148 & 0.370 & 0.392 & 0.090 & 0 \\ 0.121 & 0.396 & 0.388 & 0.065 & 0 \end{bmatrix}$$

$$= (0.13585, 0.3817, 0.3902, 0.07875, 0)$$

根据W_i得出综合评判指标

$B = (0.20679, 0.37387, 0.31533, 0.08428, 0.01838)$

根据最大隶属度原则对张家界国家森林公园旅游者游憩总体质量进行综合评判，从结果可以看出，张家界国家森林公园旅游者游憩总体质量综合评价为"比较满意"等级。

将评价集赋值 $V = \{v1（非常满意）=5，v2（比较满意）=4，v3（一般）=3，v4（不太满意）=2，v5（不满意）=1\}$

$$B_4 = \frac{(0.20679 \times 5 + 0.37387 \times 4 + 0.31533 \times 3 + 0.08428 \times 2 + 0.01838 \times 1)}{(0.20679 + 0.37387 + 0.31533 + 0.08428 + 0.01838)}$$

$$= 4.5247$$

综上可见，张家界国家森林公园旅游者对其游憩质量的评价是比较积极的。

四、研究结论

通过模糊数学的综合评价，可判断张家界国家森林公园旅游者游憩总体质量综合评价为"比较满意"等级，这就说明旅游者对张家界森林公园游憩质量评价相对较高。其中身心享受均值为 4.16 分，说明旅游者对张家界国家森林公园游憩质量中的身心享受部分评价较高，其他各影响因素平均分在 3~4 分，景观质量为 3.93 分，这说明张家界国家森林公园旅游者对森林环境本身的自然景观持较积极评价，接着就是基础设施，均值为 3.74 分，然后是增长见识和消费价格，均值为 3.57 分和 3.49 分，而便利程度均值得分最低，为 3.26 分，表明旅游者对张家界森林公园地理位置和交通状况评价相对较低。景观因素反映了旅游者对张家界森林公园本身具有的自然属性、物种情况以及基础设施建设方面的客观评价，规划因素则是旅游者对张家界森林公园门票、索道等消费价格以及道路交通是否安全方便等因素的评价，主观感受则是旅游者对在森林公园中游憩获得的某种知识、体验或感受后，而做出的积极或消极的情感判断。

（一）消费价格严重影响游憩者对森林公园游憩质量的评价

由于张家界国家森林公园的门票适用于本地居民持身份证和本地学生持学生证免费进入，而其他旅游者就要花费较高的门票价格进入，故通过对比发现，免费进入森林公园游憩的旅游者对森林公园游憩质量评价普遍比消费高昂门票进入的旅游者评价高。其中消费价格因子的评价差别最大，免票旅游者评价均值 4.55 分，消费门票旅游者评价均值 2.43 分，可见需要买票的旅游者对于张家界国家森林公园的门票价格呈现出不满意的态度。而由于这个差价导致的旅游者在对其他因子评价也略有下降。通过对比张家界当地居民在免费情况下和外地居民购买门票对游憩质量评价的研究结果可以看出，森林公园对外地旅游者需要购票进入制度，影响游憩者满意度的因素主要是景观质量、基础设施、身心享受和便利程度；但森林公园对当地居民实行免费制度，影响游憩者质量评价的因素则主要是景观质量。形成这种差异的主要原因，是森林公园对外地旅游者收取高额票价，但并没有给他们带来便利程度、服务质量的区别和提高。所以，这些因子在森林公园是否对游憩者收取高额票价上市存在评价差异的。蒙金华（2011）在广东南昆山森林旅游可持续发展评价中发现旅游者对于门票价格指标满意度是所有指标中的评价最低分指标；李欠强、陈秋华（2006）在生态旅游景区旅游者满意度调查研究中也发现以福州国家森林公园为例评价项目中售票服务因素评价较低，一部分原因就是旅游者对票价不满意；王恩旭、武春友（2009）在旅游满意度模糊综合评价研究中以大连为例得到旅游消费的满意度位居最后一位，低于旅游综合满意度，说明在整个旅游过程中旅游者的满意程度不高。张家界森林公园门票价格与其他地区森林公园门票价格对比如图9-2所示。

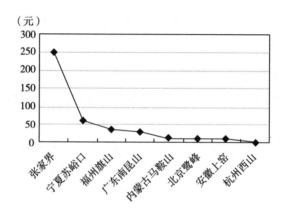

图9-2　各地森林公园门票价格对比

可见张家界国家森林公园门票价格相对是很高的，而目前有关专家学者提倡森林公园降价甚至免票机制，弘扬地方和民族地区景区文化和发展我国森林游憩业，这点张家界森林公园与之相违背，高昂的票价引起的旅游者游憩质量不满也就很显然。所以，张家界国家森林公园针对大部分人群门票价格设置不宜过高，可以不定期实行票价优惠政策，不断改进票价制度，响应国家和旅游者的需求才是发展之道。

（二）高收入旅游者对游憩质量的要求更重视身心享受

通过数据绘制图形分析还发现，不同收入游憩者对六个因子的评价也有所区别，其中差别最明显的为身心享受，如图9-3所示。

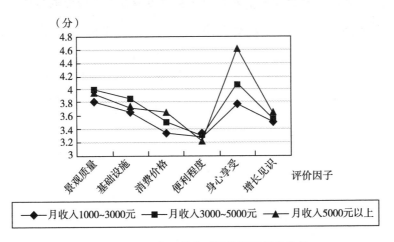

图9-3　不同收入游客对评价因子评分均值

相对于低收入旅游者人群，高收入旅游者更注重身心的享受，可见高收入旅游者游憩的最重要目的就是为了放松和休闲。针对不同收入群体，在影响旅游者对游憩质量满意度的六个变量中身心享受对旅游者游憩满意度影响最大。本身高收入旅游者游憩的首要目的就是为了放松和休闲，相对于低收入人群，他们更注重身心的享受。而其他因素作用不如旅游者游憩体验带来的身心享受更能让高收入旅游者对游憩质量满意。蒙金华（2011）在广东南昆山森林旅游可持续发展评价旅游者对于景点舒适度等指标的满意度较高，属高满意度。李在军、管卫华等（2013）在南京夫子庙街旅游者满意度模糊综合评价研究中旅游者对旅游的参与性体验指标均值低于综合满意度得分，表明景区今后要多注重旅游者的体验性和身心享受的游览项目配置。李欠强、陈秋华（2006）在生态旅游景区旅游者满意度调查研究以福州国家森林公园为例评价项目心理体验中放松心情评价满意度一般，主要是由于景区的规划、设计及维护没能给旅游者带来期望的身心享受和放松的感觉从而带来的不满。所以，张家界国家森林公园应对森林景观多方面的定量化研究确定合理的景观作业方式，增加游览项目，在体验性、参与性的身心享受游览项目方面进行相关设施的配置并营造相关体验活动的氛围，以保证自然景观给旅游者身心带来愉悦享受，以此来提高旅游者满意度。

（三）森林公园的景观质量对游憩者整体满意度评价影响显著

研究结果显示出森林公园"硬环境"对游憩者的总体评价有显著影响。本研究中的"硬环境"因子主要有景观质量、基础设施、游憩项目等，而这些评价因子一方面反映了游憩者在公园游憩时对服务需求较少，另一方面则说明森林公园游憩项目的设置没有满足部分游憩者的需求，如青少年，进而导致他们对游憩项目的参与较少。蒙金华（2011）在广东南昆山森林旅游可持续发展评价旅游者对于景区生态环境等指标的满意度较高，属高满意度。董观志、杨凤影（2005）在旅游景区旅游者满意度测评体系研究中提炼了影响广东省丹霞山世界地质公园景区旅游者满意度的九个主要因素，其中一级评判旅游景观的综合评价等级为比较满意。李欠强、陈秋华（2006）在福州国家森林公园旅游者满意度调查研究评价项目分为心理体验、交通、旅游设施及环境、旅游景点、其他管理与服务等，其中，餐饮、景区质量、环境评价满意度较高。李文苗（2010）在城市森林公园游憩者行为特征及满意度研究中认为城市森林公园的自然风景和良好生态环境为游憩者提供了感受自然的良性空间，且该指标满意度较高。杨尚英（2006）在秦岭北坡森林公园综合评价模型研究中在给出的秦岭北坡森林公园评价指标权重值中森林覆盖率的权重最大，认为它是影响森林公园综合评价的最大要素，景观吸引力质量属于高重要性低满意度指标，是阻碍南昆山森林旅游可持续发展的主要因素。因此，建议进一步加强各方面信息的收集，建立完善的森林景观数据库，对森林景观多方面的定量化研究确定合理的景观作业方式，并做好森林公园景观和生态维护工作，以保证张家界森林公园自然景观质量。

（四）旅游者对张家界森林公园地理位置和交通状况评价相对较低

通过对比各个指标评价的平均得分可以看出便利程度均值得分最低，为3.26分，表明旅游者对张家界森林公园地理位置和交通状况评价相对较低。董观志、杨凤影（2005）在旅游景区旅游者满意度测评体系研究构建的测评旅游者满意度的九维指标体系中交通、住宿评价等级均为较不满意。李欠强、陈秋华（2006）在以福州国家森林公园为例评价项目中旅游者对交通评价满意度一般。杨尚英（2006）在秦岭北坡森林公园综合评价模型研究中与大中城市的距离对秦岭北坡森林公园综合评价影响也较为显著，属于低满意度指标，是阻碍南昆山森林旅游可持续发展的主要因素。李文苗（2010）在城市森林公园游憩者行为特征及满意度研究中认为上海城市森林公园的外部交通情况不容乐观。主要是城市森林公园都处于偏远郊区，交通不便且花费较长时间才能抵达。李在军、管卫华等（2013）在南京夫子庙街旅游者满意度模糊综合评价研究中旅游者对旅游交通的满意度分值低于旅游综合满意度得分，这是由于通往景区的道路过于拥堵，或者景区交通指示标志不明显、不突出使旅游者对游览线路满意度得分值较低。因此，张家界森林公园景区要协同交通部门改善交通情况，缓解抵达景区的交通压力，从旅游者需求的角度设计游览线路；改善景区车辆泊位过少、停车场收费过高与停车场位置隐蔽的局面，设计人性合理的停车场所及步行道。

（五）旅游者对张家界森林公园基础设施和增长见识评价相对比较稳定

张家界森林公园旅游者对基础设施评价均值为 3.74 分，增长见识均值为 3.57 分，处于六个评价因素的居中位置，评价相对比较稳定。董观志、杨凤影（2005）在旅游景区旅游者满意度测评体系研究中提炼了影响广东省丹霞山世界地质公园景区旅游者满意度的九个主要因素，其中基础设施的评价等级为较不满意。李欠强、陈秋华（2006）在以福州国家森林公园为例评价项目旅游设施中导览标牌与展示设施的基础设施因素评价较低，主要是难以满足旅游者对学习和求知方面需求。李晶博、钟永德等（2008）在对张家界国家森林公园旅游者满意度研究中引入游憩设施环境、游憩服务设施评价因素，而旅游者对该评价满意度一般。王忠斌、米玛次仁（2011）在对巴松错国家级森林公园旅游者满意度研究中，旅游者对景区基础卫生设施的设置、对木道和小石子道舒适度和安全度不太满意。孙津、刘玮琪等（2013）在北京奥林匹克森林公园分析中有 1/3 以上旅游者认为非常需要在分区和设施上进一步完善。李文苗（2010）认为由于上海城市森林公园解说系统的牌示信息量、内容、设计等导致游憩者满意度总体上差强人意。丁素平、赵振斌（2008）在研究以太白山国家森林公园为例评价认为解说牌使用效率低、未对旅游者起到良好的导向作用。因此，建议森林公园要完善基础设施、公共休息与服务设施建设，如建造公共旅游者休憩点，增加星级公厕数量等。景区今后要统一设计导游标识系统，在进入景区的门口及景区内部等处设置全景导游牌，方便游览线路选择；加强文化旅游资源质量的提升，以此来提高旅游者满意度。

第十章　旅游公共服务与游客感知

　　旅游公共服务首次提及源于 2006 年党的十六大提倡建设"服务型政府"，然而无论是在理论领域还是在实业领域，关于旅游公共服务的含义没有一个统一的界定。旅游公共服务的概念涵盖了内容、需求、体系建设、实证研究等多个方面。笔者以为，旅游公共服务是指政府主导、其他社会组织辅助提供的为了满足旅客需要的不以营利为目的且具有明显公共性的产品和服务的总称。

　　现今对旅游公共服务质量的概念界定亦没有统一，学者们从多个角度对其进行了评价。本研究认为，旅游公共服务质量是旅客在旅行的过程当中所享受到的服务劳动的使用价值，同时感受到生理与心理满足。

　　在触及旅游产物时，感知是指对旅游目的地的众多信息进行分类和过滤的过程。游客感知就是旅客由感觉器官获得外部世界的游览信息的心理经历。旅客对某一游览目的地公共服务质量的感知分为三个阶段：第一阶段，经由报纸杂志、亲朋好友介绍、电视广告、网络等各种媒介，对游览目的地的公共服务质量构成一个预期感知；第二阶段，实际旅游之后，经过对游览目的地的感触，获得了一个相对真实的公共服务质量感知；第三阶段，对比预期和实际的感知，对其中差距对游览目的地的公共服务质量进行满意度评价。如果游客预期的公共服务质量较差的方面在游览后降低甚至消除，会认为游览目的地的公共服务质量较高，反之就会失望。

第一节　旅游公共服务研究进展

一、旅游公共服务内容

国外对旅游公共服务的探究相对较早，但是对旅游公共服务的概念并没有清晰统一的定义，学者们主要是从旅游公共服务专项内容、旅游服务质量与满意度、旅游公共服务实证研究等具体方面进行研究。

（一）旅游公共服务内容的相关研究

西方学者注重对旅游公共服务内容的探索，涉及范围较广。具体情况如表 10 - 1 所示。

表 10 - 1　　　　　　　　　旅游公共服务专项内容研究汇总

来源	旅游公共服务专项内容研究
Rayman，Molina（2001）	研究了美国的公共信息服务，比较了旅游网站与传统传媒，指出 Internet 更能适应当今时代的发展，并且应该成为传播旅游信息的主要途径
Ritchie R J B（2002）	研究了加拿大亚伯达地区营销系统中的旅游信息内容、方式与体系
Chen R J C（2006）	从供需视角分析了构建多维度的海岛旅游信息数据库
Werner Grounau（2007）	分析研究了旅游公共交通服务，得出在旅游过程中，应遵循旅游交通服务最佳的导向原则
White D D（2007），Youngs Y L（2008）	先后以美国加利福尼亚州约塞米蒂国家公园为例，基于游客视角，把旅游公共服务融入文化旅游机制中
John，Valeria（2009）	交通建设与旅游业的发展关系密切，政府应最大限度地支持旅游公共服务的发展
Heggie T W（2008）	考察了 2003～2004 年美国国家公园中发生意外死亡事故后，认为应加强旅游公共安全监控

来源	旅游公共服务专项内容研究
Chondroitin(2009)	利用旅行体验模型对旅游公共服务进行了多维度的观测,认为住宿、购物商店、休闲娱乐等基础设施决定了游客满意度
Heum Park, Aesun Yoon (2012)	利用互联网和移动终端技术,构建了智慧旅游信息咨询平台,方便游客接受旅游咨询服务
Ander G, Pieter V, Wouter S (2013)	根据游客偏好,对利用移动"掌上服务",研究了旅游路线的创建
Romanova(2016)	使用定性和定量将结合的方法,研究了俄罗斯志愿者组织管理机制对于体育赛事旅游的影响

(二) 旅游公共服务质量的相关研究

国外对旅游公共服务质量的相关探究相对较早,具体情况见表10-2。对旅游公共服务质量的感知会触及旅客满意度的界定,国外学者对此的研究较多,但大多以期望差异理论为基础;Pizam（1978）和Beard（1980）认为旅客满意度由旅客期望与实际感知的差异决定;Baker 发现感知质量与游客满意度之间的重要关联;韩国、新加坡、西班牙等地的案例研究表明,旅客满意度受旅客前期期望、游览过程中实际感知的双重影响。

表 10-2   **旅游公共服务质量的相关研究汇总**

来源	旅游公共服务质量的相关研究
Howat,Murray(1999)	基于消费者角度对澳大利亚30个体育休闲中心的服务质量进行测量
Janet D Neal(2004)	进行了游客满意度研究和测量,研究认为旅游公共服务对旅客在游览过程中的旅行质量感知具有重大的作用
Thompson(2007)	以英国Manchester为例,关联分析了交通服务质量和旅客旅行的满意度,认为两者关系密切,当交通服务质量升高时,游客对目的地的选择率和旅行满意度会随之大大增加

二、旅游公共服务质量

在我国，严格意义上的旅游公共服务研究源于 2006 年。2006 年，"建设服务型政府，强化社会管理和公共服务职能"的理念首次提出，并在 2007 年党的十七大会议上进一步强调。之后，在 2009 年的国务院常务会议上，要求实现"人民更加满意的服务业"这一目标，还要加快建设旅游公共服务体系，尤其是交通等基础设施建设①。在这一精神的指导下，全国各地积极响应，在旅游发展较快的城市，例如，桂林市、北京市旅游公共服务处已经建成。在这样的背景下，学者们开始大量关注与研究旅游公共服务。政府部门在旅游公共服务的建设过程遇到的问题以及游客对旅游公共服务的现实需要对理论研究提出了要求，我国学者的研究内容不仅仅包含概念、体系建设、供给模式、服务质量等，还包括实践研究，这些初步的探索将为解决现实问题提供强有力的理论支撑。

（一）旅游公共服务内容的相关研究

国内旅游公共服务研究随着旅游业发展到一定的阶段，大众对旅游公共服务的需要日益增加，也是政府转变职能的需要。国内学者多从定性的角度研讨旅游公共服务的内涵和构成（见表 10 - 3）。基于前人的研究，笔者认为旅游公共服务具有以下特征：一是旅游公共服务多由政府主导提供，但也不排除其他社会组织；二是旅游公共服务的对象不只是旅客和公众，还包含其他政府部门、社会组织和旅游企业等；三是旅游公共服务不以营利为目标，具备明显的公共性特征。

表 10 - 3　　　　　　　　旅游公共服务内涵相关研究汇总

来源	旅游公共服务内涵
李爽等(2010,2012)	旅游公共服务是由政府或其他社会组织提供的,以满足旅游者公共需求为核心,不以营利为目的,具有明显公共性的产品和服务的总称

① 国务院办公厅. 国务院关于加快发展旅游业的意见［EB/OL］. http：//www. gov. cn/zwgk/2009 - 12/03/content_1479523. html, 2009 - 12 - 03.

来源	旅游公共服务内涵
黄燕玲等（2010）	旅游公共服务是包括旅游主管部门在内的政府部门和组织、社会团体甚至具有相应条件的私营部门向旅游者、旅游目的地公众、旅游企业及其从业人员提供公共产品的服务
蔡萌等（2015）	旅游公共服务是以旅游管理部门为主导，其他相关部门一起参与，为保障旅游者相关权益、实现旅游中最大便利性而提供的一种满足旅游者的公共服务

关于旅游公共服务的内容及其体系的建立，国内学者对此进行了积极探讨（见表10-4）。基于前人的研究，笔者认为旅游公共服务包含信息咨询、安全保障、交通便捷、惠民便民、行政五大方面内容。

表10-4　　　　　　旅游公共服务体系构成研究汇总

来源	旅游公共服务体系构成
黄燕玲等（2010）	从供需角度出发，可以依据政府主导、市场主导划分旅游公共服务体系
李爽等（2011）	按照内容构成可将旅游公共服务划分为旅游公共信息类服务、旅游要素保障类服务、旅游公共安全类服务三类
甘巧林等（2011）	以广州亚运会为例，从游客感知角度构建了节事活动旅游公共服务评价体系，包括安全救助、信息服务、旅游环境、公共交通、综合管理和便利服务六个方面
王信章（2012）	旅游公共服务体系包括旅游公共交通、公共信息、公共安全、公共环境和公共救助服务五个方面
李军鹏（2012）	旅游公共服务体系包括公共信息服务、旅游公共服务设施、旅游安全保障、公共公益惠民产品、旅游行政服务和体制机制等内容
刘德谦（2012）	除了公共基础设施建设外，旅游公共服务体系应该包括公共信息服务、安全保障、公共交通服务、公益服务、志愿者服务、科普、责任教育与辅导、公共服务推动和监管体系八个方面

来源	旅游公共服务体系构成
安金明(2012)	从软件和硬件的角度划分旅游公共服务,其中旅游集散中心、咨询中心、旅游标识、公共卫生间等属于旅游硬件公共服务设施;旅游公共信息系统、专业教育系统、安全救助系统等属于旅游软件公共服务
李爽、黄福才(2012)	城市旅游公共服务体系是由支撑系统、需求系统、供给系统和媒介系统组成的有机整体
徐菊凤、潘悦然(2014)	旅游公共服务的主体内容体现为旅游基础设施、目的地的推广和旅游权益保障三个方面
常文娟等(2015)	旅游公共服务体系应该是由供给、需求、服务、运行保障等系统共同构成的一个整体

(二) 旅游公共服务质量的相关研究

国内外仅有较少学者定义了旅游公共服务质量。联系国内外学者在管理、公共行政和经济学等范畴对企业服务质量、政府公共服务定义和属性的探索,本研究从狭义角度认为旅游公共服务质量是旅客对旅游管理部门主导提供的旅游公共服务优越性的感知评估。当旅客的实际感知大于期望时,旅客对其评价越高,反之越低。在本研究中,是游客在接受旅游公共服务过程中和之后对旅游公共服务所作评估,不包括当地居民、社会组织和旅游企业。

国内研究仍处于起步和发展阶段,测量方法也没有统一,不同学者测量方法不同(见表10-5)。笔者认为旅游公共服务是个多维度概念,不能用单一维度来衡量。参照政府主导的旅游公共服务体系内容构成,从游客视角出发,探究基于游客感知的由政府主导的旅游公共服务质量评价。与SERVQUAL量表从属性特征测量服务质量不同,本研究从服务内容的角度进行测量。有学者指出,按照服务内容分类是国际上最常用也是最有效的分类方法,具有较强的实际操作性和可比性,利于发现我国旅游公共服务质量的优劣,从而优化结构。这种视角也与旅游公共服务涵盖面广、服务种类繁多的特征相契合。

表 10 - 5 旅游公共服务测量模型研究汇总

来源	旅游公共服务质量测量模型
张维亚(2008)	以 SRVQUAL 模型为基础,结合遗产地旅游的特点,通过实证研究提出测量遗产地旅游服务质量的 HERITQUA 模型,包括反应度、承载度、硬件水平、沟通度、社区参与程度 5 个指标
李文娟、李云(2010)	以世博会为研究情景建立公共服务质量绩效评价体系,认为文化交流、餐饮、继续为公众提供公共服务的能力、各类信息服务是世博会服务最重要的 4 个质量绩效指标
肖婷婷、黄燕玲(2011)	从政府主导下的旅游公共服务感知、市场主导下的旅游公共服务感知和总体感知三方面测量旅游公共服务质量。其中,政府主导下的旅游公共服务感知包括旅游公共信息咨询、旅游公共基础设施、旅游安全救助、旅游服务质量监控和旅游公益事业感知
叶全良、荣浩(2011)	从游客感知价值(功能价值、情感价值和社会价值)和感知代价(货币成本、时间成本和体力成本)两方面测量旅游公共服务质量
王薇(2013)	在问卷调研的基础上进行数据分析,构建 SERVQUAL 评价模型,对秦皇岛旅游公共服务质量进行分析
李莉(2013)	立足游客满意度的测量探索构建城市旅游公共服务评价指标体系,探究旅游公共服务存在的问题和不足,并提出针对性的对策建议
王颖凌等(2014)	研究了游客对海南旅游公共服务的质量感知,以政府和市场作为旅游公共服务供给主体,所选取的指标涵盖了政府和市场两个构面,包括 9 个旅游公共服务因子,根据不同因子对游客满意度的影响结果,针对性地提出旅游公共服务的发展建议

经过对国内外旅游公共服务的文献整理发现,国外的研究开始较早,成果较为成熟,大多聚焦于旅游公共服务专项内容研究和实证研究;而国内的研究依然在起步和发展阶段,研究主要聚焦在旅游公共服务的含义、供给、需求、体系建设等定性研究上,实证研究相对较少。具体述评如下:

1. 没有相对独立的理论研究体系

当前国内旅游公共服务理论研究虽然较多，但大多是对其他学科已有理论的生搬硬套，尚处于起步和发展阶段，缺乏坚实的理论基础且创新不足。

2. 实践落后于理论

上海、北京等一线城市，虽然在打造旅游公共服务方面获得了一些成绩与经验，但还没有对周边地区甚至全国产生较为显著的示范作用，旅游业发达地区在建设旅游公共服务方面所取得的成功经验没有总结并得到大范围的推广。

3. 研究内容不充分

如今国内旅游公共服务的探究大多为定性研究，定量研究较少，一般只研究某一旅游目的地旅游公共服务某一方面的内容，然而旅游公共服务包括信息、安全、交通、惠民设施、行政服务等众多内容，只从其中一个方面进行研究，就提高旅游目的地公共服务的整体质量而言，显然是不充分的。

4. 还没有完备的研究方法体系

如今国内的研究方法主要从管理学、经济学、公共产品学等学科转换而来，学者在使用时仅稍微修改相应的测量指标，专门的研究方法尚未存在，旅游公共服务质量测量量表缺乏一定的科学性。

总而言之，不管是国内还是海外，许多研究者基于游客角度来研讨旅游公共服务，发现旅游公共服务建设中存在的问题，或者测量旅游公共服务的质量。旅游公共服务是政府公共服务职能中的重要部分，把游客感知因素放入当中具有重要的实践意义，有利于加强完善旅游公共服务建设，也有利于政府职能的转变，建设服务型政府，同时推动旅游行业的进步和带动整个国家经济的发展。从游客感知视角进行探究，应当借鉴国际和国内的先进成果以及他们在实践中累积的丰富经验，再进行深入研究。

第二节 张家界旅游公共服务与游客感知现状

一、调研目的及内容

本调查的总体目的在于测量游客对张家界旅游公共服务质量水平的评价，对比其期望与感知差距，因而发现其优势与劣势，提出提高张家界旅游公共服务质量的建议，为张家界旅游公共服务的升级改造提供理论支撑，并对全国范围内其他旅游城市的旅游公共服务建设提供借鉴。

本调查的具体目的在于测量游客对信息咨询、交通便捷、安全保障、惠民便民、行政等方面的旅游公共服务评价，比较其期望与感知差异，发现张家界旅游公共服务质量需要提升的具体方面，为张家界旅游公共服务建设供应翔实的一手资料。

依据前文，结合张家界实际情况，本次旅游公共服务质量调查由旅游信息咨询、旅游安全保障、旅游交通便捷、旅游惠民便民、旅游行政五大方面组成。通过对已有文献的研究，本研究设计了 30 个子指标（见表 10 - 6），从游客感知角度对张家界旅游公共服务质量进行了问卷调查。

表 10 - 6   旅游公共服务质量指标体系

测量维度	测量指标
A 旅游信息咨询服务	A1 旅游官网信息发布和宣传
	A2 景区门票/酒店/租车等网上预订
	A3 景区导游服务
	A4 旅游信息咨询服务中心
	A5 旅游手册/指南/地图资料
	A6 旅游/热线投诉服务

测量维度	测量指标
B 旅游安全保障服务	B1 旅游安全知识宣传
	B2 购买旅游保险服务
	B3 突发事件应急和救援服务
	B4 旅游安全预警服务
	B5 住宿/餐饮安全监测
	B6 交通/娱乐/医疗等安全保障
C 旅游交通便捷服务	C1 城市交通可到达性
	C2 公共交通的便利性(如公交车)
	C3 交通工具的舒适度
	C4 直通景区的旅游集散中心
	C5 道路状况
	C6 自驾服务系统
	C7 交通引导标识
D 旅游惠民便民服务	D1 通信服务(手机网络、WiFi、快递等)
	D2 在线金融服务
	D3 卫生设施(垃圾桶/旅游厕所等)
	D4 公共休息区
	D5 旅游娱乐/购物设施
	D6 无障碍游憩设施(针对老人、残疾人等特殊群体)
	D7 旅游志愿者服务
	D8 旅游优惠服务
E 旅游行政服务	E1 行政人员服务态度
	E2 在当地不受骗/不被宰/不强制购物
	E3 旅游投诉能得到有效处理

　　主要内容包含两部分：（1）游客的人口统计学特点。主要包括性别、年龄、受教育程度、职业和收入水平等方面。人口统计学特征能直接反映旅客的人格，为解释游客的旅游行为提供参考依据。（2）旅客对

张家界旅游公共服务质量的评估。具体从两个方面来评价：一是游客对30项测量指标的期望值调查；二是游客对30项测量指标的感知值调查。因为人的辨别力是有限的，所以本调查采用了级数相对较少的李克特5分制量表。分数表示游客的感知或满意程度，分数由小到大表示游客认同程度的由低到高，即1=最不重要，2=不太重要，3=一般重要，4=比较重要，5=最重要；或者1=最不满意，2=不太满意，3=一般满意，4=比较满意，5=最满意。

二、调查分析方法

本研究基于期望差异理论，运用文献研究法和问卷调查法，从游客感知角度出发，对张家界旅游公共服务质量进行了调研。接着，运用描述性统计分析、配对样本T检验和IPA象限分析法，得到了基于游客感知的张家界旅游公共服务质量水平。最后，总结出张家界旅游公共服务的优势与劣势，并提出相应的改善意见和建议。

1. 文献研究法

借助中国知网（CNKI）、Springer Link等网络数据库，与此同时浏览谷歌学术、旅游官网等相关网站，以及利用学校和学院的图书资料，笔者搜集和整理了国内外与旅游公共服务内容和质量相关的文献资料，归纳现有文献成果后，明确了本研究旅游公共服务质量评价的测量维度。同时，结合张家界旅游业实际发展状况，确定了30个测量指标。

2. 问卷调查法

本研究从游客感知的角度，对30项测量指标进行问卷设计。问卷主要测量游客对张家界旅游公共服务质量的期望值与感知值，并将在后续分析中比较这两者之间的差异。问卷调查采取线上与线下相结合的方式，一方面选取张家界景区、火车站（汽车站）、机场等游客量大的地点进行随机抽样调查；另一方面委托导游发放在线网络问卷。

3. 统计分析法

利用SPSS19.0软件，主要针对游客的人口统计学特征进行描述性分析，利用配对样本T检验计算张家界旅游公共服务质量的期望与感知均值，并比较两者之间的差异，同时利用IPA象限分析法确定测量指标所在象限，发现张家界旅游公共服务建设的优势与劣势。

三、调查对象及数据收集

问卷调查以来张家界旅游的游客为主要调查对象，于 2018 年 1 月 10 日至 3 月 8 日进行，一方面选取张家界景区、火车站（汽车站）、机场等地进行随机抽样调查；另一方面委托导游，利用 QQ、微信等网络新媒体平台发放在线网络问卷。问卷发放具体情况如表 10 - 7 所示。

线下实地调查问卷发放 100 份，回收问卷 88 份，其中有效问卷 78 份；线上网络问卷发放 50 份，回收问卷 50 份，其中有效问卷 39 份。本次调查共发放问卷 150 份，回收问卷 138 份，回收率为 92.00%，其中有效问卷为 117 份，有效回收率为 78.00%。

表 10 - 7　　　　　　　　　调查问卷发放情况汇总

调查方式	问卷发放点	发放数	回收数	回收率(%)	有效问卷	有效回收率(%)
线下调查	景区	40	35	87.50	31	77.50
	火车站(汽车站)	30	26	86.67	23	76.67
	荷花机场	30	27	90.00	24	80.00
线上调查	QQ、微信等网络新媒体平台	50	50	100.00	39	78.00
合计		150	138	92.00	117	78.00

四、调查结果及分析

（一）游客人口统计学特征值分析

从表 10 - 8 数据中可知，在性别方面，男女比例较为平衡，女性略多于男性，符合张家界旅游市场男女比例。在年龄方面，20～40 岁和 20 岁以下的中青年游客最多，两者一起占了总体的 65.81%，原因是该年龄阶段的旅客旅游愿望强、经济能力较强、闲暇时间较多，年龄越大游客所占总体比例越小，与张家界旅游客源市场年龄段的分布大致相符。在受教育程度方面，被调查者中拥有高中以上学历的比例高达 94.87%，他们对问卷的阅读和理解能力较强，为问卷信息填写的有效程度提供了保证。在职业构成方面，受访游客中学生最多，比例超过20%，接下来依次为自由职业（17.09%）和企事业单位（16.24%）旅客，退休及公务员旅客较少。在月收入方面，月收入在3001~4000元和2001~3000元的游客最多，分别占总体的29.06%和24.79%，他们能较好地支持旅游消费。

表 10-8   游客人口特征

特征值	类别	人数(人)	比例
性别	男性	58	49.57
	女性	59	50.43
年龄	≤25 岁	36	30.77
	26~40 岁	41	35.04
	41~60 岁	34	29.06
	≥61 岁	6	5.13
学历	初中及初中以下	6	5.13
	高中及中专(含)	22	18.80
	大专及本科(或同等学历)	80	68.38
	研究生及研究生以上	9	7.69
职业	企事业单位	19	16.24
	公务员	15	12.82
	自由职业	20	17.09
	退休	13	11.11
	学生	31	26.50
	其他	19	16.24
月收入	≤2000 元	26	22.22
	2001~3000 元	29	24.79
	3001~4000 元	34	29.06
	4001~5000 元	17	14.53
	≥5001 元	11	9.40

(二) 信度效度检验

信度检验在于测试数据的准确性，效度检验则是为了保证调查结果的客观性。Cronbach's Alpha 系数是衡量内在信度普遍使用的方法，系数值通常介于 0.3~0.9 之间，从表 10-9 看出，旅游公共服务质量期望值和感知值的 Cronbach's Alpha 系数分别为 0.885 和 0.864，均大于 0.8，说明问卷各指标之间的内部一致性较高。

本研究使用 Bartlett 球形度检验和 KMO 检验考察了问卷的效度，如表 10-9 所示，旅游公共服务质量期望值和感知值的 KMO 值分别为 0.807 和 0.813，均大于 0.8，表示适合做因子分析。Bartlett 检验中，Bartlett 球形度检验的 Sig. = 0.000 < 0.01，认为符合信度要求，可以进行后续分析。

表 10-9 信度效度检验

期望值	Cronbach's Alpha	0.885	
	KMO 样本测度	0.807	
	Bartlett 球形度检验	近似卡方	2258.731
		df	320
		Sig.	0.000
感知值	Cronbach's Alpha	0.864	
	KMO 样本测度	0.813	
	Bartlett 球形度检验	近似卡方	2318.654
		df	320
		Sig.	0.000

(三) 配对样本 T 检验

在信度和效度检验的基础上，对张家界游客旅游公共服务质量的期望值和感知值进行了配对样本 T 检验，结果如表 10-10 所示。

表10-10　游客旅游公共服务质量期望值与感知值差异T检验结果表(N=117)

测量维度	测量指标	期望值(I)			感知值(P)			P-I均值差	T值	P值
		均值	标准差	排序	均值	标准差	排序			
A 旅游信息咨询服务	A1 信息发布宣传	4.56	0.57	12	3.68	1.01	16	-0.88	-13.27	0.000
	A2 网上预订	4.68	0.63	3	3.96	0.97	3	-0.72	-11.87	0.000
	A3 景区导游	4.22	0.64	29	3.85	1.23	7	-0.37	-5.32	0.000
	A4 信息咨询服务中心	4.30	0.52	27	3.08	1.07	29	-1.22	-19.49	0.000
	A5 旅游手册/指南/地图	4.17	0.49	30	3.65	0.87	17	-0.52	-7.86	0.000
	A6 旅游热线	4.36	0.71	25	3.45	0.92	24	-0.91	-15.90	0.000
	均值	4.38			3.61			-0.77	-12.29	
B 旅游安全保障服务	B1 安全宣传	4.61	0.69	9	3.98	1.16	1	-0.63	-9.86	0.000
	B2 旅游保险	4.66	0.75	5	3.86	0.90	6	-0.80	-13.02	0.000
	B3 突发事件应急救援	4.68	0.58	3	3.64	0.88	18	-1.04	-17.86	0.000
	B4 安全预警	4.51	0.74	15	3.75	0.86	12	-0.76	-12.86	0.000
	B5 住宿/餐饮安全监测	4.56	0.83	12	3.93	1.27	5	-0.63	-9.22	0.000
	B6 医疗等安全保障	4.48	0.68	18	3.83	0.95	9	-0.65	-10.57	0.000
	均值	4.58			3.83			-0.75	-12.23	

测量维度		测量指标	期望值（I）			感知值（P）			P－I均值差	T值	P值
			均值	标准差	排序	均值	标准差	排序			
C 旅游交通便捷服务	C1	城市交通可到达性	4.62	0.47	8	3.72	0.96	13	-0.90	-15.35	0.000
	C2	公共交通的便利性	4.58	0.65	11	3.96	0.87	3	-0.62	-9.20	0.000
	C3	交通工具的舒适度	4.38	0.83	22	3.78	1.02	10	-0.60	-8.65	0.000
	C4	旅游集散中心	4.49	0.59	16	3.58	1.04	19	-0.91	-16.33	0.000
	C5	道路状况	4.66	0.66	5	3.78	0.98	10	-0.88	-14.83	0.000
	C6	自驾服务系统	4.32	0.72	26	3.85	0.93	7	-0.47	-7.19	0.000
	C7	交通引导标识	4.37	0.78	24	3.55	1.36	21	-0.82	-12.99	0.000
		均值	4.49			3.75			-0.74	-12.08	
D 旅游惠民便民服务	D1	通信服务	4.66	0.42	5	3.69	0.80	15	-0.97	-17.08	0.000
	D2	在线金融	4.45	0.58	21	3.18	0.85	28	-1.27	-20.08	0.000
	D3	卫生设施	4.56	0.53	12	3.26	0.92	27	-1.30	-22.62	0.000
	D4	公共休息区	4.49	0.64	16	3.36	0.88	25	-1.13	-19.18	0.000
	D5	旅游娱乐/购物设施	4.38	0.63	22	3.98	0.99	1	-0.40	-6.38	0.000
	D6	无障碍游憩设施	4.26	0.69	28	2.98	1.05	30	-1.28	-21.36	0.000
	D7	旅游志愿者服务	4.47	0.74	20	3.47	1.26	23	-1.00	-17.47	0.000
	D8	旅游优惠服务	4.59	0.50	10	3.55	0.78	21	-1.04	-18.48	0.000
		均值	4.48			3.43			-1.05	-17.83	

测量维度	测量指标		期望值（I）			感知值（P）			P－I均值差	T值	P值
			均值	标准差	排序	均值	标准差	排序			
E 旅游行政服务	E1	行政人员服务态度	4.48	0.42	18	3.56	0.76	20	-0.92	-16.95	0.000
	E2	不受骗/强制购物	4.72	0.45	2	3.36	0.65	25	-1.36	-23.76	0.000
	E3	旅游投诉有效处理	4.78	0.39	1	3.71	0.72	14	-1.07	-18.66	0.000
	均值		4.66			3.54			-1.12	-19.79	

注：①由于篇幅所限，测量指标仅提取关键词；②T检验置信区间为95%；③显著著水平为0.05，若P＜0.05，差异显著。

1. 期望值的均值分析

游客对张家界旅游公共服务质量期望的总均值为 4.50，期望值最高为 4.78，最低为 4.17，期望值都在 4.10 以上。其中，游客对旅游投诉能得到有效处理（4.78）、在当地不受骗/不被宰/不强制购物（4.72）、应急和救援服务（4.68）、景区门票/酒店/租车等网上预订（4.68）、购买旅游保险服务（4.66）、道路状况（4.66）、通讯服务（4.66）、城市交通可到达性（4.62）、旅游安全知识宣传（4.61）的评分较高，说明游客对旅游行政服务和旅游安全保障服务尤为重视，对这两方面的期望较高。

2. 感知值的均值分析

游客对张家界旅游公共服务质量感知的总均值为 3.63，感知值最高为 3.98，最低为 2.98，游客对张家界旅游公共服务质量的感知评价为中等水平。其中，游客对无障碍游憩设施（2.98）、旅游信息咨询服务中心（3.08）、在线金融服务（3.18）、卫生设施（3.26）、公共休息区（3.36），以及在当地不受骗、不被宰、不强制购物（3.36）等指标的评分较低，说明游客在这些方面的需求不能得到较好的满足。

3. 期望值与感知值的均值差分析

根据 P－I 的均值差分析和图 10－1，显示各个测量指标的均值差均为负数，即感知评价低于期望评价，说明张家界旅游公共服务并没有较好地满足游客的需要。此外，一般认为，T 的绝对值越大，差异越明显。从表 10－10 中可以看出，旅游公共服务质量的 15 个测量指标 T 值的绝对值大于 15，其中，旅游行政服务（－19.79）和旅游惠民便民服务（－17.83）T 值的绝对值相对较大，均大于 17。另外，在置信区间 95% 的水平下，P 值均为 0.000，小于 0.05，反映游客对张家界旅游公共服务质量的期望值和感知值评价存在显著差异，游客对张家界旅游公共服务质量的期望较高，但目前张家界地区的旅游公共服务并不能较好地满足游客的旅游需要，因此应加大张家界旅游公共服务的建设力度，提升张家界旅游公共服务的质量，来吸引更多的游客赴张家界旅游和提高重游率，以此提升张家界地区的旅游经济效益。

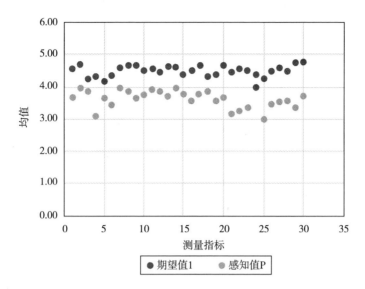

图 10 – 1　游客对张家界旅游公共服务质量的期望值与感知值比较

（四）张家界旅游公共服务质量 IPA 分析

IPA 分析即"重要程度—表现程度"分析法（importance-perform-ance analysis），主要是顾客对某产品或服务的各属性的重要程度和表现程度进行的评估。IPA 四象限分析是以重要程度为纵轴，表现程度为横轴，并以重要程度和表现程度的总均值作为原点，将空间划为 4 部分。第一象限（优势区）是指该产品或服务的重要程度和表现程度均较高。第二象限（改进区）是指该产品或服务的重要程度较高，但表现程度较低。第三象限（机会区）是该产品或服务的重要程度和表现程度均较低。第四象限（维持区）是该产品或服务的重要程度较低，但表现程度较高。

本研究主要利用 IPA 从游客角度分析其对张家界旅游公共服务质量的具体评价情况，并在此基础上分析张家界旅游公共服务质量的薄弱环节。选取 30 个张家界旅游公共服务质量测量指标的期望值和感知值的均值为数据区域，以感知值为 X 轴，期望值为 Y 轴，并分别将期望值和感知值的均值线交叉形成坐标原点，即（3.63，4.50），以此划分四个象限。然后依据各测量指标的期望值和感知值均值在相应位置逐一确定定位，绘制 IPA 分析图（见图 10 - 2）。最终依据 IPA 理论对图中各点的位置作出解释。

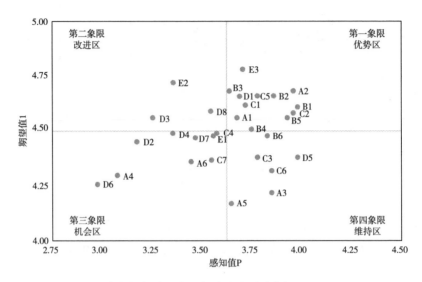

注：A1～E3 分别代表旅游公共服务质量的测量指标。

图 10 - 2　张家界旅游公共服务质量 IPA 分析

1. 第一象限优势区

此象限的测量指标感知值均大于 3.63，期望值均大于 4.50，共有 12 个测量指标在此象限，分别为旅游官网信息发布和宣传（t = - 13.27，p = 0.000）、景区门票/酒店/租车等网上预订（t = - 11.87，p = 0.000）、旅游安全知识宣传（t = - 9.86，p = 0.000）、购买旅游保险服务（t = - 13.02，p = 0.000）、突发事件应急和救援服务（t = - 17.86,p = 0.000）、旅游安全预警服务（t = - 12.86，p = 0.000）、住宿/餐饮安全监测（t = - 9.22，p = 0.000）、城市交通可到达性（t = - 15.35,p = 0.000）、公共交通的便利性（t = - 9.20，p = 0.000）、道路状况（t = - 14.83，p = 0.000）、通讯服务（t = - 17.08，p = 0.000）、旅游投诉能得到有效处理（t = - 18.66，p = 0.000）。由图 10 - 2 可以看出，游客对张家界地区旅游公共服务质量的期望较高，感知也高。但从配对样本 T 检验可知，以上 12 项指标离满足游客的需要仍存在距离。

2. 第二象限改进区

此象限的测量指标感知值均小于3.63，期望值均大于4.50，共有3个测量指标在此象限，分别为卫生设施（t = −22.62，p = 0.000）、旅游优惠服务（t = −18.48，p = 0.000）、在当地不受骗/不被宰/不强制购物（t = −23.76，p = 0.000）。由图10 −2可以看出，游客对张家界地区旅游公共服务质量的期望较高，但在实际旅游过程中的感知较低，并未达到预期。从配对样本T检验也可知，以上3项指标的期望值和感知值存在显著差异，这是未来需要改进的地方。

3. 第三象限机会区

此象限的测量指标感知值均小于3.63，期望值均小于4.50，共有9个测量指标在此象限，分别为旅游信息咨询服务中心（t = −19.49，p = 0.000）、旅游/热线投诉服务（t = −15.90，p = 0.000）、直通景区的旅游集散中心（t = −16.33，p = 0.000）、交通引导标识（t = −12.99，p = 0.000）、在线金融服务（t = −20.08，p = 0.000）、公共休息区（t = −19.18，p = 0.000）、无障碍游憩设施（t = −21.36，p = 0.000）、旅游志愿者服务（t = −17.47，p = 0.000）、行政人员服务态度（t = −16.95，p = 0.000）。由图10 −2可以看出，游客对张家界地区旅游公共服务质量的期望和感知均较低，因此列入机会区，今后可以挖掘它们的发展潜力并逐一完善。

4. 第四象限维持区

此象限的测量指标感知值均大于3.63，期望值均小于4.50，共有6个测量指标在此象限，分别为景区导游服务（t = −5.32，p = 0.000）、旅游手册/指南/地图资料（t = −7.86，p = 0.000）、交通/娱乐/医疗等安全保障（t = −10.57，p = 0.000）、交通工具的舒适度（t = −8.65，p = 0.000）、自驾服务系统（t = −7.19，p = 0.000）、旅游娱乐/购物设施（t = −6.38，p = 0.000）。由图10 −2可以看出，游客对张家界地区旅游公共服务质量的期望较低，感知较高，说明在旅游过程中这6项指标均满足了游客需求，为较理想的状态，在今后应维持此状态。

第三节　旅游公共服务质量问题探析

通过参考相关国家或地方标准，以及借鉴公共服务体系评价研究的经验，将旅游公共服务质量的总分设置为 5，从高到低可划分为高水平旅游公共服务质量（>4）、中等水平旅游公共服务质量（3.5~4）、一般水平旅游公共服务质量（3~3.5）和差水平旅游公共服务质量（<3）①。首先，本研究将张家界 2018 年的旅游公共服务质量测量数据与邓洁（2016）所做调研进行比较，试图研究张家界旅游公共服务质量的时间演变。其次，三亚与张家界相似，以打造国际化的旅游都市为目标，旅游业是本城市经济产业的支柱，旅游业收入占 GDP 的大头，因此本研究选择将三亚的最新数据与张家界的最新数据进行比较。最后，结合前面的配对样本 T 检验和 IPA 分析，得出以下结论。

一、张家界旅游公共服务质量有待提高

张家界旅游公共服务质量处于中等水平，近两年略有提高，且远高于旅游热门城市三亚。2016 年张家界旅游公共服务质量感知值为 3.61，2018 年为 3.63，水平略微提高，主要是在旅游交通便捷和惠民便民服务方面有所提升。张家界旅游公共服务质量高于我国著名的旅游城市三亚（2.91），且是全方位的超过（见表 10－11）。

张家界的旅游相关部门对部分旅游公共服务质量比较重视，并积极采取措施进行完善，但旅游公共服务的五大方面仍缺乏整体性，期望与感知不平衡问题较突出。表 10－11 的 T 检验结果显示，旅游信息咨询服务（4.38）、旅游安全保障服务（4.58）和旅游交通便捷服务（4.49）的期望值较高，但感知值也较高，分别为 3.61、3.83 和 3.75，期望与感知值之间的差异较小，｜T｜分别为 12.29、12.23 和 12.08。旅游惠民便民服务（4.48）、旅游行政服务（4.66）的期望值高，但感知值低，分别为 3.43 和 3.54，在配对样本 T 检验中，｜T｜分别为 17.83 和 19.79，说明游客对张家界旅游惠民便民服务与旅游行政服务

---

① 谷艳艳. 城市旅游公共服务体系构建与质量评价 ［D］. 上海：上海师范大学，2011：42－43.

质量的期望和感知的差异大，目前这两方面的旅游公共服务供给暂不能满足游客的需要。

表 10-11　　　　　　不同时空的旅游公共服务质量游客感知比较

测量维度		张家界		三亚
		2018	2016	2017
A	旅游信息咨询服务	3.61	4.03	2.90
B	旅游安全保障服务	3.83	3.86	2.89
C	旅游交通便捷服务	3.75	3.48	3.06
D	旅游惠民便民服务	3.43	3.41	3.06
E	旅游行政服务	3.54	3.60	2.51
总均值		3.63	3.61	2.91

注：数据由笔者依据有关文献梳理所得。

根据 IPA 象限定位分析图，处于第一象限优势区的测量指标共有 12 个，其中旅游安全保障服务占据 5 个，说明其优势明显；处于第二象限改进区的测量指标共有 3 个，其中旅游惠民便民服务占据 2 个，说明其改进空间相对大；处于第三象限机会区的测量指标共 9 个，其中旅游惠民便民服务占据 4 个，说明对其可深挖潜力，把握机会，不断发展完善；处于第四象限维持区的测量指标共 6 个，其中旅游信息咨询服务和旅游交通便捷服务均占据 2 个名额，游客对处于该象限的测量指标期望较低但感知较高，因而维持现状即可。综上，张家界旅游惠民便民服务和旅游行政服务的改进空间和发展潜力最大。

二、旅游信息咨询服务功能单一

张家界旅游信息咨询服务质量 2018 年处于中等水平，低于 2016 年水平，但高于三亚。与三亚（2.90）相比，张家界（3.61）旅游信息咨询服务质量水平较高。但与两年前 4.03 的高水平质量相比，张家界旅游信息咨询服务质量水平下降较为明显，且是全方位的下降，因此，张家界旅游信息咨询服务质量仍有进步的空间（见表 10-11）。与此同时，游客对网上预订等信息咨询服务的需求越来越大，旅游公共服务的提供者应更多关注这些方面（见表10-12）。

表10-12　　　　不同时空的旅游信息咨询服务质量游客感知比较

测量维度		张家界		三亚
		2018	2016	2017
A1	官网信息发布宣传	3.68	3.85	3.04
A2	网上预订	3.96	/	/
A3	景区导游	3.85	/	/
A4	信息咨询服务中心	3.08	4.04	3.13
A5	旅游手册/指南/地图	3.65	4.16	/
A6	旅游热线	3.45	4.05	2.54
均值		3.61	4.03	2.90

　　注：①数据由笔者依据有关文献梳理所得；②"/"表示相关文献未对该指标进行测量；③由于篇幅所限，测量指标仅提取关键词。

　　张家界旅游信息咨询服务中心和旅游/热线投诉服务的期望与感知差异较大。根据表10-10的T检验结果显示，旅游信息咨询服务的期望均值和感知均值分别为4.38、3.61，旅游官网信息发布（4.56）和宣传及景区门票/酒店/租车等网上预订（4.68）的期望值高于均值；旅游信息咨询服务中心（3.08）和旅游/热线投诉服务（3.45）的感知值低于均值，且|T|分别为19.49、15.90。

　　根据IPA象限定位分析图，旅游官网信息发布和宣传及景区门票、酒店、租车等网上预订属于第一象限优势区；旅游信息咨询服务中心和旅游/热线投诉服务属于第三象限，需要不断挖掘潜力并发展完善；景区导游服务和旅游手册、指南、地图资料属于第四象限，维持状态即可（见图10-2）。综上，旅游信息咨询服务中心和旅游/热线投诉服务是张家界旅游信息咨询服务质量提升的关键。

三、旅游安全保障服务后劲不足

　　张家界旅游安全保障服务质量处于中等偏上水平，高于三亚，但近两年略有下降。与三亚（2.89）相比，张家界（3.83）旅游安全保障服务质量水平较高。但近两年张家界旅游安全保障服务质量略有下降，尤其是在应急救援服务、旅游保险服务和安全预警上（见表 10 - 13）。因此，提高张家界旅游安全保障服务质量具有必要性。此外，游客的旅游安全需要愈加多元化，对住宿、餐饮等安全检测的关注度上升，所以应改革旅游安全保障服务供给侧，满足游客对旅游安全的多样化需求。

应急和救援服务、旅游保险服务的期望与感知差异较大。根据 IPA 象限定位分析图，安全宣讲、购买旅游保险服务、应急救援服务、安全预警和住宿、餐饮监测属于第一象限优势区；医疗等安全保障属于第四象限，维持原态就好（见图 10 - 2）。

但 T 检验结果显示，旅游安全保障服务的期望均值和感知均值分别为 4.58、3.83，旅游安全知识宣传（4.61）、购买旅游保险服务（4.66）、应急救援服务（4.68）的期望值高于均值；应急救援服务（3.64）、安全预警（3.75）的感知值低于均值；应急救援服务及购买旅游保险服务的ǀTǀ分别为 17.86、13.02，高于 12.23 的旅游安全保障服务ǀTǀ均值，说明这两项公共服务质量的期望和感知的差异较大。综上应急救援服务及旅游保险服务是张家界旅游安全保障服务质量提升的要点。

表 10 - 13   不同时空的旅游安全保障服务质量游客感知比较

	测量维度	张家界		三亚
		2018	2016	2017
B1	安全宣传	3.98	3.75	/
B2	旅游保险	3.86	3.91	3.37
B3	突发事件应急救援	3.64	3.82	2.45
B4	安全预警	3.75	3.97	/
B5	住宿/餐饮安全监测	3.93	/	/

测量维度		张家界		三亚
		2018	2016	2017
B6	医疗等安全保障	3.83	/	2.86
	均值	3.83	3.86	2.89

注：①数据由笔者依据有关文献梳理所得；②"/"表示相关文献未对该指标进行测量；③由于篇幅所限，测量指标仅提取关键词。

四、旅游交通便捷服务相对滞后

张家界旅游交通便捷服务质量处于中等水平，进步较大，且高于三亚。张家界 2018 年（3.75）旅游交通便捷服务质量高于 2016 年（3.48），尤其是在公共交通的便利性和交通工具的舒适度方面进步显著。与三亚的游客相比，张家界游客更加关注交通工具的舒适性、道路状况等与旅游出行舒适度相关的内容（见表 10－14），因此，张家界旅游交通便捷服务可继续提质，不断完善。

表 10－14　　　　不同时空的旅游交通便捷服务质量游客感知比较

测量维度		张家界		三亚
		2018	2016	2017
C1	城市交通可到达性	3.72	3.45	2.97
C2	公共交通的便利性	3.96	3.18	
C3	交通工具的舒适度	3.78	3.06	
C4	旅游集散中心	3.58	3.62	3.14
C5	道路状况	3.78	3.47	
C6	自驾服务系统	3.85	3.49	
C7	交通引导标识	3.55	4.06	
	均值	3.75	3.48	3.06

注：①数据由笔者依据有关文献梳理所得；②"/"表示相关文献未对该指标进行测量；③由于篇幅所限，测量指标仅提取关键词。

旅游集散中心、城市交通可到达性和道路状况的期望和感知差异较大，尤其是旅游集散中心。表 10 - 10 的 T 检验结果显示，旅游交通便捷服务的期望均值和感知均值分别为 4.49、3.75，城市交通可到达性（4.62）、公共交通的便利性（4.58）和道路状况（4.66）的期望值高于均值；城市交通可到达性（3.72）、直通景区的旅游集散中心（3.58）和交通引导标识（3.55）的感知值低于均值；直通景区的旅游集散中心（ I T I ＝16.33）、城市交通可到达性（ I T I ＝15.35）和道路状况（ I T I ＝14.83）高于旅游交通便捷服务 I T I 均值 12.08。

但根据 IPA 象限定位分析图，城市交通可到达性、公共交通的便利性和道路状况属于第一象限优势区；直通景区的旅游集散中心和交通引导标识属于第三象限机会区，需要旅游公共服务供给部门深挖发展潜力并不断完善改进；交通工具的舒适度和自驾服务系统属于第四象限，维持现有的旅游公共服务质量水平即可（见图 10 - 2）。综上，直通景区的旅游集散中心应成为张家界旅游交通便捷服务提升改造的重中之重。

五、旅游惠民便民服务发展不均衡

张家界旅游惠民便民服务质量处于一般水平，比 2016 年稍有进步且高于三亚。张家界（3.43）旅游惠民便民服务质量高于三亚（3.06），且比两年前（3.41）略有进步，尤其在通讯服务、娱乐购物设施、旅游优惠服务等方面。与三亚游客相比，张家界游客更注重无障碍游憩设施和旅游优惠等内容（见表 10 - 15），所以，追求高质量的旅游惠民便民服务对打造升级版的张家界旅游公共服务体系非常重要。

表 10 - 15　　　不同时空的旅游惠民便民服务质量游客感知比较

	测量维度	张家界		三亚
		2018	2016	2017
D1	通讯服务	3.69	3.34	2.96
D2	在线金融	3.18	3.36	3.53
D3	卫生设施	3.26	3.34	2.53
D4	公共休息区	3.36	3.34	3.22

测量维度		张家界		三亚
		2018	2016	2017
D5	旅游娱乐/购物设施	3.98	3.34	/
D6	无障碍游憩设施	2.98	3.83	/
D7	旅游志愿者服务	3.47	3.63	/
D8	旅游优惠服务	3.55	3.10	/
均值		3.43	3.41	3.06

注：①数据由笔者依据有关文献梳理所得；②"/"表示相关文献未对该指标进行测量；③由于篇幅所限，测量指标仅提取关键词。

张家界旅游惠民便民服务整体的期望和感知的差异较大。表 10 – 10 的 T 检验结果显示，旅游惠民便民服务的期望均值和感知均值分别为 4.48、3.43，通讯服务（4.66）、卫生设施（4.56）、旅游优惠服务 （4.59）的期望值高于均值；在线金融服务（3.18）、卫生设施 （3.26）、公共休息区（3.36）、无障碍游憩设施（2.98）的感知值低于均值；在线金融服务（ | T | = 20.08）、卫生设施（ | T | = 22.62）、公共休息区（ | T | = 19.18）、无障碍游憩设施（ | T | = 21.36）和旅游优惠服务（ | T | = 18.48）高于旅游惠民便民服务 | T | 均值 17.83。

根据 IPA 象限定位分析图，通讯服务（手机网络、WiFi、快递等）属于第一象限优势区，卫生设施（垃圾桶/旅游厕所等）和旅游优惠服务属于第二象限，这两项旅游公共服务仍有较大的进步空间，在线金融服务、公共休息区、无障碍游憩设施（针对老人残疾人等特殊群体）和旅游志愿者服务属于第三象限机会区，有关部门要重视这些项目的发展潜力并逐一完善，旅游娱乐、购物设施属于第四象限维持区，保持原状就好（见图 10 – 2）。综上，旅游惠民便民服务的期望感知差异较大，整体发展不平衡。

六、旅游行政服务缺乏重视

张家界旅游行政服务质量处于中等水平，高于三亚和秦皇岛（见表 10 – 16），但与自身相比稍有退步。张家界（3.54）旅游行政服务质量高于三亚（2.51），且张家界游客更在意行政人员的服务态度。秦皇岛与张家界同为我国第一批国家旅游综合改革试点城市，但张家界旅游行政服务质量略高于秦皇岛（3.46）。然而，与两年前（3.60）相比，张家界旅游行政服务质量略有退步，尤其是在当地不受骗、不被宰、不强制购物这一指标上（见表10-16）。因而，提高张家界旅游行政服务质量显得尤为迫切。

表 10-16　　　　　不同时空的旅游行政服务质量游客感知比较

测量维度		张家界		三亚
		2018	2016	2017
E1	行政人员服务态度	3.56	3.62	/
E2	不受骗/强制购物	3.36	3.49	2.12
E3	旅游投诉有效处理	3.71	3.68	2.90
均值		3.54	3.60	2.51

注：①数据由笔者依据有关文献梳理所得；②"/"表示相关文献未对该指标进行测量；③由于篇幅所限，测量指标仅提取关键词。

张家界旅游行政服务的整体期望感知差异较大。表10-10的T检验结果显示，旅游行政服务的期望均值和感知均值分别为4.66、3.54，在当地不受骗、不被宰、不强制购物（4.72）、旅游投诉能得到有效处理（4.78）的期望值高于均值；在当地不受骗、不被宰、不强制购物（3.36）的感知值低于均值，且其（｜T｜=18.48）高于旅游行政服务｜T｜均值19.79，说明此项公共服务质量的期望和感知的差异较大。

根据 IPA 象限定位分析图，旅游投诉能得到有效处理属于第一象限优势区，在当地不受骗、不被宰、不强制购物属于第二象限，仍有改进的空间，行政人员服务态度属于第三象限机会区，需要张家界旅游公共服务的供给者引起重视，并充分挖掘这方面的发展潜力（见图10-2）。综上，张家界旅游行政服务的整体期望感知差异较大，缺乏重视。

第十一章　旅游业民生效应的综合测评

第一节　问题的提出

扩大旅游业民生效应、增强区域经济实力及富民减贫，是旅游目的地建设尤其是民族地区的重要目标。

民生效应早在 19 世纪，以空想主义为特征的人道主义流派就提出"公平""正义""平等""善""理性"。马克思认为"在现实社会中，个人有许多需要"。[①] 且满足生存需要是不可剥夺的权利[②]，这里则指出了民生的本质。到了 20 世纪 20 年代，以英国经济学家庇古（2010）为代表的福利经济学派明确了民生效应就是社会集体福利和国民生活水平的反应，这一思想直接影响了"二战"后的很多欧美国家的民生政策。直到 90 年代初，阿玛蒂亚·森（2002）提出了"以人为中心"的民生效应观。关于民生效应测评方面，近当代西方学者虽然没有明确提出民生概念，但对社会福利及民生效应等问题以"公民生活质量""生活标准""福利水平"等角度进行综合考虑测评，如 Galibraith（1980）认为民生测评应该以公民的生活质量评价为标准，Samuelson（2004）和 Nordhaus（1973）则认为人的生活质量改善和提高是整个社会福利增长的体现。Nordhaus 和 Tobbin（1973）、Daly 和 Cobb（1989）、Cobb C 和 Cobb J（1994）、Castaneda（1999）、Clarke（2005）沿用国民收入核算体系，从不同角度修正和完善了 GDP 核算。Easterlin（1974）、Morris（1979）和 Lawn（2005）用国民幸福指数作为 GDP 的替代指标来反映社会成员的整体福利情况。

[①]　马克思恩格斯全集（第 3 卷）［M］. 北京：人民出版社，1960：326.
[②]　马克思恩格斯全集（第 1 卷）［M］. 北京：人民出版社，1960：349.

我国自古以来对民生效应就十分关注，《左传》中指出民生即"民众的生计"①，也可解释为"人民的生活、社会的生存、国民的生计、群众的生命"，指的是某地居民的生存、生活状态，可分为生计和生活两个部分，生计指"谋生的方式"，指某地的居民谋得生计的主要方式；生活指某地的居民的整体生活状况。随着旅游业的快速发展，旅游业的经济社会效应巨大，旅游业民生效应也引起很多学者的关注。马耀峰（2010）最早指出发展旅游的根本目的在于改善民生。朱国兴（2010）、张凌云（2010）、张辉等（2010）多位专家一致认为旅游具有民生价值。Sadler 和 Archer（1975）、匡林、张广瑞、魏小安、张辉和厉新建、吴国新等利用凯恩斯的乘数理论、投入产出矩阵计算旅游对国民经济的贡献；石培华、冯学钢等用结构方程模型以及经济计量模型法测算旅游业的就业带动效应；杨桂华、刘益、全华等用生态足迹法、生态阈值等方法测算旅游业改变的人地关系给当地居民造成的民生环境影响。麻学锋从旅游目的地社区居民的福利出发，用居民收入增长弹性系数、森指数、基尼系数等 6 大指标，对张家界市旅游业的民生福利进行了测评。鲁明勇教授从经济效应、社会效应、环境效应三个方面提出民生统计指标体系，以张家界市为案例地进行了民生效应测评。

以上成果在理论与实践上对旅游民生效应进行了大量探索与研究，给予本研究很好的启发和借鉴。但从当前测评角度来看，现有成果多以旅游发展产生人地关系对旅游目的地居民影响角度出发，民生效应评价多以旅游目的地居民福祉为主体承载对象，而对旅游者的民生福祉研究较少；从评价角度来看，没有基于旅游者与旅游地居民二元利益综合考虑，多以旅游业给当地居民与财政带来的经济效应替代民生效应。从测评指标体系来看，当地居民获得的旅游业民生效应多以移植国民经济增长等民生评价指标，没有从当地居民综合收益以及旅游者的体验收获综合考虑。本章将基于旅游目的地居民以及游客二元利益角度出发，构建旅游民生效应测评指标体系及模型，以张家界武陵源区与凤凰县为案例地进行实证研究，探索扩大旅游业民生效应的路径与对策，为旅游业发展提供现实参考与借鉴。

---

① 《左传·宣公十二年》中就明确提出"民生在勤，勤则不匮"。

第二节　旅游民生效应综合测评的二元分析

第一，旅游民生效应表征载体：主客体二元合一。旅游民生二元的载体是旅游活动中旅游者与旅游地居民。厉新建在全新的市场观中指出旅游者与居民并不是非此即彼的关系，而是你中有我，我中有你的关系，开展旅游不仅为旅游者服务还要兼顾本地居民的利益。从旅游者视角来看，旅游活动就是游客在旅游过程中的综合体验与收获，是一种精神寄托与消费享受；而从旅游地视角来看，旅游活动能创造旅游地民众生存与发展资料的重要来源。所以旅游活动带来的民生效应即表现在旅游者获得的物质与精神方面的体验和感知，也表现在旅游地居民收获的因旅游活动带来的正外部性，如就业机会增多、收入提高以及公共设施完善等福利。

第二，旅游民生综合效应发展现状：二元失衡。旅游业发展的宗旨是以满足旅游者在吃住行游购娱六个重要环节中的消费和体验。从旅游业供给角度看，旅游发展目标就是为提高旅游目的地居民民生效应。旅游业发展的函数目标是为目的地居民增加福利，增加可支配收入，提供就业等。由于以上供需双方目标函数不一致，二元效应就会失衡。

第三，旅游民生综合效应发展目标：二元共轭。基于旅游民生是指为旅游者和旅游地居民带来的"生计""生活"方面的影响，同时又考虑"十三五"规划旅游发展战略目标中的明确规定，全域旅游发展的终极目标是实现全民共建共享。旅游本质决定了"旅游"和"民生"具有内在关联性，在未来的旅游业发展中，宜居宜游的旅游目的地建设任务和全民即旅游者和目的地居民共享旅游发展带来的效应，为二元视角测评旅游民生提出了明确的要求，也指明了兼顾主客体二元利益是旅游业未来发展的必然趋势。

第三节　旅游民生综合效应测评指标体系的构建

旅游民生效应测评指标体系构建以"旅游地居民生计"和"旅游者生活"两个子系统联合构建，分别代表着旅游地民生和旅游者民生。

一、旅游地居民生计指标的构建

旅游地居民生计指的是旅游地旅游从业者的生计，是对当地旅游业就业效应的综合衡量，体现在就业渠道通畅、收入分配体制合理、良好的消费环境和享有完善的社会保障等方面。笔者根据旅游业给当地居民带来的民生福祉主要内涵，将旅游地居民生计测评指标体系分为四大类二级指标，下辖21项三级指标，具体如表11-1所示。

表11-1　　　　　　　　　　旅游地居民生计指标体系

子系统层 （一级指标）	准则层 （二级指标）	指标层 （三级指标）	权重	最终权重 Vi（i = 1 - 21）
旅游地居民生计（A）	就业 0.2893	旅游直接提供就业人数（X1）	0.3187	0.0922
		旅游行业就业种类（X2）	0.3026	0.0876
		城镇登记失业率（X3）	0.2313	0.0669
		平均工作时间（X4）	0.0894	0.0259
		从业者接受培训次数（X5）	0.058	0.0169
	收入 0.2893	旅游业总收入（X6）	0.1093	0.0316
		旅游收入占GDP份额（X7）	0.369	0.1068
		常住人口人均GDP（X8）	0.1093	0.0316
		城镇居民可支配收入（X9）	0.2062	0.0596
		农村居民人均纯收入（X10）	0.2062	0.0596
	消费 0.1752	居民消费价格指数（X11）	0.0888	0.0156
		城镇居民人均消费支出（X12）	0.1578	0.0276
		农村居民人均消费支出（X13）	0.1578	0.0276
		基尼系数（X14）	0.2978	0.0522
		恩格尔系数（X15）	0.2978	0.0522
	社会保障 0.2462	失业保险覆盖率（X16）	0.0513	0.0126
		基本养老保险覆盖率（X17）	0.0926	0.0228
		基本医疗保险覆盖率（X18）	0.1962	0.0483
		低保生活保障覆盖率（X19）	0.3779	0.093
		工伤保险覆盖率（X20）	0.1906	0.0469
		住房公积金参缴率（X21）	0.0914	0.0225

二、旅游者生活指标体系的构建

旅游者生活是旅游者在旅游地的生活状态，是旅游者在旅游过程中的出游感受和体验质量的综合评估，体现在"食住行游购娱"的完美体验、完善的社会保障制度和医疗制度、良好的社会治安环境等方面。根据旅游者生活的定义，结合旅游者在吃住行游购娱六个方面的体验结果，补充了医疗与环境两大方面并结合有关研究成果，将旅游者生活测评指标体系分为八大类一级指标，下辖 34 项三级指标，具体如表 11-2 所示。

表 11 -2 　　　　　　　　　　旅游者生活指标体系

子系统层（一级指标）	准则层（二级指标）	指标层（三级指标）	权重	最终权重
旅游者生活（B）	饮食 0.0795	地方美食指数（Y1）	0.1047	0.0083
		餐饮卫生达标率（Y2）	0.6370	0.0506
		餐饮服务满意指数（Y3）	0.2583	0.0205
	住宿 0.2084	旺季人均游客床位数（Y4）	0.1059	0.0221
		星级酒店占比（Y5）	0.4476	0.0932
		住宿设施合格率（Y6）	0.2829	0.059
		星级酒店综合服务质量（Y7）	0.1636	0.0341
	交通 0.1638	列车次数（Y8）	0.2557	0.0419
		航班次数（Y9）	0.3383	0.0554
		交通延误率（Y10）	0.1934	0.0317
		交通事故率（Y11）	0.0794	0.0131
		旅游车辆质量优等率（Y12）	0.1332	0.0218
	游览 0.2084	A 级景区个数（Y13）	0.1271	0.0265
		景区游览设施完备程度（Y14）	0.4378	0.0912
		讲解系统完备程度（Y15）	0.2482	0.0517
		景区每平方千米公厕个数（Y16）	0.0706	0.0147
		景区内社区治安点覆盖率（Y17）	0.1163	0.0242
	购物 0.2084	旅游商品丰富度（Y18）	0.2271	0.0473
		名品特产数量（Y19）	0.1224	0.0256
		产品质量合格率（Y20）	0.227	0.0473
		购买后满意度（Y21）	0.4235	0.0883

子系统层 （一级指标）	准则层 （二级指标）	指标层 （三级指标）	权重	最终权重
旅游者生活（B）	娱乐 0.0494	娱乐体验指数（Y22）	0.6586	0.0325
		旅游演艺项目个数（Y23）	0.1562	0.0077
		旅游社区娱乐休闲场所密度（Y24）	0.1852	0.0092
	医疗 0.0327	景区内社会治安点覆盖率（Y25）	0.2493	0.0082
		旅游地每千人医生数（Y26）	0.5936	0.0194
		每千人床位数（Y27）	0.1571	0.0051
	环境 0.0494	城市建成区绿化覆盖率（Y28）	0.0888	0.0044
		城镇生活垃圾无害化处理率（Y29）	0.1578	0.0078
		城市污水处理率（Y30）	0.1578	0.0078
		食品安全合格率（Y31）	0.2978	0.0147
		药品安全合格率（Y32）	0.2978	0.0147

注：精确性指标大多采用划分界点法进行评分；概括性指标采用 5 星制评分方法，主观性指标采用 5 星制和样本占比法。

三、基于二元的旅游民生效应测评模型的构建

利用联合二元性测度原理，构建二元性旅游民生效应测评模型 M：

$$M = a\sum_{}^{m} V_i X_i + b\sum_{}^{n} V_j Y_j \qquad (11-1)$$

其中，$a\sum^{m} V_i X_i$ 为旅游地民生效应，$\sum V_i = 1, i \in (1,2,\cdots,m)$；$b\sum^{n} V_j Y_j$ 为旅游者民生效应，$\sum^{n} V_j = 1, j \in (1,2,\cdots,n)$；a，b 分别为旅游地民生效应和旅游者民生效应的评估权重；i、j 分别代表旅游地居民生活子系统和旅游者生活子系统测评指标个数；X_i、V_i 分别表示旅游地居民生计子系统中各指标集及其权重；Y_j、V_j 分别表示旅游者生活子系统中各指标集及其权重。根据二元性的平衡模式理论，旅游地居民民生效应系数 a 与旅游者民生效应系数 b 的权重各取 0.5。

四、各级旅游民生评价指标权重的确定

(一) 各准则层判断矩阵的建立与权重的确定

指标体系的各级指标权重采用德尔菲法,邀请了国内 13 所大学本科院校从事旅游研究 53 名专家学者进行两轮打分,并根据打分情况进行指标筛选,统计得分后建立判断矩阵,再计算指标的权重及其相应特征向量。具体计算结果如下:

$$A = \begin{bmatrix} 1 & 1 & 2 & 1 \\ 1 & 1 & 2 & 1 \\ 1/2 & 1/2 & 1 & 1 \\ 1 & 1 & 1 & 1 \end{bmatrix}$$

$$B = \begin{bmatrix} 1 & 1/3 & 1/2 & 1/3 & 1/3 & 2 & 3 & 2 \\ 3 & 1 & 2 & 1 & 1 & 4 & 5 & 4 \\ 2 & 1/2 & 1 & 1/2 & 2 & 3 & 4 & 3 \\ 3 & 1 & 2 & 1 & 1 & 4 & 5 & 4 \\ 3 & 1 & 2 & 1 & 1 & 4 & 5 & 4 \\ 1/2 & 1/4 & 1/3 & 1/4 & 1/4 & 1 & 2 & 1 \\ 1/3 & 1/5 & 1/4 & 1/5 & 1/5 & 1/2 & 1 & 1/2 \\ 1/2 & 1/4 & 1/3 & 1/4 & 1/4 & 1 & 2 & 1 \end{bmatrix}$$

其中,A 表示旅游地居民生计子系统准则层比较矩阵;B 表示旅游者生活子系统准则层比较矩阵。

利用 Matlab 7.0 软件,得到旅游地居民生计子系统比较判断矩阵的 $\lambda_{max} \approx 4.026$,特征向量为 $W = (0.5689, 0.5689, 0.3441, 0.4841)^T$,则准则层(就业、收入、消费、社会保障)相对重要性权重值分别为 0.2893,0.2893,0.1752,0.2462。

同理,计算获得旅游者民生的比较判断矩阵的 $\lambda_{max} \approx 7.3202$,特征向量 $W = (0.1926, 0.5064, 0.3980, 0.5064, 0.5064, 0.1201, 0.0759, 0.1201)^T$,结果显示准则层(饮食、住宿、交通、游览、购物、娱乐、医疗、环境)的相对重要性权重值分别为 0.0795,0.2084,0.1638,0.2084,0.2084,0.0494,0.0327,0.0494。

（二）各指标层判断矩阵的建立及权重的确定

同上，两个子系统下各个准则层下属的评价指标分别进行两两比较并建立判断矩阵（篇幅受限判断矩阵略），计算各矩阵，得到旅游地居民生计子系统各指标层的特征向量分别为 W1 = （0.6275，0.5958，0.4553，0.1760）^{T}、W2 = （0.2207，0.7452，0.2207，0.4166，0.4166）^{T}、W3 = （0.1831，0.3254，0.3254，0.6143，0.6143）^{T}、W4 = （0.1054，0.1901，0.4029，0.7760，0.3913，0.1876）^{T}，得到各子系统下每个准则层对应的各指标的权重（见表11－1）。

旅游者生活子系统下各个准则层下属的评价指标分别进行两两比较并建立判断矩阵，计算各矩阵，得到指标层的特征向量分别为 W1 = （0.1506，0.9161，0.3715）^{T}、W2 = （0.1877，0.7932，0.5014，0.2900）^{T}、W3 = （0.5206，0.6887，0.3936，0.1616，0.2712）^{T}、W4 = （0.2368，0.8159，0.4625，0.1317，0.2166）^{T}、W5 = （0.4163，0.2243，0.4163，0.7766）^{T}、W6 = （0.9385，0.2226，0.2693）^{T}、W7 = （0.3762，0.8957，0.2370）^{T}、W8 = （0.1831，0.3254，0.3254，0.6143，0.6143）^{T}得到各子系统下每个准则层对应的各指标的权重（见表11－2）。

（三）各准则层、指标层一致性检验

对判断矩阵两个准则层的一致性 CI（consistency index）和 RI 进行检验。计算结果显示：

$$CI_A = \lambda_{max} - n/n - 1 = 0.020$$
$$CI_B = \lambda_{max} - n/n - 1 = 0.0563$$
$$CR_A = CI_A/RI = 0.0227 < 0.1$$
$$CR_B = CI_B/RI = 0.0399 < 0.1$$

其中，CI_A、CR_A 为旅游地生计系统的 CI、CR 值；CI_B、CR_B 为旅游者生活系统的 CI、CR 值。证明判断矩阵通过一致性检验，计算所得的权重是可信的。

同理，计算旅游地居民生计、旅游者生活辖属子系统的各指标层的具体指标 CR 水平值（见表11－3、表11－4）均小于0.1，所有指标都通过了层次单排序的一致性检验。

表 11 - 3　　　　　　旅游地居民生计子系统各指标权重一致性检验

指标	X1 ~ X5	X6 ~ X10	X11 ~ X15	X16 ~ X21
λ 值	5. 1928	5. 0133	5. 0133	6. 4580
CI	0. 0482	0. 0033	0. 0033	0. 0916
CR	0. 0434	0. 0030	0. 0030	0. 0733

表 11 - 4　　　　　　旅游者生活子系统各指标权重一致性检验

指标	Y1 ~ Y3	Y4 ~ Y7	Y8 ~ Y12	Y13 ~ Y17	Y18 ~ Y21	Y22 ~ Y24	Y25 ~ Y27	Y28 ~ Y32
λ 值	3. 0385	4. 0710	5. 1463	5. 3829	4. 0104	3. 0291	3. 0536	5. 0133
CI	0. 0193	0. 0237	0. 0366	0. 0957	0. 0035	0. 0146	0. 0268	0. 0033
CR	0. 0370	0. 0266	0. 0323	0. 0862	0. 0039	0. 0280	0. 0515	0. 0030

（四）层次总排序的一致性检验

由层次总排序的一致性检验公式：

$$CI^{(k)} = (CI_1^k, \cdots, CI_{n_{k-1}}^k) \cdot W^{(k-1)} \qquad (11-2)$$

$$RI^{(k)} = (RI_1^k, \cdots, RI_{n_{k-1}}^k) \cdot W^{(k-1)} \qquad (11-3)$$

计算可得 CR_A 总 = 0.0332 < 0.1、CR_B 总 = 0.0382 < 0.1，说明判断矩阵的整体一致性也是可信的，各层指标选取及各指标间关系判断是符合逻辑的，同时也证明旅游地（21 个）和旅游者（32 个）的评价指标的相对重要性判断是可接受的，整个指标体系的构建是合理的。

（五）指标层最终权重的确定

根据评价指标层各指标的最终权重测算公式：指标层各指标的最终权重 = 其对应的评价准则层权重 × 其相对于准则层的权重。经过综合计算和分析，得到各个子系统下各层次权重（具体见表 11 - 1、表 11 - 2）。

第四节　实证分析

民生效应是区域内各大产业运行的综合绩效体现，而旅游民生效应是指旅游业运行带来的绩效，如果借鉴当前测度国民经济的民生效应指标体系对区域旅游业民生效应测评的话，那么必须满足一个前提条件，即该地区的主导产业一定是旅游业，则该地区的民生效应也主要归功于旅游业，以国民经济的民生效应指标进行旅游民生测评才有可能（鲁明勇，2011）。2015 年武陵源区和凤凰县以旅游为主的第三产业占 GDP 的比重分别为 94.61% 和 71.37%，旅游业的主导地位显著，因而以两个案例地相关数据进行旅游民生效应测评具有较强的代表性和典型性。

一、数据与样本的收集

本研究旅游地居民民生指标数据来源《张家界统计年鉴》《湘西统计年鉴》、张家界市武陵源区统计公报、凤凰县统计公报和张家界国家森林公园管理处、两个地区的旅游局和统计局；旅游者的民生指标数据采用访谈法和问卷调查法获取一手数据。本次调研于 2016 年 3～5 月每个周末邀请 2015 级旅游管理专业 120 名本科学生在张家界市武陵源区和湘西自治州凤凰县随机访谈并发放问卷，共发出 200 份问卷（两个地区各 100 份），两个地区均回收 100 份，其中武陵源区有效问卷 95 份，凤凰县有效问卷 90 份，有效率分别为达 90% 和 95%。

二、实证结果

将各指标数据代入公式（11-1）$M = a\sum_{}^{m} V_i X_i + b\sum_{}^{n} V_j Y_j$，可计算出张家界市武陵源区旅游民生效应总分为 73.12 分，其中旅游地居民民生得分 68.75 分，旅游者民生得分 77.49 分；湘西自治州凤凰县旅游民生效应总分为 64.02 分，其中旅游地居民民生得分 62.37 分，旅游者民生得分 65.67 分（具体见表 11-5、表 11-6、表 11-7）。

表 11-5　　　　　武陵源区、凤凰县旅游民生效应得分

效应值	张家界武陵源区	湘西凤凰县
旅游地居民民生效应值	68.75	62.37
旅游者民生效应值	77.49	65.67
综合民生效应值	73.12	64.02

表 11 -6　　　　　　　　　　旅游地民生各个指标评价得分

三级指标	最终权重	张家界武陵源		湘西凤凰县	
		指标得分	最终得分	指标得分	最终得分
X1	0.0922	85	7.837	85	7.837
X2	0.0876	90	7.884	80	7.008
X3	0.0669	77.4	5.178	40	2.676
X4	0.0259	85	2.2015	70	1.813
X5	0.0169	70	1.183	50	0.845
X6	0.0316	50	2.528	50	1.58
X7	0.1068	78	8.3304	80	8.544
X8	0.0316	100	3.16	100	3.16
X9	0.0596	60	3.576	55	3.278
X10	0.0596	70	4.172	65	3.874
X11	0.0156	60	0.936	30	0.468
X12	0.0276	62	1.7112	40	1.104
X13	0.0276	60	1.656	40	1.104
X14	0.0522	70	3.654	50	2.61
X15	0.0522	60	3.132	40	2.088
X16	0.0126	50	0.63	40	0.504
X17	0.0228	50	1.14	40	0.912
X18	0.0483	60	2.898	100	4.83
X19	0.093	50	4.65	50	4.65
X20	0.0469	50	2.345	60	2.814
X21	0.0225	40	0.9	30	0.675

资料来源：（1）《张家界统计年鉴 2015》《湘西统计年鉴 2015》；（2）张家界市旅游局；（3）张家界市统计局；（4）张家界国家森林公园管理处；（5）问卷调查。

表 11 - 7　　　　　　　　旅游者民生各个指标评价得分

三级指标	最终权重	张家界武陵源		湘西凤凰县	
		指标得分	最终得分	指标得分	最终得分
Y1		85	0.7055	80	0.664
Y2	0.0506	80	4.048	77	3.8962
Y3	0.0205	85	1.7425	83	1.7015
Y4	0.0221	70	1.547	60	1.326
Y5	0.0932	30	2.796	40	3.728
Y6	0.059	90	5.31	40	2.36
Y7	0.0083	81	2.7621	50	1.705
Y8	0.0419	70	2.933	50	2.095
Y9	0.0554	80	4.432	60	3.324
Y10	0.0317	90	2.853	60	1.902
Y11	0.0131	100	1.31	96	1.2576
Y12	0.0218	80	1.744	60	1.308
Y13	0.0265	100	2.65	70	1.855
Y14	0.0912	86.25	7.866	71	6.4752
Y15	0.0517	75	3.8775	60	3.102
Y16	0.0147	70	1.029	50	0.735
Y17	0.0242	100	2.42	70	1.694
Y18	0.0473	80	3.784	80	3.784
Y19	0.0256	70	1.792	75	1.92
Y20	0.0473	90	4.257	80	3.784
Y21	0.0883	82.3	7.267	85	7.5055
Y22	0.0325	90	2.925	85	2.7625
Y23	0.0077	100	0.77	90	0.693
Y24	0.0092	70	0.644	60	0.552
Y25	0.0082	100	0.82	60	0.492
Y26	0.0194	50	0.97	60	1.164

三级指标	最终权重	张家界武陵源		湘西凤凰县	
		指标得分	最终得分	指标得分	最终得分
Y27	0.0051	60	0.306	60	0.306
Y28	0.0044	80	0.352	85	0.374
Y29	0.0078	100	0.78	85	0.663
Y30	0.0078	95	0.741	100	0.78
Y31	0.0147	70	1.029	60	0.882
Y32	0.0147	70	1.029	60	0.882

资料来源：（1）《张家界统计年鉴2015》《湘西统计年鉴2015》；（2）张家界市旅游局；（3）张家界市统计局；（4）张家界国家森林公园管理处；（5）问卷调查。

三、问题结论

第一，公共服务水平高的旅游目的地综合民生效应高。武陵源区旅游民生效应73.12分显著高于凤凰县（64.02分）约9分。但是根据两地统计公报，2015年武陵源区实现旅游总收入80.16亿元，接待游客1911.43万人次；凤凰县旅游收入为103.23亿元，接待游客达1200.02万人次，凤凰县旅游经济与旅游人次的体量显著大于武陵源区，但通过本研究的二元模型测试却发现武陵源区旅游业民生效应显著高于凤凰县。

由此可见，旅游目的地建设需要加大区域公共服务功能建设与水平，积极改善旅游消费环境，健全旅游服务的预警机制，为旅游者利益保驾护航，为旅游地居民富民减贫提供确实保障，二元民生才能共轭、均衡、发展。

第二，旅游目的地游客民生效应高于当地居民民生效应。武陵源区旅游民生效应77.49分比当地居民民生效应68.75分要高大约9分。从内部两个子系统得分情况可以知道旅游目的地主客二元民生效应不均衡，旅游者民生效应显著高于旅游地居民民生。这一结果可以看到，民族地区旅游目的地建设定位首要是发展旅游，旅游者的民生效应第一，这也是符合区域发展需要，也是民族地区富民减贫的首要选择。但是基于旅游业可持续发展需要，旅游地居民民生也是不可忽视的重要一方面。旅游者与旅游地居民应该是利益共同体，二者应该互惠互利，共同兼顾。

第三，二元视角的旅游民生效应测评是旅游业绩效研究的有效尝试。以二元视角的旅游民生效应测评是未来旅游业综合效应客观评估方法的有益探索。由于"旅游本质论""经济本质论""旅游愉悦论""社会综合本质论"等几种主要观点都从不同角度阐明了旅游活动必然会带来旅游者和旅游目的地居民的民生福利。因此，进行旅游民生效应测评时必须兼顾主客体二元，实施旅游者民生与旅游地居民的综合测评。另外，以二元视角测度旅游民生是旅游业实施全域旅游供给侧改革成果的全面反映，是旅游目的地共享共建的测评结果。

第四，基于二元视角的旅游业民生效应评价是旅游地建设的导向。本研究的学术贡献在于基于系统理论、二元平衡原理，从旅游主客体二元双向观测旅游民生效应，提出了二元视角旅游民生效应测评模型和评价指标，在内容上是对旅游民生效应测评内容的重要补充，在方法上是一个全新的探索。而利用该方法测度的结果可客观地反映旅游者及当地居民二者共享旅游经济发展成果的状况，对宜居宜游的旅游目的地建设具有较强的实现指导意义。但旅游民生效应研究作为一项涉及广泛的复杂系统工程，旅游者民生效应指标体系和旅游地居民民生效应指标体系还需更加完善，此外，还要将理论研究的成果广泛应用于实际的检验中，这样才能更好地指导旅游业发展和旅游目的地建设。

第十二章　旅游业民生效应改善的政策建议

第一节　旅游业民生效应改善的总体指导思想

一、树立二元共享共建观点，大力发展全域旅游

旅游民生二元的载体是旅游活动中旅游者与旅游目的地居民。厉新建在全新的市场观中指出旅游者与居民并不是非此即彼的关系，而是你中有我，我中有你的关系，开展旅游不仅为旅游者服务还要兼顾本地居民的利益。从旅游者视角来看，旅游活动就是游客在旅游过程中的综合体验与收获，是一种精神寄托与消费享受；而从旅游地视角来看，旅游活动能创造旅游地民众生存与发展资料的重要来源。所以旅游活动带来的民生效应即表现在旅游者获得的物质与精神方面的体验和感知，也表现在旅游地居民收获的因旅游活动带来的正外部性，如就业机会增多、收入提高以及公共设施完善等福利。

旅游业发展的宗旨是以满足旅游者在吃住行游购娱六个重要环节中的消费和体验。从旅游业供给角度看，旅游发展目标就是为提高旅游目的地居民民生效应。旅游业发展的函数目标是为目的地居民增加福利，增加可支配收入，提供就业等。以上供需双方目标函数不一致，在现实操作中就会出现失衡。尽管旅游目的地居民民生备受政府、专家学者高度重视，旅游者利益备受业界关心，但是从目前的研究成果来看，对旅游业民生效应的测评时，几乎没有把旅游者和旅游地居民同时纳入一个平台进行综合考评。当前的旅游民生效应评价中只有市场主体旅游地居民一元的民生效应，旅游者民生效应考量严重缺失。

"十三五"规划旅游发展战略目标中明确规定，全域旅游发展的终

极目标是实现全民共建共享。旅游本质决定了"旅游"和"民生"具有内在关联性，在未来的旅游业发展中，宜居宜游的旅游目的地建设任务和全民即旅游者和目的地居民共享旅游发展带来的效应，为二元视角测评旅游民生提出了明确的要求，也指明了兼顾主客体二元利益是旅游业未来发展的必然趋势。

二、加快提质转型创新发展，延长深化旅游业供应链

1. 明确旅游业升级目标

随着旅游需求的多元化、时尚化，旅游目的地发展的民生目标即为实现经济、社会和生态三元利益最大化，因此，加大各项基础设施的建设，协调各部门发展，多主题、多元素全面打造创新型旅游目的地和世界知名旅游胜地。

2. 认真研究消费市场，开发多元旅游产品

在认真调查研究旅游市场的基础上，以满足市场需求为导向，结合旅游地的旅游资源的基本禀赋情况、开发策划情况，打造创新提供多样旅游产品，如当前的健康旅游产品、乡村旅游产品、文化旅游产品、研学旅游产品、老年旅游产品深受欢迎。张家界在满足不同层次、不同爱好、不同旅游者的需求，积极由观光产品向观光休闲复合产品转变，开发多元化、多层次、全方位的旅游产品，增强旅游者的旅游体验。

3. 创新管理机制

注意总结与传承借鉴，借鉴其他国家和城市关于旅游经营开发方面的经验，把创新作为解决矛盾问题、促进发展的主要手段和重要方法。积极推进体制改革和机制创新，着力培育旅游市场主体，以景区（点）所有权、管理权和经营权分离为突破口，推动企业改革改制，发挥市场＋企业在旅游业发展的主体作用。突出推进自主创新，紧紧围绕旅游业结构调整和旅游经济增长方式的转变两大关键，提质转型，创新发展，创新张家界国际旅游新型城市。

三、加强旅游消费市场引导与调控，培育良性旅游市场环境

为打造一个旅游者自主、公平、开放的旅游消费市场，为维持旅游业良性健康持续发展，制定合理的旅游消费引导策略，既能让整个旅游

消费体系日趋完善，又能使旅游者增加满意度，实现旅游民生改善。

（一）调控与引导的原则

旅游消费是一项极其错综复杂的领域，调控与引导消费也是一项极其复杂的工作，应遵循以下几个原则：

第一，持续发展战略原则。持续发展并不是一个简单的环境保护问题，而是"既满足当代人的需求，又不对后代人满足其自身需求的能力构成危害的发展"。这个定义有三个要点：一是要满足当代人的需求，即无论富国、穷国，富人、穷人，都有生存权和发展权；二是要考虑后人的满足，即达到代与代之间的公平；三是要考虑环境和资源的承受限度。总体来说，可持续发展要达到人口、环境、资源、技术、制度五个方面的协调和统一。

第二，保护与开发协调原则。广义的旅游资源保护，可以理解为全面开发并利用。在关于旅游资源开发与保护中，人们必须用可持续发展的目标规范旅游消费行为：一是要正确处理旅游业与人口、资源和环境的关系，有效地保护利用旅游的物质资源，努力实现永续利用，使旅游消费步入良性化的轨道。二是要处理好旅游消费与旅游资源的矛盾。应适度开发与保护相结合，进行合理保护旅游资源，一方面，不断克服消极一面，促进资源向永续利用发展。另一方面，使旅游消费与资源关系两重性中积极的一面得到发挥。三是保护自然、文化和人文环境不受损失，是发展旅游业的一个基本条件。合理的旅游管理可以大大有助于保护和改善自然。四是要处理好旅游消费与生态环境的矛盾。顺应自然规律，辩证地分析和认识资源与开发的两重性，妥善解决不利于生态的各种问题，有效地保护生态环境。总之，应采取保持资源开采平衡、有度的方式。既保障自然、文化和人文环境的不受损伤，又保证旅游业健康发展。科学合理地旅游开发可以大大有助于保护和改善旅游资源和提高人的生活质量，不合理的开发与管理会造成难以挽回的损失，为了解决旅游资源过度消耗，提高资源利用率。

第三，做好普及教育原则。先进的文化知识是人类创造物质财富和精神财富的结晶，是人类文明、进步的升华，是文化的本质和核心，是人类社会发展的灵魂，经济文化一体化，是当代社会发展的大趋势。因此，必须用先进的旅游文化来引导社会经济的发展，引导消费者的消费观念和行为方式，消费是经济文化一体化的重要结合点，只有用先进的旅游文化来引导人们对旅游产品的消费，既形成了正确的消费观念，也带来了经济效益的增加，也更好发挥我国现有资源的价值，对旅游文化知识进行普及，提高旅游消费中高层次精神文化的含量，弘扬精神文化，发扬精神文明，才能使旅游消费为旅游业的发展开创新辉煌。

第四，顺应消费趋势原则。随着智能化时代到来，当代居民的消费趋势呈智能化、个性化、世界化。各种智能化技术的更新，这就要求旅游业必须加速发展产业的科学含量技术、与科技融合，创新新业态。随着市场经济的发展，人们的闲暇时间不断增加，人们消费水平的提高，旅游消费品丰富多彩，消费者可以根据自己的喜好、时间、消费能力自行进行消费。另外世界化旅游消费趋势也越来越盛，越来越多的旅游者走出国门，到国外进行旅游消费。

（二）调控与引导的思路

1. 政府的引导

第一，加强目的地形象建设。以提高感知形象与实际形象相符为抓手，对目的地整体产品与环境进行改善，改变在旅游者旅行决策的重要因素——旅游地的环境感知。各级政府发挥主导作用，牵头做好宣传促销，解决好旅游基础设施"瓶颈"问题，尤其是改善交通状况，使旅游消费潜力得以充分发挥。

第二，制定合理的旅游产品价格体系。价格是旅游消费决策考虑的最主要因素之一，它对旅游者的消费数量和结构影响较大。旅游产品价格的定价要分类定价，实行价格歧视，目标市场细分，把价格敏感群体与非敏感群体区别开来，制定符合不同目标市场群体的旅游产品价格体系，有利于提高市场选择度，提高旅游者的满意度。

第三，健全旅游法规，规范旅游企业行为。面对当前较为混乱的旅游市场，张家界需要在监管旅游市场、完善旅游管理制度上狠下力气。坚决杜绝改变住宿酒店星级、降低用餐标准、随意延误更改行程、擅自增减项目等问题，积极引导旅游行业协会自律，大力提倡旅游企业的新道德风尚，恪守商业信用，创造和维护良好的旅游环境。

第四，加强旅游消费引导。加强旅游产品及商品的信息公开化、透明化，让旅游者具有充分的消费知情权，旅游企业除了在市场上提供更多的旅游产品供旅游者选择外，还要当好旅游者消费决策的参谋，向旅游者提供必要的知识和信息，帮助旅游者形成对产品和服务的合理评价和预期，提高旅游者满意度，从而使企业扩大销售。

2. 旅游企业的引导

旅游企业需要自身在文化引导、品牌引导等方面做足工夫。企业利用产品品牌文化内涵或社会文化内涵对消费者进行消费引导。文化的作用往往是不可估量的，虽然它有时并不是立竿见影。旅游产品或是旅游商品的开发与设计，多注意从文化价值挖掘入手，从文化方面与品牌方面打造与消费者在价值观念、行为方式、生活习惯、兴趣等某一方面契合，那么就容易形成旅游消费者的共鸣，增加消费购买意愿与决策。

3. 旅游消费者自身的引导

首先，加强科学的旅游消费理念教育，树立正确的消费观，理智对待自己的消费行为，不要存在一些不利于理性消费的心理，包括从众心理、贪图便宜心理、夸富心理等。树立正确的消费观，理智对待自己的消费行为，避免不成熟的消费行为。其次，主动获取信息，做到信息对策。如果对目的地信息的缺位，往往容易造成游客预期效用与实际效用有差距。旅游消费者在自主消费前应主动了解有关目的地的信息、旅游地的风土人情及旅游企业的操作规范，预先合理安排旅游计划，形成良好的旅游消费习惯，熟悉旅游相关法规，保护自身权益，把自己变成学习型旅游消费者。

第二节　健全旅游公共服务体系，提高旅游者满意度

一、健全信息咨询服务体系

张家界旅游信息咨询服务应以升级旅游信息咨询服务中心和优化旅游热线建设为主。

1. 升级旅游信息咨询服务中心

网络信息化时代，旅客对传统的人工窗口服务的需求下降，但旅游信息咨询服务中心依旧是旅客了解旅游目的地的重要途径。张家界应对现存的旅游咨询服务中心进行提质改良，主要完善两区两县的旅游信息咨询服务中心，尤其是慈利县和桑植县，为旅客提供丰富的、实用的、及时的信息。同时，景区工作人员应具备良好的服务意识，将良好的精神面貌和景区特色展示给旅客，让自身成为张家界旅游形象的一张名片。在没有设置人工服务的信息咨询点，应配备 24 小时自助信息查询系统，满足旅客在旅行过程中对信息服务的需要。

2. 优化旅游与投诉热线建设

在互联网技术十分发达的今天，热线的使用显得相对落伍，但当网络出现故障无法使用时，使用电话热线的优越性显而易见。旅游热线作为其他信息咨询方式的有效补充，能帮助旅客在紧急状况下快速、直接获取有关旅游目的地吃、住、行、游、购、娱等多方面的信息，为旅客提供指向性的信息咨询服务。张家界在关注信息咨询发展的新潮流和新发展趋势的同时，也不可忘却传统的、优秀的旅游信息咨询方式。

二、强化安全保障服务建设

从上面的结论与讨论中可以看出，安全作为旅游发展的生命保障，其应急救援能力的提升和保险服务体系的完善应得到强化。

1. 提升安全应急救援能力

在旅游安全应急救援方面，可学习国内外的先进经验，提前做好旅游安全应急预案，组织培训展开演练，提升应急事件的应对能力。成立张家界旅游救援安全指挥中心，对区域内的安全突发事件进行统一指挥，组织协调各支持部门的救援工作，对安全应急救援事件负责。在地域辽阔、地形错综复杂的旅游地，可配备低空飞行器，用于快速转移受伤人员。在发生险情后生存空间较小的旅游地，可引入 GPS、北斗定位系统、声波探测仪、生命探测仪等先进仪器，力争 72 小时的黄金救援时间，降低死亡率。

2. 完善旅游安全保险体系

推动和加强旅游安全保险系统建设，引导旅行社、旅游景区加强与商业保险公司的合作，开发推出满足不同类型旅客需要的保险产品。加大对旅游安全的宣传力度，提高旅客防范风险的意识，鼓励和督促旅客购买旅游保险，提高保险理赔的工作效率，保护旅客的人身和财产安全。

三、加快交通便捷服务建设

游客对直通景区的旅游集散中心的期望和感知差异较大，因此，张家界旅游交通便捷服务建设应以此为重点。

根据张家界旅客分布的密集程度和张家界城市建设规划需求，扩大规模、增加站点、优化布局，逐步健全张家界旅游交通集散中心体系，形成协调统一的市级旅游集散中心——县级旅游集散中心——一般旅游集散点三级网络。

四、完善惠民便民服务发展

张家界旅游惠民便民服务的发展不均衡，因此将以下内容作为张家界旅游惠民便民服务建设的重点。

1. 推行旅游优惠政策

鼓励旅游景区和旅游企业对老人、学生、农民工、残障人士、低保救济群体等实行优惠政策，推动博物馆、展览馆、纪念馆、公园等公益性景区免收门票。

2. 推进旅游厕所革命

推进旅游厕所革命。在旅游公共厕所设立二维码监督管理平台，建立旅游厕所管理动态监督机制，展开旅游公共厕所评级，推行旅游厕所开放联盟，进一步提升旅游厕所服务水平。

3. 加强旅游基础设施建设

设立旅游基础设施建设基金，加大对基础设施投入为度，整合既有资源，逐一完善旅游区域的通讯、邮政、金融等基础设施的建设，打造一流的旅游硬件接待环境。创建更多的公共休闲游憩空间，并配备相应的游憩设施，保证游客使用的安全性，满足旅客的休闲游憩需要。加强无障碍设施建设，展现对残疾人等特殊群体的同理心，满足他们的旅游需要。在区域内所有的旅游公共服务场所，包含但不限于旅游服务中心、洗手间、景区集散中心、高速公路服务站、自驾游服务站点等，应设计专门针对残障旅客的无障碍设施，如轮椅专用道、盲道、残障人士洗手间等。

五、重视旅游行政服务建设

张家界旅游行政服务应把健全游客权益保障机制、提高行政人员职业素养、快速响应游客投诉作为重点提质改造对象，满足旅客对旅游行政服务的需要，为旅客提供高质量的旅游公共服务。

1. 健全游客权益保障机制

张家界旅游行政主管部门应以旅客为中心，为旅客提供多种途径的监督方式，如意见箱、电话投诉、微信扫码、微博举报等，加强吃、住、行、游、购、娱等多方面的监督，保护游客的基本权益。同时，应充分发挥旅游行业协会、旅游志愿者组织的主观能动性，引导、规范两者参与到旅游行政服务建设中，激发全社会建设旅游行政服务的积极性，对曝光旅游市场中违法侵权行为的旅客给予适当的奖励。

2. 提高行政人员职业素养

对张家界旅游人力资源进行开拓和管理，提高旅游局和相关旅游企业的人员进入门槛。对张家界旅游行政工作人员定期举行培训，提高行政工作人员的职业素养、工作能力和道德水平，并不断完善考核机制，淘汰不合格的行政工作人员。学习国内外旅游公共服务发达城市的先进经验和成果，将其模式引入张家界，并进行本土化适应性改造。

3. 快速响应游客投诉

张家界旅游行政单位接到旅客投诉后，应快速响应，成立专门的工作小组，对事件进行专业的调查，在较短的时间内将处理结果反馈给旅客，保障旅客的权益。如若遇到社会影响力较大的事件，应及时上报上级领导部门，并向社会公众做好通报工作，保障民众的知情权，同时做好公关工作，减少该事件对张家界旅游形象的伤害；但若是恶意炒作事件，可根据相关法律和地方法规，对违法人员进行严肃处理，绝不姑息。

第三节　打造宜旅宜居旅游地，提高居民生活幸福指数

笔者认为，景区内不同收入群体居民的边际消费倾向和对收入和价格的敏感度并未随消费理论的变化而变化，即旅游增收不是影响景区居民消费的唯一因素，景区内环境、制度、消费习惯等社会因素不容忽视，可能影响程度更大。由于景区有重要的旅游功能，景区的开发和利用在一开始就严格规定了景区内土地使用和各区的功能区划，居民生存和发展的消费空间在一定程度被旅游开发挤压，优化居民消费结构和消费质量的各项措施受旅游景区自身使命和旅游发展的负外部性制约显著，因此，即使旅游发展带给本地居民收入增加，但在改善居民生存和生活环境方面，居民自身需求严重不足，政府给予的关怀也非常微弱。

第一，坚持可持续发展原则，"山上旅游山下住"开发模式。

自 2009 年世界联合组织对武陵源风景名胜区旅游过渡开发亮了黄牌后，景区提出了"山上旅游山下住"的原则。这个原则不仅适用旅游者也适用本地居民，让本地居民尽可能迁徙到山下、景区外来生活，发展型和享受型消费不再受景区开发的制约，这样消费支出可随自己的可支配收入增加而增加，逐步优化消费结构，提高生活质量。因此，核心区和内圈居民最好在景区内从事相关职业，但家庭生活还是搬迁至景区外，这样既能保护景区，又能为家庭子女教育消费提供更便利的条件，为自己其他商品性消费以及发展型和享受型消费提供便利条件。这样才能真正实现旅游富民和体现旅游民生效应。

第二，合理引导居民加入旅游行业，提高居民收入水平及消费能力。

考虑居民的利益，适当地安排居民进去旅游行业：旅游景区、景点的建设、接待、表演、治安、卫生等领域，对失地的居民要优先雇用，从旅游的各个方面为居民提供就业机会，增加他们的收入。并不断鼓励和引导居民从事住宿、餐饮、旅游手工艺品的生产经营，通过自身的努力获得旅游收益。另外继续坚持景区旅游发展的可持续发展原则以及景区"山上旅游山下住"开发模式。这个模式不仅适用旅游者也适用本地居民，让本地居民尽可能迁徙到山下、景区外来生活，发展型和享受型

消费不再受景区开发的制约，这样消费支出可随自己的可支配收入增加而增加，逐步优化消费结构，提高生活质量。这样既能保护景区，又能为家庭子女教育消费提供更便利的条件，为自己其他商品性消费以及发展型和享受型消费提供便利条件。这样才能真正实现旅游富民和体现旅游民生效应。

第三，加强对居民旅游技能知识培训，提高居民旅游业的就业能力。

当地政府及管理部门为居民提供各种培训机会，提高居民旅游参与能力，从而提高居民收入的能力。提高劳动力质量是提高收入的核心，而提高劳动力质量最基本的手段是教育和培训。因此必须通过教育培训使景区的居民获得开展旅游所需的各项技能，这是提高景区居民参与旅游能力、改善旅游影响结果的必然途径，提高武陵源区居民的技能。

第四，加大景区居民居住地基础设施的投资，改善居民消费环境。

景区中村组公路、安全饮水、农田水利、通讯网络、农村能源、人居环境等基础设施条件都有待完善，景区居民出行难、饮水难、上学难、就医难、住房难等现象依然存在。加大对农村基础设施的投资，改善居民交通、卫生、饮水等条件，同时在景区外圈范围内建立健全公共消费设施和设备（医疗点、中小学、休闲娱乐场），降低景区居民发展和享受型消费成本，优化消费结构，提升旅游民生效应。

附录1　问卷调查

尊敬的女士、先生：

您好！很荣幸能邀请您参与我们的研究工作。本问卷只用于我们研究人员的统计分析，您的回答无所谓对错，您只需要根据自己和家庭的实际情况在每个问题所列出的几个答案中选择一个合适的答案打"√"或在"_____"中填写（有特殊要求的除外）。我们对您的回答保密，请您放心填写回答。

衷心感谢您的合作！

《旅游景区原住社区居民生活消费问题研究》研究小组

吉首大学旅游与管理工程学院

2013 年 12 月 20 日

A. 基本情况

1. 您的性别？

　　□男　　　　　□女

2. 您出生的时间？　19（_____）年

3. 您的婚姻状况？

　　□未婚　　　□已婚　　　□离异　　　□丧偶

4. 您的文化程度？

　　□小学以下　　□初中　　□高中（含中专、技校等）

　　□大专以上

5. 您户口所在地？

　　（_____）县（区）（_____）乡（镇）

　　（_____）村

6. 您家庭的主要收入来源？

□景区做点小生意　　　□自己开小店　　　□外出务工或是打工收入　　□家庭成员中公职人员的工资收入　　□在旅游企业打工　　□家庭农产收入（种田）　　　□家庭养殖畜牧收入　　　□家庭农作经济收入（经济林或是水果）

7. 旅游开发后森林公园管理处为您家人有无解决工作问题？

□有　　　　　　　□无（如有请回答下一个问题）

8. 森林公园管理处为您家人解决工作几人？

□1 人　　　□2 人　　　□3 人　　　□3 人以上

9. 您上班的家人目前的工作岗位属于哪一种？

□挑夫轿夫　　　□售货员　　　□保洁员　　　□门票站工作人员　　□管理员　　　□其他

10. 您本人从事的工作？

□挑夫轿夫　　　　□售货员　　　　□保洁员　　□门票站工作人员　　□管理员　　　　□其他

B. 消费状况

1. 您本月收入情况

□1000 元以内　　　□1001～1500 元　　　□1501～2000 元　　□2001～2500 元　　□2501～3000 元　　□3001～5000 元　　□5001 元以上

2. 您一家人今年的收入情况

□10000 元以内　　　□10001～15000 元　　　□15001～20000 元　　□20001～25000 元　　□25001～30000 元　　□30001～50000 元　　□50001 元以上

3. 您本月消费支出情况

□500 元以内　　　□500～800 元　　　□900～1200 元　　□1300～1500 元　　□1600～2000 元　　□2100～2500 元　　□2600 元以上

4. 您一家人今年的支出情况

☐10000 元以内　　☐10001～15000 元　　☐15001～20000 元
☐20001～25000 元　☐25001～30000 元　☐30001～50000 元
☐50001 元以上

5. 您家各个项目支出是多少元?

项目	食物	服装	子女教育	房租	交通通讯	娱乐	储蓄	个人教育	保险	医疗保健	人情	其他
本月												
本年												

6. 您购买品牌服装的次数为?

☐经常　　　　　　☐偶尔　　　　　　☐一次都没有

7. 您在打工地平时主要以哪一种方式上班或工作?

☐步行上班　　　　☐骑自行车上班　　☐坐公车上班
☐单位车接送　　　☐其他方式

8. 如果您在打工地染上小病,通常会怎么办?

☐忍耐坚持,挺过去　　　　　　☐自己买点药吃
☐上医院看病　　　　　　　　　☐其他方式

9. 假如您不幸染上大病,您会怎么办?

☐尽量坚持,能拖就拖　　　　　☐上医院看病
☐回乡下去养病　　　　　　　　☐其他方式

10. 如果您必须看病就医,您选择什么样的医院?

☐公立医院　　　　☐民办医院　　　　☐私人医院
☐单位医务站　　　☐乡村卫生院

11. 您家储蓄的主要目的是什么?(可选两项)

☐子女教育　　　　☐防病养老　　　　☐盖(买)房子
☐进行投资　　　　☐办喜事(结婚、娶儿媳)
☐其他目的

12. 您对互联网使用情况(如果不用,就直接进入第 18 题)

☐几乎不用　　　　☐很少　　　　　　☐一般

□经常　　　　　　　　□一直使用

13. 您每周上网的时间

　　□7 小时以下（每天按 1 小时计算）

　　□7~14 小时（每天按 2 小时计算）

　　□21~28 小时（每天按 3 小时计算）

　　□28 小时以上（每天按 4 小时计算）

14. 您上网的目的?

　　□网上购物　　　　□浏览网页　　　　□玩游戏

　　□聊天　　　　　　□学习查资料　　　□看电影

15. 您信用卡使用频率（如果没有信用卡，不用作答，可直接跳入第 20 题）

　　□几乎不　　　　　□很少　　　　　　□一般

　　□经常　　　　　　□一直使用

16. 您平时娱乐情况（最多选三项）

　　□看电视听广播　　□打牌打麻将　　　□逛街游玩

　　□喝酒聊天　　　　□学习培训　　　　□睡觉打发时间

　　□看报纸看书　　　□上网　　　　　　□教育孩子

　　□陪伴家人　　　　□酒吧/KTV　　　　□健身

17. 您一年外出旅游的次数（如果没有就不作答）

　　□一次没有　　□一次　　□偶尔　　□经常

18. 您认为制约您休闲娱乐的因素?（可多选）

　　□空闲时间少　　　□经济因素　　　□周边缺乏设施和场所

　　□缺乏兴趣　　　　□精力不够　　　□其他

19. 您子女上学选择的是什么学校?

　　□公办学校　　　　□民办学校　　　　□农民工子弟学校

　　□放在乡下学校　　□其他

20. 您参与了哪几项社会保障?

　　□综合保障　　　　□城市保障　　　　□农村养老保障

　　□农村合作医疗　　□商业保障（如人寿保险）

　　□医疗保险　　　　□只办理失业保险　□其他

21. 您贷款没有?

　　□是　　　　　　　　□否

22. 您贷款的主要用在什么地方?

　　□家庭成员生病　　□家庭成员上学　　□家庭成员结婚

　　□家庭买房或建新房　□购买商业保险

　　□消费高档用品（如汽车、摩托车、家具）

　　□准备创业　　　　　□其他

23. 您对下列说法持何种态度?（请在相应的方格中打"√"）

说法	非常同意 5	同意 4	中立 3	反对 2	强烈反对 1
A 吃饭能凑合就凑合，不饿肚子就行					
B 衣着应讲花色、款式、质量，显示个性，适应时代					
C 不应只讲吃穿，宁可生活紧点，也要适当娱乐和学习					
D 生活越简朴越好，能省就省，多存少花					
E 一个人赚钱，不只是为了自己享受，而应为子孙着想					
F 读书很重要，再苦也要让孩子上					
G. 花钱进行消费应当与自己身份相当					
H. 经常在一起的好朋友经济条件都和我差不多					
I. 应该像城市人有高档服装或化妆品					
J. 花钱应该像城里人一样追求生活质量					

附录2 基于游客感知的张家界旅游公共服务质量调查及提升对策研究问卷调查

尊敬的女士/先生：

您好！非常感谢您抽出宝贵时间参与本次问卷调查，请您根据自身情况如实填写问卷，问卷无需署名，题目没有标准答案，所填信息仅供学术研究使用，资料绝对保密，请您放心填答（对于下面的陈述，请您根据您的实际情况在相应的数字上打"√"）。

一、您的基本信息

您的性别是：1. 男性　2. 女性

您的年龄是：1. ≤25 岁　2. 26～40 岁　3. 41～60 岁 4. ≥61 岁

您的学历是：1. 初中及初中以下　2. 高中及中专（含）　3. 大专及本科（或同等学历）　4. 研究生及研究生以上

您的职业是：1. 企事业单位　2. 公务员　3. 自由职业　4. 退休 5. 学生　6. 其他

您的月收入为 _____ 元/月：1. ≤2000 元　2. 2001～3000 元 3. 3001～4000 元　4. 4001～5000 元　5. ≥5001 元

二、您对张家界旅游公共服务质量的评价

测量指标	期望值				感知值					
	最不重要	不太重要	一般重要	比较重要	最重要	最不满意	不太满意	一般满意	比较满意	最满意
1. 官网信息发布宣传	1	2	3	4	5	1	2	3	4	5
2. 网上预订	1	2	3	4	5	1	2	3	4	5
3. 景区导游	1	2	3	4	5	1	2	3	4	5
4. 信息咨询服务中心	1	2	3	4	5	1	2	3	4	5
5. 旅游手册/指南/地图	1	2	3	4	5	1	2	3	4	5
6. 旅游热线	1	2	3	4	5	1	2	3	4	5
7. 安全宣传	1	2	3	4	5	1	2	3	4	5
8. 旅游保险	1	2	3	4	5	1	2	3	4	5
9. 突发事件应急救援	1	2	3	4	5	1	2	3	4	5
10. 安全预警	1	2	3	4	5	1	2	3	4	5
11. 住宿/餐饮安全监测	1	2	3	4	5	1	2	3	4	5
12. 医疗等安全保障	1	2	3	4	5	1	2	3	4	5
13. 城市交通可到达性	1	2	3	4	5	1	2	3	4	5
14. 公共交通的便利性	1	2	3	4	5	1	2	3	4	5
15. 交通工具的舒适度	1	2	3	4	5	1	2	3	4	5
16. 旅游集散中心	1	2	3	4	5	1	2	3	4	5
17. 道路状况	1	2	3	4	5	1	2	3	4	5
18. 自驾服务系统	1	2	3	4	5	1	2	3	4	5
19. 交通引导标识	1	2	3	4	5	1	2	3	4	5
20. 通讯服务	1	2	3	4	5	1	2	3	4	5
21. 在线金融	1	2	3	4	5	1	2	3	4	5
22. 卫生设施	1	2	3	4	5	1	2	3	4	5
23. 公共休息区	1	2	3	4	5	1	2	3	4	5
24. 旅游娱乐/购物设施	1	2	3	4	5	1	2	3	4	5

测量指标	期望值					感知值				
	最不重要	不太重要	一般重要	比较重要	最重要	最不满意	不太满意	一般满意	比较满意	最满意
25. 无障碍游憩设施	1	2	3	4	5	1	2	3	4	5
26. 旅游志愿者服务	1	2	3	4	5	1	2	3	4	5
27. 旅游优惠服务	1	2	3	4	5	1	2	3	4	5
28. 行政人员服务态度	1	2	3	4	5	1	2	3	4	5
29. 不受骗/强制购物	1	2	3	4	5	1	2	3	4	5
29. 旅游投诉有效处理	1	2	3	4	5	1	2	3	4	5

非常感谢您的配合，祝您旅途愉快！

附录3 旅游地居民主观幸福感调查问卷

尊敬的居民：您好！这是一项关于旅游居民主观幸福感调查，目的在于了解您在本地的生活质量状况，更好地提高居民主观幸福感。本调查纯属学术研究，答案没有对错优劣之分，我们将对您的回答严格保密。请根据您的真实情况在相应序号下打"√"。感谢您参与本次调查！

A. 总体满意度量表，请根据您的生活状况回答以下问题：

评价项目	完全符合	比较符合	不确定	不符合	完全不符合
1. 我生活中的大多数方面接近我的理想。	5	4	3	2	1
2. 我的生活条件很好。	5	4	3	2	1
3. 我对自己的生活感到满意。	5	4	3	2	1
4. 目前我在生活中得到了想得到的重要东西。	5	4	3	2	1
5. 我不愿意自己的生活今后有任何改变。	5	4	3	2	1

B. 主观幸福感评价表，请根据自己的判断对旅游发展给社区带来的变化做出评价：

评价项目	非常同意	同意	不确定	不同意	非常不同意
1. 旅游开发增加了我的个人收入。	5	4	3	2	1
2. 旅游开发带来了更多的就业机会。	5	4	3	2	1
3. 旅游开发让我的工作更稳定。	5	4	3	2	1
4. 旅游开发增加了我的生活成本。	5	4	3	2	1

评价项目	非常同意	同意	不确定	不同意	非常不同意
5. 旅游开发完善了社区的基础设施。	5	4	3	2	1
6. 旅游开发增加了居民社区治理参与的机会。	5	4	3	2	1
7. 旅游发展增加了社会保障。	5	4	3	2	1
8. 旅游开发增进了文化保护。	5	4	3	2	1
9. 旅游开发增加了居民休闲娱乐活动。	5	4	3	2	1
10. 旅游发展改善了社区卫生状况。	5	4	3	2	1
11. 旅游发展后，垃圾处理状况更好了。	5	4	3	2	1
12. 旅游发展后，居住环境改善了。	5	4	3	2	1
13. 旅游开发提高了自然资源保护程度。	5	4	3	2	1

C. 个人信息情况，请根据个人实际情况进行选择：

1. 您的性别：□男　　　　□女

2. 您的年龄：□20 岁以下　□20 ~ 39 岁　□40 ~ 59 岁　□60 岁以上

3. 您的文化程度：□初中及以下　□高中中专　□本科大专□研究生及以上

4. 您的婚姻状况：　□已婚　　　□未婚　　□离异

5. 您的月收入情况：□1000 元以下　□1000 ~ 3000 元□3000 ~ 5000 元　□5000 元以上

参考文献

［1］A. C. 庇古 . 福利经济学［M］. 北京：商务印刷出版社，2010.

［2］阿尔弗雷德·韦伯 . 工业区位论：珍藏版［M］. 北京：商务印书馆，2009.

［3］阿玛蒂亚·森 . 以自由地看待发展［M］. 北京：人民大学出版社，2002：126 – 135.

［4］阿玛蒂亚·森 . 以自由看待发展［M］. 北京：中国人民大学出版社，2002.

［5］安金明 . 完善旅游公共服务要强调三个融合［J］. 旅游学刊，2012，27（3）：4.

［6］白津夫 . 和谐社会应当重视提高生活质量［J］. 学习与探索，2007（1）：9 – 11.

［7］白凯，马耀峰，李天顺 . 旅游目的地游客体验质量评价性研究——以北京入境游客为例［J］. 北京社会科学，2006（5）：54 – 57.

［8］保继刚，楚义芳 . 旅游地理学（修订版）［M］. 北京：高等教育出版社，1999.

［9］北京师范大学"中国民生发展报告"课题组 . 中国民生发展指数总体设计框架［J］. 改革，2011（9）：5 – 11.

［10］卞显红 . 旅游产业集群网络结构及其空间相互作用研究——以杭州国际旅游综合体为例［J］. 人文地理，2012（4）：137 – 142.

［11］蔡萌，杨传开 . 大都市旅游公共服务体系优化研究——以上海为例［J］. 现代城市研究，2015（10）：125 – 130.

［12］蔡雄 . 旅游扶贫的乘数效应与对策研究［J］. 社会科学家，2007（3）：4 – 7.

［13］曹芳东，黄震方，吴江．转型期城市旅游业绩效系统耦合关联性测度及其前景预测——以泛长江三角洲地区为例［J］．经济地理，2012，32（4）：162－168.

［14］曹芳东，黄震方，吴丽敏．基于时间距离视域下城市旅游经济联系测度与空间整合——以长江三角洲地区为例［J］．经济地理，2012，32（12）：157－162.

［15］曹芳东，吴江，徐敏．长江三角洲城市一日游的旅游经济空间联系测度与分析［J］．人文地理，2010（4）：109－114.

［16］曹诗图，曹国新，邓苏．对旅游本质的哲学辨析［J］．旅游科学，2011（1）：80－87.

［17］常文娟，熊元斌，付莹．论普适性旅游公共服务体系的构建［J］．生态经济，2015，31（1）：135－141.

［18］陈刚．湖北省交通可达性与旅游经济联系空间关系分析［D］．华中师范大学，2013.

［19］陈佳，张丽琼，杨新军等．乡村旅游开发对居民生计和社区旅游效应的影响—旅游开发模式视角的案例实证［J］．地理研究，2017（9）：1709－1724.

［20］陈水源．旅游者游憩需求与游憩体验之研讨［J］．户外游憩研究，1988，1（3）：25－51.

［21］陈水源．旅游者游憩需求与游憩体验之研讨［J］．户外游憩研究，1988，1（3）：25－51.

［22］陈有真，贾志永，周庭锐．城市居民幸福感的影响因素分析［J］．城市发展研究，2009：10－13.

［23］陈智博，吴小根，汤澍．江苏旅游经济发展的空间差异［J］．经济地理，2008（6）：1064－1076.

［24］陈子曦，万代君．"成渝经济区"区域经济联系实证研究——基于城市经济联系视角［J］．经济问题，2011（3）：125－128.

［25］崔凤军．民生"八字""乐"在其中［J］．旅游学刊，2010，25（7）：6－7.

［26］单浩杰．呼和浩特地区发展乡村旅游的可行性分析——基于旅游扶贫视角［J］．中国管理信息化，2014（1）：48－51.

[27] 党云晓，张文忠，余建辉等．北京居民主观幸福感评价及影响因素研究［J］地理科学进展，2014（10）：1312－1321.

[28] 邓辉．旅游本质探微［J］．中南民族大学学报（人文社会科学版），2009（2）：133－136.

[29] 邓洁．张家界旅游公共服务体系游客满意度研究［D］．湖南：中南林业科技大学，2016：49－50.

[30] 丁红玲．体验背景下旅游体验质量影响因素研究［J］．经济研究导刊，2010（25）：167－168.

[31] 丁素平，赵振斌．基于旅游者需求角度的解说牌系统研究——以太白山国家森林公园为例［J］．江西农业学报，2008，20（6）：148－151.

[32] 董观志，杨凤影．旅游景区旅游者满意度测评体系研究［J］．旅游学刊，2005，1（20）：27－30.

[33] 窦银娣，李伯华，刘沛林．旅游业与新型城镇化耦合发展的机理、过程及效应研究［J］．资源开发与市场，2015（12）：1525－1528.

[34] 范柏乃．我国城市居民生活质量评价体系的构建与实际测度［J］．浙江大学学报，2006（6）：122－132.

[35] 范业正．从生活福利与旅游富民看旅游民生［J］．旅游学刊，2010，25（7）：10－11.

[36] 方叶林，黄震方，涂玮．社会网络视角下长三角城市旅游经济空间差异［J］．热带地理，2013，33（2）：212－218.

[37] 冯莎．居民主观幸福感及其影响因素研究——基于多种预测模型［J］．统计分析，2016（9）：49.

[38] 冯学钢，唐立国．上海市旅游业发展对劳动力需求的拉动效应［J］．统计与决策，2003（10）：66－67.

[39] 冯学钢．中国旅游就业研究：统计指标体系设计［J］．华东师范大学学报（哲学社会科学版），2008（3）：71－76.

[40] 弗朗索瓦·佩鲁．新发展观［M］．北京：华夏出版社，1987. 2－3.

[41] 高丙中．西方生活方式研究的理论发展叙略［J］．社会学研究，1998（3）：61－72.

［42］高倩．乡村旅游地居民主观幸福感研究——以江西婆源为例
［D］．南京大学，2011.

［43］高园．旅游地居民主观幸福感的外在影响因素研究——基于
海南国际旅游岛的实证调查［J］．生态经济，2012（11）：86－90.

［44］谷艳艳．城市旅游公共服务体系构建与质量评价［D］．上
海：上海师范大学，2011：42－43.

［45］郭为，厉新建，许珂．被忽视的真实力量：旅游非正规就业
及其拉动效应［J］．旅游学刊，2014（8）：70－77.

［46］郭喜梅，李伟．基于旅游流角度的云南省旅游经济联系的社
会网络结构分析［J］．旅游研究，2014，6（1）：88－94.

［47］国务院办公厅．国务院关于加快发展旅游业的意见［EB/
OL］．http：//www.gov.cn/zwgk/2009－12/03/content_1479523.html，
2009－12－03.

［48］韩卢敏，陆林，杨兴柱．安徽省旅游政策变迁及其空间响应
研究［J］．地理科学，2016，36（3）：431－438.

［49］何佳梅，贾跃千．旅游收入乘数的测定和区域间比较［J］.
经济师，2005（5）：144－145.

［50］何艳．陕西省各地市旅游经济联系度研究［J］．企业经济，
2013（5）：94－97.

［51］黄燕玲，罗盛锋，丁培毅．供需感知视角下的旅游公共服务
发展研究——以桂林国家旅游综合改革试验区为例［J］．旅游学刊，
2010，25（7）：70－76.

［52］黄震方，吴江，侯国林．关于旅游城市化问题的初步探
讨——以长江三角洲都市连绵区为例［J］．长江流域资源与环境，2000
（2）：160－165.

［53］贾小枚，文启湘．文化消费：国民实现幸福的上佳途径［J］.
消费经济，2007（10）：3－5.

［54］焦华富，丁娟，李俊峰．旅游城镇化的居民感知研究——以
九华山为例［J］．地理科学，2005（5）：636.

［55］康蓉．旅游卫星账户及旅游业增加值的测算［J］．商业时代，
2006（5）：78－80.

[56] 匡林. 世纪之交的世界旅游业: 趋势展望 [J]. 旅游研究与实践, 1997 (1): 2 – 5.

[57] 黎洁, 连传鹏, 黄芳. 旅游活动对江苏居民收入的贡献——基于 2002 年江苏旅游活动细化社会核算矩阵的研究 [J]. 人文地理, 2010 (1): 111 – 117.

[58] 黎志逸, 赵云, 程道品. 旅游目的地居民幸福指数评价体系构建 [J]. 商业时代, 2009 (10): 104 – 106.

[59] 李蓓, 汪德根. 江苏省旅游资源竞争力区际比较研究 [J]. 资源开发与市场, 2006, 22 (6): 506 – 509.

[60] 李东, 毕洪业. 影响城市居民主观幸福感的客观因素分析 [J]. 经济研究导刊, 2013 (9): 186 – 187.

[61] 李凡, 金忠民. 旅游对皖南古村落影响的比较研究——以西递、宏村和南屏为例 [J]. 人文地理, 2002, 17 (5): 17 – 20.

[62] 李怀兰. 旅游体验效用因素分析 [D]. 广西大学, 2004.

[63] 李江帆, 李美云. 旅游产业与旅游增加值的测算 [J]. 旅游学刊, 1999 (5): 16 – 19.

[64] 李晶博, 钟永德, 王怀採. 生态旅游景区旅游者满意度实证研究——以张家界国家森林公园为例 [J]. 北京工商大学学报 (社会科学版), 2008, 23 (5): 93 – 97.

[65] 李军鹏. 加快完善旅游公共服务体系 [J]. 旅游学刊, 2012, 27 (1): 4 – 6.

[66] 李莉. 基于游客满意度的城市旅游公共服务评价研究——以重庆为例 [J]. 消费经济, 2013, 29 (4): 80 – 83.

[67] 李欠强, 陈秋华. 生态旅游景区旅游者满意度调查研究——以福州国家森林公园为例 [J]. 林业经济问题, 2006, 26 (2): 168 – 173.

[68] 李爽, 甘巧林. 游客对大型节事活动旅游公共服务感知评价研究——基于第 16 届广州亚运会期间的考察 [J]. 经济地理, 2011, 31 (6): 1047 – 1053, 1007.

[69] 李爽, 黄福才. 城市旅游公共服务体系建设之系统思考 [J]. 旅游学刊, 2012, 27 (1): 7 – 9.

[70] 李爽, 黄福才, 李建中. 旅游公共服务: 内涵、特征与分类

框架 [J]. 旅游学刊, 2010, 25 (4): 20 - 26.

[71] 李文娟, 李云. 上海世博会公共服务质量绩效指数研究 [J]. 北方经济, 2010 (2): 37 - 38.

[72] 李文苗. 城市森林公园游憩者行为特征及满意度研究 [J]. 商业经济, 2010 (12): 103 - 104.

[73] 李小建. 经济地理学 (第 2 版) [M]. 北京: 高等教育出版社, 2006.

[74] 李欣华, 吴建国. 旅游的民族村寨文化保护与传承——贵州郎德模式的成功实践 [J]. 广西民族研究, 2010 (4): 193 - 199.

[75] 李兴绪, 牟怡楠. 旅游产业对云南经济增长的贡献分析 [J]. 城市问题, 2004 (3): 43 - 47.

[76] 李在军, 管卫华, 顾珊珊, 柯文前. 南京夫子庙街旅游者满意度模糊综合评价研究 [J]. 西北大学学报 (自然科学版), 2013, 43 (2): 294 - 297.

[77] 李志飞, 曹珍珠. 旅游引导的新型城镇化: 一个多维度的中外比较研究 [J]. 旅游学刊, 2015 (7): 16 - 25.

[78] 李志强. 民生发展指标体系构建的赋权方法 [J]. 统计与决策, 2013 (3): 27 - 30.

[79] 李志青. 旅游业产出贡献的经济分析: 上海市旅游业的产出贡献和乘数效应 [J]. 上海经济研究, 2001 (12): 66 - 69.

[80] 厉新建. 旅游体验研究: 进展与思考 [J]. 旅游学刊, 2008, 23 (6): 90 - 95.

[81] 厉新建, 张凌云, 崔莉. 全域旅游: 建设世界一流旅游目的地的理念创新——以北京为例 [J]. 人文地理, 2013 (3): 130 - 134.

[82] 刘承良, 余瑞林, 熊剑平. 武汉都市圈经济联系的空间结构 [J]. 地理研究, 2007, 26 (1): 197 - 209.

[83] 刘德谦. 关于旅游公共服务的一点认识 [J]. 旅游学刊, 2012, 27 (1): 3 - 4.

[84] 刘锋. "民生改善" 引领旅游发展方式转变 [J]. 旅游学刊, 2010, 25 (8): 9 - 10.

[85] 刘海青. 旅游地社区居民主观幸福感——以井冈山茨坪镇为

例［D］．江西财经大学，2016（6）：91-96.

［86］刘敏，刘爱妮，孙琼，赵瑞克．国内外旅游城镇化研究进展［J］．人文地理，2014（6）：13-18.

［87］刘南昌．我国当前正向发展型消费的初级阶段过渡［J］．消费经济，1990（4）：49-50.

［88］刘蕊．旅游解说对葡萄酒旅游体验质量的影响［J］．绿色科技，2011（5）：49-50.

［89］刘社建．提高居民生活水平促进消费结构升级——上海城市居民服务性消费需求发展探讨［J］．毛泽东邓小平理论研究，2008（8）：8-83.

［90］刘扬．影视主题公园游客旅游体验质量评价研究——以横店影视城为例［J］．首都师范大学学报（自然科学版），2012，33（1）：67-72.

［91］刘益．大型风景旅游区旅游环境容量测算方法的再探讨［J］．旅游学刊，2004（6）：42-46.

［92］龙江智．从体验视角看旅游的本质及旅游学科体系的构建［J］．旅游学刊，2005（1）：21-26.

［93］卢家瑞．现代消费视野与提高生活质量［J］．经济评论，2005（2）：98-102.

［94］鲁明勇．民族地区旅游业民生效应评价——以张家界为例［J］．贵州民族研究，2011（2）：87-93.

［95］陆大道，陈明星．关于"国家新型城镇化规划（2014-2020）编制大背景的几点认识［J］．地理学报，2015，70（2）：179-185.

［96］陆林．山岳风景区旅游经济效益研究——以安徽黄山为例［J］．人文地理，1995（2）：30-36.

［97］陆林，余凤龙．中国旅游经济差异的空间特征分析［J］．经济地理，2005，25（3）：406-410.

［98］吕海龙．基于体验经济视角下的旅游体验质量研究——以辽宁省滨海大道景观带建设为例［J］．中国商论，2012（9）：168-169.

［99］罗军．产业集群竞争优势的来源分析［J］．地域研究与开发，2007，26（6）：35-38.

［100］罗明义．旅游业的民生功能探讨［J］．旅游学刊，2010，25
（7）：5－6．

［101］罗文斌，钟诚，孟贝等．乡村旅游开发中女性村官参与行为
影响机理研究——以湖南省女性村官为例［J］．旅游学刊，2017
（1）：54．

［102］麻学锋，孙根年．20年来张家界旅游发展的民生福利考察
［J］．统计与信息论坛，2011（7）：66－71．

［103］马波．旅游与民生：从抽象到具象［J］．旅游学刊，2010，
25（7）：7－8．

［104］马克思恩格斯全集（第1卷）［M］．北京：人民出版社，
1960：349．

［105］马克思恩格斯全集（第3卷）［M］．北京：人民出版社，
1960：326．

［106］马克斯·韦伯．世界宗教的经济伦理：儒教与道教［M］．
北京：中央编译出版社，2012．

［107］马立平．基于扩展线性支出系统模型的城镇居民家庭消费分
析［J］．统计与决策，2007（22）：92－94．

［108］马耀峰．发展旅游与改善民生［J］．旅游学刊，2010，25
（9）：5－6．

［109］马中华，刘继斌．吉林省旅游空间结构构建［J］．经济地
理，2008，28（1）：163－166．

［110］蒙金华．广东南昆山森林旅游可持续发展评价［D］．广州
大学地理科学学院，2011：1－72．

［111］墨子［M］．上海：上海古籍出版社，2014．

［112］牛君丽，徐程扬．风景游憩林景观质量评价及营建技术研究
进展［J］．世界林业研究，2008，6（3）：35－37．

［113］潘蕙，卢松．安徽省交通发展对旅游业影响的初步研究
［J］．云南地理环境研究，2010，22（3）：13－17．

［114］彭华，钟韵，梁明珠．旅游市场分类研究及其意义——以佛
山市这为［J］．旅游学刊，2002，17（3）：49－54．

［115］齐邦锋，江冲，刘兆德．山东省旅游经济差异及旅游空间结

构［J］. 地理与地理信息科学，2010，26（5）：98-102.

［116］全华，陈田，杨竹莘. 张家界水环境演变与旅游发展关系［J］. 地理学报，2002，57（5）：619-624.

［117］任春华，郭涛. 旅游城市居民主观幸福感的调查研究——以安徽省黄山市为例［J］. 黄山学院学报，2014（8）：23-24.

［118］萨尔米·诺德斯豪. 经济学［M］. 北京：人民邮电出版社，2004：301.

［119］沈惊宏，余兆旺，沈宏婷. 区域旅游空间结构演化模式研究——以安徽省为例［J］. 经济地理，2015，35（1）：180-186.

［120］盛蕾. 旅游与民生问题研究综述［J］. 地域研究开发，2014，33（3）：85-89.

［121］石培华. 中国旅游业对就业贡献的数量测算与分析［J］. 旅游学刊，2003（6）：45-51.

［122］粟娟，王宁. 旅游发展会影响景区居民生活质量吗？——来自武陵源景区居民消费调研数据［J］. 湖南财政经济学院学报，2015（2）：95-105.

［123］孙飞. 我国旅游产业集群形成与发展研究——基于分工角度的分析［J］. 贵州财经大学学报，2010（1）：24-27.

［124］孙鸿凌. 我国民生指标体系构建初探［D］. 北京：中国地质大学，2010.

［125］孙津，刘玮琪，王博娅，赵晶等. 北京奥林匹克森林公园南园功能优化与拓展分析［J］. 北京农学院学报，2013，28（1）：61-63.

［126］索尔斯坦·凡勃伦. 有闲阶级论［M］. 西安：陕西人民出版社，2011.

［127］唐健雄. 乡村旅游的民生效应探讨［J］. 旅游学刊，2010，25（9）：6-7.

［128］陶伟，戴光全. 区域旅游发展的"竞合模式"探索：以苏南三镇为例［J］. 人文地理，2002，17（4）：29-33.

［129］汪德根，陈田. 中国旅游经济区域差异的空间分析［J］. 地理科学，2011，31（5）：528-536.

［130］汪宇明. 核心—边缘理论在区域旅游规划中的运用［J］. 经

济地理，2002，22（3）：372 – 375.

［131］汪宇明．彰显旅游民生价值，提升旅游业发展质量［J］．旅游学刊，2010，25（8）：7 – 8.

［132］王弼．老子道德经注［M］．北京：中华书局，2014.

［133］王朝辉．以产业促进旅游民生功能提升［J］．旅游学刊，2010，25（9）：7 – 8.

［134］王成超，杨玉盛，庞雯等．国外生态旅游对当地社区生计的影响研究综述［J］．生态学报，2017（8）：5557 – 5558.

［135］王德忠，庄仁兴．区域经济联系定量分析初探——以上海与苏锡常地区经济联系为例［J］．地理科学，1996，16（1）：51 – 57.

［136］王恩旭，武春友．旅游满意度模糊综合评价研究——以大连为例［J］．旅游论坛，2009，2（5）：659 – 665.

［137］王华．汕头市旅游市场研究［J］．地理与地理信息科学，2002，18（2）：107 – 110.

［138］王缉慈．地方产业群战略［J］．中国工业经济，2002（3）：47 – 54.

［139］王娟，聂云霞，张广海．山东省四大经济区域的旅游空间联系能力研究［J］．山东大学学报（哲学社会科学版），2014（5）：151 – 160.

［140］王宁．消费行为的制度嵌入性——消费社会学的一个研究纲领［J］．中山大学学报，2008（4）：140 – 145.

［141］王琴梅，方妮．乡村生态旅游促进新型城镇化的实证分析——以西安市长安区为例［J］．旅游学刊，2017（1）：77 – 81.

［142］王晴．旅游产业发展研究——以承德市旅游产业为例［D］．河北大学，2011.

［143］王群，丁祖荣，章景河．旅游环境旅游者满意度的指数测评模型［J］．地理研究，2006（1）：171 – 181.

［144］王素洁．社会网络视角下的乡村旅游决策研究以杨家埠和河口村为例［M］．山东大学出版社，2011.

［145］王微．基于游客感知的秦皇岛旅游公共服务质量评价研究［D］．河北：燕山大学，2013：1，43.

［146］王信章．旅游公共服务体系与旅游目的地建设［J］．旅游学

刊，2012，27（1）：6-7.

[147] 王艳平. 旅游民生西部计划 [J]. 旅游学，2010，25（8）：10-11.

[148] 王艳平，郑岩. 交通高速化对旅游体验初始状态的影响 [J]. 辽宁工业大学学报（社会科学版），2011，13（6）：38-40.

[149] 王颖凌，刘亢，肖晓春. 基于游客感知的海南旅游公共服务质量提升研究 [J]. 西南大学学报（自然科学版），2014，36（12）：135-140.

[150] 王玉波. 我国近几年生活方式研究述评 [J]. 社会学研究，1986（5）：78-83.

[151] 王渊. 基于模糊综合评价法的旅游公共服务质量评价研究 [D]. 海南：海南大学，2017：23.

[152] 王志发. 2008年全国旅游工作会议总结讲话 [EB/OL]. http://www.cnta.gov.cn/html/2008-6/2008-6-2-18-20-20-761_1.html，2008-01-22.

[153] 王忠斌，米玛次仁. 巴松错国家级森林公园旅游者满意度研究 [J]. 四川林勘设计，2011，9（3）：23-25.

[154] 威尔逊. 休闲经济学 [M]. 北京：工业机械出版社，2009.

[155] 威廉·诺德豪斯. 经济学 [M]. 人民邮电出版社，2004：301.

[156] 魏小安. 旅游发展的经济增长点战略 [J]. 旅游学刊，1997（5）：8-12+61.

[157] 魏颖. 以杭州为例解析旅游产业对区域经济发展的贡献度 [J]. 中共杭州市委党校学报，2005（5）：9-14.

[158] 吴国清等. 基于职业分异的城市森林游憩者的消费需求——以上海市为例 [J]. 城市问题，2011（2）：38-46.

[159] 吴国新. 旅游产业发展与我国经济增长的相关性分析 [J]. 上海应用技术学院学报（自然科学版），2003（4）：238-241.

[160] 吴天香. 凤凰古城游客体验质量评价研究 [D]. 华东师范大学，2009.

[161] 肖飞. 论公民旅游的民生特征 [J]. 旅游学刊，2008，24

（8）：30 – 33.

［162］肖飞．有尊严地生活是旅游民生的重要特征［J］．旅游学刊，2010，25（7）：8 – 9.

［163］肖光明．珠江三角洲九城市旅游经济的联系状况分析［J］．江苏商论，2008（9）：92 – 94.

［164］肖婷婷，黄燕玲．从桂林国家旅游综合改革试验区看旅游公共服务质量评价驱动因素研究［J］．江苏商论，2011（11）：96 – 99.

［165］谢彦君．旅游的本质及其认识方法——从学科自觉的角度看［J］．旅游学刊，2010（1）：26 – 31.

［166］邢占军．中国城市居民主观幸福感量表简本的编制［J］．中国行为医学科学，2003（6）：703 – 705.

［167］徐菊凤．旅游公共服务：理论与实践的若干问题［J］．旅游学刊，2012，27（3）：6 – 7.

［168］徐菊凤，潘悦然．旅游公共服务的理论认知与实践判断——兼与李爽商榷［J］．旅游学刊，2014，29（1）：27 – 38.

［169］徐杏玉．主观幸福感综述［J］．文化视野，2017（3）：363 – 364.

［170］薛新东，宫舒文．居民主观幸福感的评价体系及影响因素分析［J］．统计观察，2015（7）：95.

［171］严斧．旅游业快速发展期凸现的若干问题——以张家界市为［J］．生态经济，2003（10）：140 – 145.

［172］杨炳铎，米红，吴逊．北京市旅游卫星账 2002［J］．统计与信息论坛，2006，21（2）：71 – 76.

［173］杨桂华，齐扎拉．滇西北香格里拉生态旅游研究［J］．科学新闻，2000（5）：6.

［174］杨国良，张捷，艾南山．旅游系统空间结构及旅游经济联系——以四川省为例［J］．兰州大学学报（自然科学版），2007，43（4）：24 – 30.

［175］杨俭波，乔纪纲．动因与机制——对旅游地社会文化环境变迁理论的研究［J］．热带地理，2003，23（1）：75 – 79.

［176］杨尚英．秦岭北坡森林公园综合评价模型研究［J］．西北林学院学报，2006，21（1）：136 – 138.

[177] 杨世河. 黄山市旅游经济发展时空差异性分析 [J]. 安徽农学通报, 2007, 13 (4): 145 - 148.

[178] 杨新军, 马晓龙. 区域旅游: 空间结构及其研究进展 [J]. 人文地理, 2004, 19 (1): 76 - 81.

[179] 杨渊浩. 西方福利国家演变及其对我国民生建设的启示 [J]. 社会科学战线, 2013 (12): 241 - 243.

[180] 杨振之. 论旅游的本质 [J]. 旅游学刊, 2014, 29 (3): 13 - 21.

[181] 叶全良, 荣浩. 基于层次分析法的旅游公共服务评价研究 [J]. 中南财经政法大学学报, 2011 (3): 47 - 54.

[182] 伊恩·迈尔斯. 人的发展与社会指标 [M]. 重庆: 重庆大学出版社, 1992.4.

[183] 依绍华. 旅游业的就业效应分析 [J]. 财贸经济, 2005 (5): 89 - 92.

[184] 殷群. 旅游发展对女性角色变迁的影响研究——以大理周城白族女性为例 [J]. 昆明理工大学学报 (社会科学版) 2015 (2): 102 - 108.

[185] 尹殿格. 基于体验经济的旅游景区营销策略研究 [D]. 河北工业大学, 2008.

[186] 虞虎, 陈田, 陆林. 江淮城市群旅游经济网络空间结构与空间发展模式 [J]. 地理科学进展, 2014, 33 (2): 169 - 180.

[187] 袁国宏. 旅游业可持续发展的动力系统研究 [J]. 旅游科学, 2004, 18 (1): 17 - 21.

[188] 袁国敏, 王玉香. 民生水平评价体系研究 [J]. 渤海大学学报, 2011 (1): 103 - 107.

[189] 袁国敏, 王玉香. 民生水平评价体系研究 [J]. 渤海大学学报, 2011 (1): 103 - 107.

[190] 苑涛, 何秉宇, 吴良飞. 新疆旅游经济非均衡演变的时空特征分析 [J]. 干旱区资源与环境, 2007, 21 (4): 123 - 126.

[191] 约翰·加尔布莱斯. 富裕社会 [M]. 北京: 商务印书馆, 1980: 55 - 60.

[192] 约翰·肯尼斯·加尔布雷斯. 丰裕社会 [M]. 北京: 商务

印书馆，1980. 55 – 60.

[193] 张朝枝. 旅游地衰退与复苏的驱动力分析——以几个典型旅游景区为例 [J]. 地理科学，2003，2 (3)：372 – 378.

[194] 张大卫. 克里斯塔勒与中心地理论 [J]. 人文地理，1989 (4)：68 – 72.

[195] 张德勇，梅晓蒙. 比较视野下的旅游公共服务质量 [J]. 北京第二外国语学院学报，2013，35 (9)：10 – 15.

[196] 张帆，王雷震，李春光，耿世刚. 旅游对区域经济发展贡献度研究 [J]. 城市，2003 (5)：17 – 20.

[197] 张广海，周菲菲. 环渤海城市旅游经济联系度分析 [J]. 经济研究导刊，2009 (8)：120 – 123.

[198] 张广瑞. 关于发展旅游业的几点思考 [J]. 宏观经济管理，1997 (6)：27 – 28.

[199] 张辉，厉新建，秦宇. 旅游经济增长点战略实现路径分析 [J]. 商业经济与管理，2000 (6)：46 – 49 + 53.

[200] 张辉，王燕. 以人为本关注民生促进旅游业稳定发展 [J]. 旅游学刊，2010，25 (8)：6 – 7.

[201] 张辉，王燕. 以人为本关注民生促进旅游业稳定发展 [J]. 旅游学刊，2010，25 (8)：6 – 7.

[202] 张佳良，刘彧彧，林博. 组织二元性的理论评述与未来研究展望 [J]. 经济管理，2015 (8)：181 – 188.

[203] 张凯，杨效忠，张文静. 跨界旅游区旅游经济联系度及其网络特征——以环太湖地区为例 [J]. 人文地理，2013 (6)：126 – 132.

[204] 张凌云. 国民旅游：一个关乎民生的旅游新课题 [J]. 旅游学刊，2010，25 (8)：5 – 6.

[205] 张世满. 旅游：一种健康而非低碳的生活方式 [J]. 旅游学刊，2010，25 (9)：9 – 10.

[206] 张维亚. HERITQUAL：遗产旅游地服务质量评价模型研究——以世界文化遗产明孝陵为例 [J]. 北京第二外国语学院学报，2008 (1)：17 – 22.

[207] 张香云. 民生指标体系的构建及评价导向 [J]. 统计方略，

2010（6）：9－10.

　　［208］张香云. 民生指标体系的构建及评价导向［J］. 统计方略，2010（6）：9－10.

　　［209］张雪婷. 少数民族地区民俗旅游产品游客体验质量要素体系构建研究——以凤凰为例［J］. 旅游论坛，2009（8）：497－503.

　　［210］章锦河. 古村落旅游地居民旅游感知分析——以黟县西递为例［J］. 地理与地理信息科学，2003，19（2）：105－109.

　　［211］章尚正，董义飞. 从游客体验看世界遗产地西递、宏村的旅游发展［J］. 华东经济管理，2006，20（2）：43－46.

　　［212］赵磊，方成，吴向明. 旅游发展、空间溢出与经济增长——来自中国的经验证据［J］. 旅游学刊，2014（5）：16－30.

　　［213］赵磊，全华. 中国国内旅游消费与经济增长关系的实证分析［J］. 经济问题，2011（4）：32－38.

　　［214］赵黎明. 发展乡村旅游改善农村民生［J］. 旅游学刊，2010，25（9）：8－9.

　　［215］赵丽丽. 我国西南地区旅游扶贫战略研究［J］. 特区经济，2009（9）：136－138.

　　［216］赵现红. 旅华外国游客旅游目的地选择影响因素实证研究［J］. 经济地理，2010，30（1）：145－149.

　　［217］赵彦云，李静萍. 中国生活质量评价、分析和预测［J］. 管理世界，2000（3）：32－39.

　　［218］郑世卿. 相关者利益博弈：另一种视角看旅游与民生［J］. 旅游学刊，2010，25（8）：8－9.

　　［219］智瑞芝，卢妍. 黑龙江省旅游增加值的测算［J］. 哈尔滨师范大学自然科学学报，2003，19（6）：88－91.

　　［220］中华人民共和国中央人民政府. 国务院办公厅关于促进全域旅游发展的指导［EB/OL］. http：//www. gov. cn/zhengce/content/2018－03/22/content_5276447. htm，2018－3－22.

　　［221］钟韵，彭华，郑莘. 经济发达地区旅游发展动力系统初步研究：概念、结构、要素［J］. 地理科学，2003，23（1）：60－65.

　　［222］周国华，贺艳华，唐承丽. 中国农村聚居演变的驱动机制及

态势分析 [J]. 地理学报，2011，66 (4)：515 - 524.

[223] 周慧玲，许春晓. 湖南旅游经济空间网络结构特征研究 [J]. 财经理论与实践，2015 (6)：126 - 131.

[224] 周丽，肖红. 中原城市群旅游发展时空差异研究 [J]. 河南理工大学学报（社会科学版），2010，11 (4)：419 - 422.

[225] 周思芬，谢春山，佟静. 旅游体验及其影响因素的美学解读 [J]. 北京第二外国语学院学报，2011，33 (5)：40 - 45.

[226] 朱国兴. 发展旅游关注民生 [J]. 旅游学刊，2010，25 (7)：9 - 10.

[227] 朱鹤，吴丹，陈露瑶. 主观幸福感的经济学研究综述 [J]. 产业与科技论坛，2013 (12)：71 - 73.

[228] 朱金林. 旅游与民生的内涵及关联性分析 [J]. 湖南商学院学报，2011，18 (6)：96 - 99.

[229] 祝丹. 长江中游城市群旅游经济空间差异及其机理 [D]. 湘潭大学，2015.

[230] 庄志民. 旅游：人生的美学散步 [J]. 旅游学刊，2010，25 (9)：10 - 11.

[231] 邹家红，杨洪，王慧琴. 湖南区域旅游发展差异的系统分析 [J]. 热带地理，2009，29 (4)：379 - 383.

[232] 左冰，保继刚. 从"社区参与"走向"社区增权"——西方"旅游增权"理论研究述评 [J]. 旅游学刊，2008 (4)：58 - 63.

[233] 左冰. 中国旅游产出乘数及就业乘数的初步测算 [J]. 云南财贸学院学报，2002，18 (6)：30 - 34.

[234] Andrew B P. Tourism and the economic development of Cornwall [J]. Annals of Tourism Research, 1997, 24 (3)：721 - 735.

[235] Beard J G, Ragheb M G. Measuring leisure satisfaction [J]. Journal of Leisure Research, 1980, 12：20 - 33.

[236] Besussi E, Cecchini A, Rinaldi E. The diffused city of the Italian North-East：identification of urban dynamics using cellular automata urban models [J]. Computers Environment & Urban Systems, 1998, 22 (5)：497 - 523.

[237] B. H. Archer. The anatomy of a multiplier [J]. Regional Studies, 2007, 10 (1): 71 –77.

[238] Bosque I A R D, Martín H S, Collado J. The role of expectations in the consumer satisfaction formation process: Empirical evidence in the travel agency sector [J]. Tourism Management, 2006, 27 (3): 410 –419.

[239] Bunnell T, Barter P A, MORSHIDI S. Kuala Lumpur metropolitan area-A globalizing city-region [J]. Cities, 2002, 19 (5): 357 –370.

[240] Carson L. Jenkins . Tourism development: growth, myths and inequalities [J]. Annals of Tourism Research , 2009, 36 (4): 755 –756.

[241] Castaneda B E. An index of sustainable economic welfare (ISEW) for Chile [J]. Ecological Economics, 1999, 28 (2): 231 –244.

[242] Chen R J C. Islands in Europe: development of an island tourism multi-dimensional model (ITMDM) [J]. Sustainable Development, 2006, 14 (2): 104 –114.

[243] Clarke M, Islam S. Diminishing and negative welfare returns of economic growth: anindex of sustainable economic welfare (I-SEW) for Thailand [J]. Ecological Economics, 2005, 54 (1): 81 –93.

[244] Clawson M, Knetsch J L. Economics of Outdoor Recreation [M]. Baltimore: The Johns Hopkins Press, 1966, 2: 36 –328.

[245] Clnverse P D. New laws of retail gravitation [J]. Journal of Marketing, 1949, 14 (3): 379 –384.

[246] Cobb C W, Cobb J B. The Green National Product: a proposed index of sustainable economic welfare [M]. Lanham, MD: University Press of American, 1994: 342.

[247] Cordell, H. Ken; Chamberlain, James L. Recreation and non-timber forest products [R]. In: Gen. Tech. Rep. SRS – 75. Asheville, NC: U. S. Department of Agriculture, Forest Service, Southern Research Station. 2004, Chapter 23. p. 253 –287.

[248] Daly H E, Cobb J B. For the Common Good [M]. Boston: Boston Press, 1989: 401 –455.

[249] Das M, Chatterjee B. Ecotourism: A panacea or a predicament

[J]. Tourism Management Perspectives, 2015: 3 – 16.

[250] Diener E. Subjective Well-Being [J]. Psychology Bulletin, 1984 95 (3): 542 – 575.

[251] Driver B L, Tocher S R. Toward a behavioral interpretation of recreation engagement with implications for planning [A]. ∥ : Driver B L. Element of Outdoor Recreation Planning [C]. Ann Arbor, MI: University Microfilms Mich, 1970: 9 – 31.

[252] Easterlin A. Does Economic Growth Improve the Human Lot? Paul A. David, Melvin W. Reder. Nations and Households in Economic Growth: Essays in Honor of Mozes Abramowitz [R]. New York: Acedemic Press, 1974, 89 – 125.

[253] Emirbayer M. A Manifesto for a Relational Sociology [J]. American Journal of Sociology, 1997, 103 (2): 281 – 317.

[254] F Erkip. The distribution urban public services: the case recreational services Ankara [J]. cities, 1997, 14 (6): 353 – 361.

[255] Garcia A, Vansteenwegen P, Arbelaitz O, et al. Integrating public transportation in personalised electronic tourist guides [J]. Computers & Operations Research, 2013, 40 (3): 758 – 774.

[256] Gary Camden, Meyer. The role of tourism-recreation in regional economic development : a case study of Northern Minnesota [J]. Annals of Tourism Research , 1982, 9 (4): 618.

[257] Garza G. Global economy, metropolitan dynamics and urban policies in Mexico [J]. Cities, 1999, 16 (16): 149 – 170.

[258] G. M. Romanova, M. A. Maznichenko, I. N. Makarova. Monitoring of effectiveness of volunteer organizations as part of service support of sports and excursion tourism products [J]. Teoriyaru, 2016: 53 – 55.

[259] Gronau W, Kagermeier A. Key factors for successful leisure and tourism public transport provision [J]. Journal of Transport Geography, 2007, 15 (2): 127 – 135.

[260] Heggie T W, Kliewer C. Recreational Travel Fatalities in US National Parks [J]. Journal of Travel Medicine, 2008, 15 (6): 404 – 411.

[261] Howat G, Murray D, Crilley G. The relationships between service problems and perceptions of service quality, satisfaction, and behavioral intentions of Australian public sports and leisure center customers [J]. Southern Economic Journal, 1999, 74 (3): 747 - 774.

[262] Hui T K, Wan D, Ho A. Tourists' satisfaction, recommendation and revisiting Singapore [J]. Tourism Management, 2007, 28 (4): 965 - 975.

[263] I. R. Hunter. What do People want from urban forestry-The Europe experience [M]. Urban Ecosystems, 2001, 5: 277 - 284.

[264] Janet D Neal, Joseph Sirgy M, Muzaffer Uysal. Measuring the Effect of Tourism Services on Travelers' Quality of Life: Further Validation [J]. Social Indicators Research, 2004, 69 (3): 243 - 277.

[265] John R K, Valeria J. 21st Century Leisure Current Issues [M] (2). Pennsylvania: Venture Publishing, Inc. State College, 2009: 50 - 58.

[266] Kobayashi K, Okumur A M. The growth of city systems with high-speed railway systems [J]. The Annals of Regional Science, 1997, 31 (1): 39 - 56.

[267] Kotler, Philip. Marketing management : analysis, planning, implementation, and control [M] (9). Upper Saddle River, NJ: Prentice-Hall, 1997: 107 - 109.

[268] Lawn P A. An assessment of the valuation methods used to calculate the index of sustainable economic welfare (ISEW), genuine progress indicator (GPI), and sustainable net benefit index (SNBI). Environment, Development and Sustainability [J]. 2005. 185 - 208.

[269] Lee C K, Yoon Y S, Lee S K. Investigating the relationships among perceived value, satisfaction, and recommendations: The case of the Korean DMZ [J]. Tourism Management, 2007, 28 (1): 204 - 214.

[270] Li S M, Shum Y M. Impacts of the National Trunk Highway System on accessibility in China [J]. Journal of Transport Geography, 2001, 9 (1): 39 - 48.

[271] Morris D. Measuring the Condition of the Word's Poor: The Physical Quality of life Index. Elmsford [M]. New York: Pergamon Press, 1979:

46 – 50.

[272] Mun S I. Transport Network and System of Cities [J]. Journal of Urban Economics, 1997, 42 (2): 205 – 221.

[273] Neal J D, Sirgy M J, Uysal M. The Role of Satisfaction with Leisure Travel/ Tourism Services and Experience in Satisfaction with Leisure Life and O-verall Life [J]. Journal of Business Research, 1999, 44 (3): 153 – 163.

[274] Nordhaus, W. D, Tobin, J. Is Growth Obsolete? The Measure-ment of Economic and Social Performance [M]. London: Cambridge University Press, 1973: 1 – 80.

[275] Oliver R L, Linda G. Effect of satisfaction and its antecedents on consumer preference and intention [J]. Advances in Consumer Research, 1981, 8 (1): 88 – 93.

[276] Park H, Yoon A, Kwon H C. Task Model and Task Ontology for Intelligent Tourist Information Service [J]. International Journal of U-& E-Service, Science & Technology, 2012, 5 (2): 43 – 58.

[277] Patrick Mullins. Tourism Urbanization [J]. International Joural of Urban and Regional Reseach, 2015 (3): 326 – 342.

[278] Pizam A. Tourism's impacts: the social costs to the destination community as perceived by its residents. [J]. Journal of Travel Research, 1978, 16 (4): 8 – 12.

[279] Pred A R. Diffusion, Organizational Spatial Structure, and City-System Development [J]. Economic Geography, 1975, 51 (3): 252 – 268.

[280] Rayman-Bacchus L, Molina A. Internet-based tourism services: business issues and trends [J]. Futures, 2001, 33 (7): 589 – 605.

[281] Ritchie R J B, Ritchie J R B. A framework for an industry sup-ported destination marketing information system [J]. Tourism Management, 2002, 23 (5): 439 – 454.

[282] Rodenburg E E. The effects of scale in economic develop-ment. Tourism in Bali [J]. Annals of Tourism Research, 1980, 7 (2): 177 – 196.

[283] Ross E L D, Iso-Ahola S E. Sightseeing tourists motivation and

satisfaction [J]. Annals of Tourism Research, 1991, 18 (2): 226 – 237.

[284] Ryff CD Singer B. Interpersonal flourishing : A positive health a-genda for the new millennium [J] . Personality & Social psychology, 2000, 57 (2): 119 – 169.

[285] Sadler P. G, Archer B. H. The economic impact of tourism in develo-ping countries [J]. Annals of Tourism Research, 1975, 3 (1): 15 – 32.

[286] Sheng L, Tsui Y. A general equilibrium approach to tourism and welfare: The case of Macao [J]. Habitat International, 2009, 33 (4): 419 – 424.

[287] Sohn J. Do birds of a feather flock together?: Economic linkage and geographic proximity [J]. The Annals of Regional Science, 2004, 38 (1): 47 – 73.

[288] Stamboulis Y, Skayannis P. Innovation strategies and technology for experience-based tourism [J]. Tourism Management, 2003, 24 (1): 35 – 43.

[289] Symth R, Mishra V, Qian X. The environment and well-being in urban China. Ecological Economics [J]. 2008, 68 (1): 547 – 555.

[290] Thompson K, Schofield P. An investigation of the relationship be-tween public transport performance and destination satisfaction [J]. Journal of Transport Geography, 2007, 15 (2): 136 – 144.

[291] Tisdell C. Investment in China's tourism industry: Its scale, nature, and policy issues [J]. China Economic Review, 1991, 2 (2): 175 – 193.

[292] Urry J, Urry J. The tourist gaze. [J]. Tourist Gaze, 2002, 9 (3): 281 – 297.

[293] Urtasun A, Gutiérrez I. Tourism agglomeration and its impact on social welfare: An empirical approach to the Spanish case [J]. Tourism Management, 2006, 27 (5): 901 – 912.

[294] Urtasun A, Gutiérrez I. Tourism agglomeration and its impact on social welfare: An empirical approach to the Spanish case [J]. Tourism Management 2006, 27 (5): 901 – 912.

[295] Um s, Chon k, Ro. Y. H. Antecedents of revisit intention [J].

Annals of Tourism Research, 2009, 33 (4): 1141 – 1158.

[296] Wang S, Lin C C. Quality, satisfaction and behavioral intentions [J]. Annals of Tourism Research, 200027, (3): 785 – 804.

[297] White D D. An Interpretive Study of Yosemite National Park Visitors Perspectives Toward Alternative Transportation in Yosemite Valley [J]. Environmental Management, 2007, 39 (1): 50 – 62.

[298] Williams A M, Shaw G. Tourism and economic development. Western European experiences. [J]. Contemporary Sociology, 1988, 18 (4): 535.

[299] Wj Reilly. The Law of Retail Gravitation [J]. American Journal of Sociology, 1931.

[300] WTTC, The Impact of Travel&Tourism on Jobs and the Economy [R]. 2001.

[301] Wu W J. Does public investment improve homeowners' happiness: new evidence base on micro surveys in Beijing [J]. Urban Studies, 2014 (1): 75 – 92.

[302] Youngs Y L, White D D, Wodrich J A. Transportation Systems as Cultural Landscapes in National Parks: The Case of Yosemite [J]. Society & Natural Resources, 2008, 21 (9): 797 – 811.

[303] Yuksel A. Shopping experience evaluation: a case of domestic and international visitors [J]. Tourism Management, 2004, 25 (6): 751 – 759.

后 记

在本书将要付梓的时候，我想说：这是一个团队的成果。为了开展旅游业民生效应研究，曾聚集了这样一批人，他们就是我的学生团队。由于本人的学术研究兴趣，从 2003 年开始关注旅游业可持续发展情况，主要是研究旅游产业结构优化与升级、旅游业发展对区域经济的影响、旅游地旅游消费结构演化等问题，陆续在《财经问题研究》《华东经济管理》《统计与决策》等期刊发表多篇论文，2010 年 9 月我到陕西师范大学国际商学院读国民经济学博士研究生，2013 年 6 月获得经济学博士，伴随着我博士论文的顺利答辩，与导师共同主持研究的国家社科基金项目"城乡消费差异的农民工市民化效应研究"成果基本完成，同年 7 月又传来国家文化与旅游部人才项目立项的好消息，本人入选为 2013 年国家首届旅游业青年专家培养对象，"张家界旅游产业民生效应研究"课题被正式立项，于是，我的研究方向从农民工消费问题研究又拉回我的老本行旅游经济领域方面的研究。至此，我又重拾旅游产业效应的相关问题研究。

近年来，以旅游业改善民生福利为研究重点，西部地区的旅游开发行为的指向就更加具体、更加明确了。在这一过程中，我所带的旅游管理专业的硕士研究生和本科生也就自觉或不自觉地向我的研究方向靠拢，逐渐形成了一个研究团队。我的一个旅游管理专业硕士研究生撰写了选题为旅游民生效应测评的论文，我的一个旅游管理专业本科生，毕业论文选题是旅游民生的本质与含义。其后又有几位学生围绕张家界旅游目的地居民主观幸福感，基于公共服务体系的游憩质量感知的研究。我与我的学生，先后在这个领域发表了几篇文章，形成了一些心得体会和研究成果，他们同时也完成了各自的毕业论文。

本书遵循"理论研究→实证研究→实际应用"的基本研究思路，以系统论的视角研究旅游业民生的相关概念和理论，明确旅游发展与民生福利改善的相关关系，并通过计量经济学和福利经济学原理，实证研究分析旅游业发展对区域经济、社会进步、人类发展的作用和影响，以期实现我国居民生活质量提升，生存条件改善，解决我国西部民族地区旅游高速发展与旅游目的地居民民生效应低下的矛盾。具体来说，首先，梳理国内外民生及旅游业民生的相关理论及研究动态，第二章介绍张家界市旅游业发展的基本现状；第三章分析旅游业民生效应生成机理，论证旅游业生成民生效应具体情况；第四章至第十章分别从区域经济增长、就业效应、区域空间经济演化、区域空间经济联系、居民生活质量、居民主观幸福感、游客休闲游憩感知质量等角度进行测度旅游业民生效应；第十一章从旅游者及旅游地居民主客二元双方综合角度共同测评旅游业民生效应；第十二章针对张家界市旅游业民生效应改善提出具体的政策建议。

经过几年的探索，把我的思想、观点拿来与大家讨论，把我的研究团队所取得的一点收获，穿针引线地把它们串联起来，汇集成书。其中，关于旅游民生效应的内涵部分，欧耀华做了大量的工作。在旅游民生效应生成机理分析、对区域空间经济演化影响研究中，施双梅同学付出了辛勤的劳动，在旅游业对景区居民生活质量的影响以及居民主观幸福感方面的调研与测评方面，王宁硕士与覃秋云同学下了一番功夫。张家界旅游业发展对武陵山片区跨界经济联系强度的影响方面，李燕丽硕士做了大量的数据收集整理及分析，并完成了自己的硕士论文。侯晓静硕士为旅游业民生综合测评也投入了大量的精力。作为理论工作者，服务地方经济社会发展的方式，只能理论联系实际，出谋划策，为决策提供依据。我于2014年分别主持了一项湖南省社会哲学科学规划项目和一项湖南省教育厅科研项目，侯晓静硕士、王凤玲硕士、李燕丽硕士、任雅芳同学等当时都是我的课题组成员，利用假期，我们一同到张家界各大景区以及社区进行调查研究，本书第五、六、九章的大部分内容，就是课题研究的组成部分，研究成果部分内容以论文形式公开发表。在此，感谢我的学生、我的团队！同时作为一名教师，能将自己以及学生的研究成果，整理汇集和编辑出版，也算是对自己的一种慰藉吧。

需要说明的是，作为研究团队，其中大部分都是硕士研究生，他们的研究过程，本身就是学习过程，自然大量阅读、参考、吸收、引用了不少国内外学者、专家以及老师们的研究成果与文献，正是在已有成果的基础上，我们才做了一些微薄的努力。借此，对曾给过我们帮助的所有学术界同仁以及老师们表示最诚挚的感谢，并对你们的学术成果表示尊重和敬意。

在本书的编辑出版过程中，得到国家文化及旅游部人事司旅游业青年专家培养计划和吉首大学优秀学术著作出版基金、吉首大学中国乡村旅游研究院"乡村旅游研究丛书"计划资助，还得到吉首大学钟海平教授、社科处吴晓教授、旅游与管理工程学院尹华光教授，西部民族经济研究中心主任鲁明勇教授，旅游与管理工程学院刘水良老师的支持和帮助。在最后的统稿修改过程中，邓钧方硕士做了大量的工作，在此一并表示衷心的感谢！

栗　娟

2018 年 6 月 25 日